EVOLUÇÃO CRIATIVA

UMA RESPOSTA DA NOVA
CIÊNCIA ÀS LIMITAÇÕES
DA TEORIA DE DARWIN

AMIT
GOSWAMI

EVOLUÇÃO CRIATIVA

2ª EDIÇÃO / 1ª REIMPRESSÃO

TRADUÇÃO: MARCELLO BORGES

EVOLUÇÃO CRIATIVA

TÍTULO ORIGINAL:
Creative evolution

CAPA:
Desenho Editorial

PREPARAÇÃO DE TEXTO:
Tânia Rejane A. Gonçalves

PROJETO GRÁFICO:
Neide Siqueira

REVISÃO:
Ana Cristina Teixeira

EDITORAÇÃO:
Join Bureau

REVISÃO TÉCNICA:
Adilson Silva Ramachandra

goya
É UM SELO DA EDITORA ALEPH LTDA.

Rua Lisboa, 314
05413-000 – São Paulo – SP – Brasil
Tel.: [55 11] 3743-3202
www.editoraaleph.com.br

DADOS INTERNACIONAIS DE CATALOGAÇÃO NA PUBLICAÇÃO (CIP)
(ANGÉLICA ILACQUA CRB-8/7057, SP, BRASIL)

Goswami, Amit
Evolução criativa uma resposta da nova ciência para as limitações da teoria de Darwin / Amit Goswami ;
tradução Marcello Borges. - 2. ed. - São Paulo :
Goya, 2015.
304 p.

Bibliografia
ISBN 978-85-7657-281-7
Título original: Creative Evolution

1. Desígnio inteligente (Teleologia) 2. Evolução (Biologia) – Filosofia 3. Religião e ciência 4. Teoria quântica I. Título II. Borges, Marcello

15-0940 CDD 576.8

ÍNDICES PARA CATÁLOGO SISTEMÁTICO:
1. Evolução : Biologia

2ª edição - 1ª reimpressão

sumário

PARTE 4 – FORMA, SENTIMENTO E ENERGIAS VITAIS

PARTE 5 – NEUROCIÊNCIA DENTRO DA CONSCIÊNCIA

PARTE 6 – MAIS DA NOVA BIOLOGIA: A DIMENSÃO SUPRAMENTAL

prefácio

Este livro trata de uma nova biologia integrativa, que tem o potencial de unir as muitas controvérsias da biologia, resolver seus paradoxos e explicar os muitos dados anômalos que intrigam os biólogos, especialmente os darwinistas. Em meus trabalhos anteriores, usei os conceitos da física quântica e da primazia da consciência para integrar as diversas forças da psicologia, como a psicanálise, o behaviorismo e a psicologia transpessoal; para integrar a ciência e a espiritualidade; e para integrar a medicina convencional e a alternativa. Este livro é a peça final da integração. Parte do material desenvolvido anteriormente é repetida, mas sempre situada no novo contexto. No geral, porém, apresenta muitas novas ideias que, creio, proporcionam os rudimentos de um novo paradigma para a biologia. Com esta publicação, posso realmente dizer que existe uma estrutura para integrar toda a ciência em um todo coerente, uma tarefa que pode ser chamada de *ciência dentro da consciência*. Mais importante ainda, este livro proporciona uma solução para a controvérsia entre o evolucionismo e o desígnio inteligente.

Fazendo eco com o psicólogo Carl Jung, podemos nos perguntar se a ciência, como as demais atividades humanas, pode ser uma busca pela alma. Sim, pode. Contudo, como é praticada hoje, a biologia não poderia estar mais distante de tal busca. É por isso que tanta gente acha que ela não satisfaz a alma.

E quem é o público-leitor deste livro? Evitando, na medida do possível, o jargão da biologia e da física quântica, e mantendo as explicações simples, apresento a evolução criativa como uma nova biologia para não-especialistas, completamente acessível. Entretanto, que o leitor não se iluda: apresento uma ideia que muda paradigmas na biologia, e convido também os profissionais a adotarem essa ideia.

Se o leitor é um profissional estabelecido, cansado de ver que o campo da biologia está ficando cada vez mais preocupado com questões da engenharia e menos com a procura de sua própria alma, para não falar da alma da humanidade, então penso que este livro vai contribuir para o enriquecimento de sua visão de mundo.

Se o leitor é um aspirante a biólogo e está cansado de ver a hierarquia da biologia dizer-lhe como deve pensar, e está bem consciente dos enganos da biologia molecular e do darwinismo em especial, espero que este livro o estimule a continuar a pensar no contexto deste novo paradigma.

Se o leitor acredita no desígnio inteligente, mas percebe a ingenuidade dos criacionistas, e tem a curiosidade sincera de saber se o desígnio inteligente pode ser efetivamente incorporado a um paradigma científico de pleno valor, este livro irá satisfazê-lo.

Se o leitor não liga para o desígnio inteligente, mas percebe o ingênuo materialismo dos pensadores neodarwinistas, creio que este livro irá provocá-lo e fazer com que pense um pouco mais no assunto.

E, se o leitor é um verdadeiro crente (seja na *Bíblia*, seja no materialismo científico), tenho algo a lhe dizer. Na década de 1960, fiquei impressionado com um comercial de tevê sobre certo cereal que visava robustecer as crianças menores para que elas não tivessem mais medo dos brigões da escola. Mas, e se os brigões também se fortalecessem, comendo o mesmo cereal? O anúncio assegurava seus ouvintes de que o cereal não seria vendido para brigões. Era um produto exclusivo, feito em benefício de uns poucos escolhidos! Mas este livro não trata de cereais; trata de ciência. Creio, como o psicólogo Abraham Maslow, que a ciência não precisa de passe de entrada, não permite exclusividade. Assim, se o leitor é crente, também está sendo convidado para o debate.

Com este livro, dá frutos uma visão que ganhou raízes na década de 1970, com a publicação de *O Tao da física*, de Fritjof Capra – a visão de que a ciência e a espiritualidade podem ser integradas. Minha esperança sincera é de que essa integração atue como um bálsamo para curar não apenas a profunda divisão representada pelo conflito entre evolucionistas, por um lado, e criacionistas e proponentes do desígnio inteligente, por outro; mas para sanar também todas as divisões profundas em nossa sociedade e cultura, advindas da divisão entre ciência e espiritualidade. Acima de tudo, espero que a semente de uma nova biologia proposta aqui inspire muitas gerações de estudantes a desenvolverem um novo campo maduro: a biologia dentro da consciência.

Nos primeiros dias desta pesquisa, recebi muita inspiração de diversos biólogos: Dick Strohman, Mae Wan Ho, Beverly Rubick e, especialmente, Rupert Sheldrake. Agradeço a todos. Agradeço, em particular, ao biólogo Dennis Todd por me apresentar o tema da mutação dirigida ou direcionada. Agradeço também à minha esposa, Uma Krishnamurthy, por sua permanente ênfase na importância das emoções em nossas vidas e evolução. Finalmente, agradeço à minha editora, Sharron Dorr, e à equipe da Quest Books por produzir uma obra tão bem apresentada.

Amit Goswami

PARTE 1

INTRODUÇÃO

capítulo 1

Deus e uma nova biologia

Uma visão geral

A teoria da evolução de Darwin é a base da biologia, mas todo biólogo moderno – em seus momentos de total honestidade – ouve estalidos dessa base ranger.

O darwinismo é uma teoria de evolução contínua. Mas, agora, é um segredo público o fato de que lacunas fósseis – descontinuidades nas linhagens fósseis evolucionárias – representam uma séria ameaça à comprovação plena da teoria de Darwin. Sabe-se também que a teoria de Darwin e a existência de Deus são ideias mutuamente excludentes. No entanto, se, na melhor hipótese, a teoria de Darwin é uma teoria incompleta da evolução, capaz apenas de explicar suas eras contínuas, há espaço para que Deus faça seu retorno.

As teorias do desígnio inteligente procuram reviver Deus, seja de forma explícita, como no criacionismo, seja implícita, apontando a inteligência e deixando o indivíduo inferir a existência de um desenhista, mas terminam negando também a evolução. Que modo engenhoso de evitar as lacunas fósseis: sem evolução, não há lacunas fósseis para se explicar. Infelizmente, há muitas evidências críveis a favor da ancestralidade evolucionária do ser humano para que esse desvio funcione.

Mas será que se deve jogar fora o bebê junto com a água do banho? Existe algum fundamento na teoria do desígnio inteligente (para não falar do criacionismo) que mereça a atenção séria dos cientistas? Essas teorias apresentam alguma ideia com a qual os biólogos devem se entender? A resposta científica e não tendenciosa a essas duas questões é *sim*. E a ideia importante de que se está falando é a seguinte: um desígnio inteligente da vida sugere que a biologia deve se entender com o sentimento, o significado e o caráter propositado da vida, e com a ideia de um idealizador ou desenhista.

A atual base materialista das teorias biológicas, inclusive o darwinismo (e sua mais recente revisão, o neodarwinismo), impede que tais teorias incluam apropriadamente essas ideias que contêm fortes cores teológicas. Neste livro, demonstra-se que a inclusão da ideia da criatividade na evolução biológica reconcilia o conceito da evolução com o do desígnio inteligente, por parte de um desenhista imbuído de um propósito. Na verdade, mostra-se que a evolução prova o desígnio inteligente. Ademais, quando a questão da intencionalidade do desenho da vida e da existência do desenhista se reconcilia com as ideias evolucionárias do darwinismo, usando-se a física quântica e a primazia da consciência, muitas outras dificuldades paradigmáticas da biologia e da evolução biológica também são resolvidas.

Embora os teóricos do desígnio inteligente não percebam, existe uma forte evidência experimental do desígnio e da intencionalidade da vida: a evolução da vida vai da simplicidade para a complexidade. Analisando apenas os dados fósseis, qualquer pessoa inteligente pode distinguir entre momentos passados e futuros. Em outras palavras, o registro fóssil da evolução biológica proporciona uma inconfundível flecha do tempo. Os teóricos do desígnio inteligente não perceberam a importância deste fato por causa de sua noção preconcebida de que sequer existe evolução.

Os darwinistas, todavia, tentam compreender a tendência evolucionária na direção da complexidade e da inteligência. Mas suas tentativas baseiam-se no conceito do determinismo genético – segundo o qual a evolução é determinada e movida pela necessidade de sobrevivência dos genes (Dawkins, 1976). Esta ideia permite que os biólogos atribuam todo e qualquer indício seguro de inteligência da vida – sentimentos, significados e, com certeza, a própria consciência, apenas citando alguns – a epifenômenos adaptativos do impulso genético pela sobrevivência às mudanças ambientais. O conceito é muito fraco, por dois motivos. Primeiro, foram apresentados fortes argumentos teóricos, mostrando que as moléculas das quais os genes constituem parte não têm a capacidade de processar sentimento, significado ou consciência. Então, como essas qualidades podem se desenvolver por adaptação a partir do nada? Segundo, a maior parte dos biólogos acredita que a biologia esteja essencialmente ligada à física, mas recentemente a própria física, sob a pressão de fortes dados experimentais, abandonou o determinismo estrito e cedeu espaço para uma ocasional escolha consciente. Malgrado essa mudança ideológica, a física escapou de uma revisão mais séria porque trata de comportamentos em massa: baseia-se em um determinismo estatístico que se aplica a um grande número de objetos ou a um grande número de eventos, ou a ambos. O biólogo não tem esse consolo, pois, na biologia, o comportamento de um único organismo tem o mesmo interesse quanto o de muitos.

Em suma, a biologia precisa se reconciliar com o aspecto revolucionário da física quântica: ou seja, a indeterminação e a escolha por uma consciência quântica. Neste livro, mostra-se que tal reformulação da biologia coloca a ideia da evolução criativa em uma base sólida. Com tal base, uma teoria de evolução criativa pode não apenas integrar ideias tão díspares quanto desígnio inteligente e evolucionismo ou descontinuidade e continuidade, como também unificar ideias de desenvolvimento (como a forma biológica surge de um embrião unicelular) com ideias de evolução.

A simpatia que uma parcela do público americano sente pela teoria do desígnio inteligente não tem origem meramente religiosa. Ela pode ser localizada no desconforto sentido diante das atitudes implícitas no evolucionismo darwiniano ou, mesmo, no próprio materialismo científico. Como esses pontos de vista podem ser levados a sério se eles agridem a inteligência do ser humano, sua capacidade de processar sentimento e significado, e sua própria consciência, rotulando-os como uma dança insignificativa e epifenomenal de partículas elementares e de seus conglomerados, os genes? As pessoas também se sentem desconfortáveis porque o darwinismo não diz nada de significativo acerca do futuro da evolução humana. Será que a evolução leva a uma inteligência maior? O darwinismo é equívoco: a evolução pode levar a organismos mais ou menos complexos, a uma inteligência mais ou menos acentuada. Não se pode prever; o resultado fica por conta do acaso e da necessidade de sobrevivência.

A teoria desenvolvida neste livro, a evolução criativa, é inequívoca. A evolução criativa visa a uma inteligência cada vez mais elevada, ao desenvolvimento de qualidades da inteligência que as religiões e tradições espirituais identificam como divinas. Se o leitor escutar nessa frase o eco de ideias de filósofos como Sri Aurobindo e Teilhard de Chardin, não será por coincidência. A evolução criativa incorpora as ideias revolucionárias desses dois grandes pensadores.

Além de abrir espaço para tais ideias, a abrangência da evolução criativa permite a solução de diversos e antigos pontos duvidosos da biologia. As ideias do lamarckismo, por exemplo, como a de que as características adquiridas durante a existência de um indivíduo podem ser herdadas por sua prole, são reintegradas à biologia, pondo fim a uma longa controvérsia. Esta reconciliação é possível no contexto de uma explicação dos instintos, que há muito se faz necessária. A nova biologia proposta aqui incorpora uma solução apropriada ao problema mente-cérebro: para ser específico, apresenta um tratamento sem paradoxos da neurofisiologia da percepção. Mais importante ainda, uma reformulação integrativa que posiciona a biologia dentro da consciência permite que se chegue a uma formulação apropriada da biologia que inclua sentimentos e que possa começar a tratar a heterogeneidade, as diferenças individuais entre organismos. Além de tudo, a localização da nova biologia dentro da consciência leva a uma bioética satisfatória e a uma ecologia profunda. Também proporciona ao indivíduo uma nova perspectiva para ele lidar com a questão da sobrevivência após a morte, uma perspectiva que abre a porta para outras reconciliações entre biologia e religião.

Por falar em religião, uma palavra acerca do título deste capítulo, que liga "Deus" e "biologia". Usam-se livremente expressões como *Deus* e *consciência quântica* – a fonte causal da escolha consciente na física quântica – como conceitos intercambiáveis, uma equivalência explorada a fundo no Capítulo 2. Esta opção de usar a expressão *Deus*, feita como um gesto que pende para o ponto de vista do crente e fiel, não deve ser considerada uma afronta para a sensibilidade científica do biólogo profissional. Como se verá, o Deus deste livro é um princípio organizador objetivo. Vista como um novo princípio organizador objetivo, a ideia de Deus torna-se útil sob as mais rigorosas qualificações como um elemento da nova ciência.

E qual é o problema?

Muita gente descarta de antemão a ideia do desígnio inteligente porque "todo mundo sabe" que Darwin e seus seguidores mostraram que a evolução deixa de lado o desígnio inteligente e o desenhista. É certo que a tão elogiada teoria de Darwin tenta explicar a evolução sem evocar o conceito do desígnio inteligente. Contudo, também é verdade que, segundo a teoria de Darwin, a evolução é contínua e deveria produzir um registro fóssil contínuo de toda a evolução. Infelizmente, os registros fósseis mostram lacunas gritantes em muitos pontos importantes. Em outras palavras, a evolução não é apenas contínua, como também descontínua (Eldredge & Gould, 1972). A evolução foi comparada a uma prosa com pontuação: os sinais de pontuação são descontinuidades em um texto que, de outro modo, seria contínuo. O darwinismo não pode oferecer uma explicação plenamente crível para essa descontinuidade. Neste livro, leva-se a descontinuidade na evolução biológica muito a sério, e mostra-se que, como os conhecidos saltos descontínuos das próprias experiências criativas da espécie humana (Harman & Reingold, 1984), as lacunas fósseis são assinaturas da criatividade biológica. E a criatividade é um sinal definitivo de inteligência. Deste modo, mostra-se que a evolução prova o desígnio inteligente.

No entanto, a criatividade e o desígnio inteligente também implicam um desenhista criativo e inteligente, ou, como é aqui chamado, um princípio organizador não físico e não material. Tais princípios organizadores têm sido propostos na biologia de tempos em tempos, mas, até agora, não estava claro como esse tipo de princípio organizador poderia operar dentro de uma estrutura científica. Neste livro, será mostrado que alguns desenvolvimentos recentes na física quântica e em outras áreas estão dizendo como princípios organizadores não físicos e não materiais podem ser incorporados à biologia.

Todo biólogo deve estar dolorosamente ciente de que a biologia é uma ciência incompleta. Ela precisa de novos princípios organizadores, princípios não físicos e não materiais, para explicar três mistérios perenes: a diferença entre vida e não vida (Davies, 1988), o desenvolvimento de um embrião até a forma biológica adulta (Sheldrake, 1981) e, como enfatizado aqui e por Eldredge & Gould (1971), os pontos descontínuos da evolução. Infelizmente, não é politicamente correto para um biólogo admitir essas deficiências em público. Neste livro, mostra-se que a introdução de novos princípios organizadores, não físicos e não materiais (sim, princípios, no plural; precisa-se de mais do que um) pode completar a biologia como ciência. Deste modo, será estabelecida uma estrutura a partir da qual os biólogos podem libertar seu campo dos paradoxos, das controvérsias e anomalias que os têm atormentado desde sua criação até o presente, incluindo a controvérsia altamente politizada que lança o evolucionismo contra o criacionismo e as teorias do desígnio inteligente.

Os princípios organizadores da velha biologia

O atual paradigma biológico (o "velho" paradigma) baseia-se em dois princípios organizadores. Um é o princípio da *causação ascenden-*

te: todo fenômeno biológico surge da interação de elementos microscópicos da matéria, chamados *moléculas* (e, em última análise, das interações de partículas microscópicas, chamadas *partículas elementares*). Este princípio presume uma base molecular da vida, a ideia de que a vida pode ser reduzida ao movimento de moléculas. Esta premissa deu origem à biologia molecular – uma ciência que proclama que todas as funções de uma célula viva e de conglomerados de células podem ser compreendidas em termos da física e da química das moléculas, especialmente de grandes "macromoléculas" chamadas *proteínas*, DNA (moléculas de ácido desoxirribonucléico) e *genes* (porções de DNA). Na biologia, o dogma da causação ascendente é expresso como determinismo genético: os genes determinam toda forma e função biológica.

O outro princípio organizador da velha biologia diz que *a evolução é determinada pelo acaso e pela necessidade*. Este princípio, descoberto por Charles Darwin, em 1857 (Darwin, 1859), forma a base do modelo evolucionário chamado *darwinismo* (ver a história em Mayr, 1982), que é aceito, explícita ou implicitamente, pela maioria dos biólogos. Segundo a última versão do darwinismo, a evolução procede em dois estágios. O primeiro estágio é a produção aleatória de variações nos componentes hereditários da vida (os genes, mencionados acima). O segundo estágio é a seleção dentre essas variações, ditada pelas necessidades de sobrevivência das espécies, respondendo a mudanças no ambiente natural. Este processo é chamado *seleção natural*. As mudanças genéticas que causam as variações aleatórias benéficas ocorrem raramente, porém, ao longo de milhões de anos, esse mecanismo darwinista lento e em duas etapas é o responsável por todas as facetas da evolução, segundo a maioria dos biólogos.

Contudo, esses dois princípios organizadores estão envoltos em controvérsia. Prossegue o debate sobre a possibilidade de, algum dia, a biologia molecular poder explicar o que é a vida ou como esta se originou: após algum sucesso inicial, a síntese molecular da vida em laboratório ainda não se deu (Davies, 1999). A controvérsia também envolve teorias sobre o desenvolvimento, ou seja, o modo como um zigoto unicelular se desenvolve e se torna uma forma plena, o organismo. Seria o desenvolvimento de organismos fruto apenas da causação ascendente a partir dos genes, ou haveria nele espaço para o ambiente (Goodwin, 1994)? Haveria, talvez, papel para novos princípios organizadores que explicariam todos os detalhes do desenvolvimento (Sheldrake, 1981)?

Talvez tenham sido essas controvérsias que provocaram este comentário do biólogo Brian Goodwin (1994): "Não creio que a biologia, neste momento, seja mesmo uma ciência, pelo menos no sentido de que a física e a química são ciências. Precisamos conhecer os princípios de ordenação universal, assim como os que Newton apresentou para o mundo inanimado".

Naturalmente, a controvérsia mais visível para o público envolve a evolução. A principal evidência científica para a evolução biológica são os dados fósseis. Segundo o darwinismo, a história da evolução é contínua: a transição entre uma espécie anterior e uma posterior é incremental e contínua, e os dados fósseis deveriam refletir isso. Infelizmente, esta premissa não prosperou; sabe-se das famosas lacunas fósseis já mencionadas, lacunas que aparecem quando os dados fósseis são vistos como uma cronologia dos ancestrais evolucionários. O próprio Darwin conhecia esse problema, mas tinha confiança – justificadamente – em que investigações posteriores iriam apresentar os fósseis intermediários que ocupariam as lacunas. Com efeito, de vez em quando se ouve falar na descoberta de intermediários, mas, segundo a teoria de Darwin, milhares e milhares desses intermediários já deveriam ter sido descobertos até o momento. Tais descobertas não aconteceram. Assim, as lacunas fósseis suscitam dúvidas legítimas sobre a veracidade do darwinismo (e de sua encarnação posterior, o neodarwinismo) como a teoria completa da evolução. Na ciência, devem-se levar os dados a sério, e, no presente, muitas pesquisas deveriam ter sido feitas para substituir o darwinismo. Mas tampouco isto aconteceu; o desafio ao darwinismo (e sua cria posterior, o neodarwinismo) dentro da biologia tem sido esporádico, e mesmo estes esforços esporádicos têm sido ignorados, em sua grande maioria (ver um pouco de história no Capítulo 10). Como os biólogos de modo geral têm sido menos do que francos sobre essa questão, o desafio ao darwinismo foi assumido fora do cenário científico, tornando-se muito politizado.

O que é desígnio inteligente?

No cenário público, os desafiantes que receberam um apoio mais visível foram os que questionaram a ideia da própria evolução. Suponha-se que não exista uma evolução; é fato que os dados fósseis indicam muita estase; muitos organismos parecem não mudar por longos períodos de tempo geológico. Os desafiantes alegam o seguinte: suponha-se que, em vez de ser o resultado da evolução, toda vida resulte de desígnio inteligente por parte de um desenhista, que faz tudo de uma vez. Certas formas biológicas são complexas demais para terem se originado do acaso e da necessidade, segundo alegam esses desafiantes.

Alguns teóricos do desígnio inteligente recorrem a uma velha filosofia chamada *criacionismo*, seguindo o livro do Gênesis, do Antigo Testamento da *Bíblia* (Gish, 1978). Essa teoria declara simplesmente que Deus criou o mundo e todas as espécies biológicas há 6 mil anos, em seis dias: não existe evolução.

A ideia da criação divina é um aspecto da *causação descendente* de Deus. A expressão reflete a tendência a imaginar-se Deus como um imperador sentado em um trono "lá" no céu, empunhando o cetro causal da criação descendente em sua mão. Essas imagens antropomórficas de Deus irritam os cientistas (e, provavelmente, muitos não-cientistas também).

O aparecimento do criacionismo como uma alternativa ao evolucionismo avivou o problema, pois o contexto da controvérsia voltou à velha luta pelo "controle da visão global" entre a ciência e a igreja cristã, e, assim, muita emoção negativa foi gerada. Os cientistas se sentem invadidos pela teologia: como se pode chamá-lo de ciência se a ideia da fé (o Deus bíblico) exerce alguma influência sobre o criacionismo? Diante disso, o criacionismo soa como não científico, até para o leitor não tendencioso, por causa de sua origem bíblica; é fato que a validade da *Bíblia* baseia-se na fé, e não em dados experimentais.

Será que a religião pode ser tirada dessa discussão? Mais recentemente, alguns cientistas sérios, dentre os quais biólogos profissionais, começaram a sustentar a ideia de que as espécies são criadas por um desenhista inteligente – talvez Deus, mas isso fica implícito –, sem adotar a bagagem bíblica. Em linguagem científica, essa "criação causal pelo desenhista inteligente" é apenas outro princípio organizador, embora não físico e não material.

Qualquer pessoa perceptiva pode ver o projeto, o desenho, na vida. Será que esse desenho inteligente vem de um acaso linear, incrementado passo a passo, e da necessidade? Apesar de todo o tempo disponível para o acaso e a necessidade fazerem o que teriam de fazer, um raciocínio detalhado e cálculos de probabilidade, feitos pelos teóricos do desígnio inteligente e seus simpatizantes (Shapiro, 1986; Behe, 1996), suscitaram dúvidas legítimas sobre a validade do darwinismo como mecanismo de produção dos complexos desenhos – muitos dos quais não lineares – que a vida apresenta. Essas dúvidas certamente justificam que a ciência leve em conta alternativas ao darwinismo. Se tal alternativa envolver a inclusão de outros princípios organizadores na biologia, que seja.

Um choque de visões de mundo

Em 2005, a Secretaria Estadual de Educação do Kansas recebeu muita atenção da mídia porque adotou um currículo escolar que prestigiava o ensino do desígnio inteligente juntamente com o evolucionismo. Duas organizações nacionais de ciências – a Academia Nacional de Ciências e a Associação Nacional de Professores de Ciências – começaram a prejudicar o Estado do Kansas, recusando-se a permitir que se usassem importantes materiais de ensino científico. Nas declarações oficiais, as organizações disseram que estavam desapontadas com o fato de a Secretaria do Kansas ter excluído um parágrafo em um rascunho anterior dos textos oficiais de educação, no qual a ciência era definida como "a procura de explicações naturais para fenômenos observáveis". Parece justo, não? Mas, em uma entrevista, Jay Labov, membro sênior do conselho de educação da Academia Nacional de Ciências, revelou a principal preocupação, a de que "a exclusão pode levar os alunos a acreditarem que explicações sobrenaturais também podem ser incluídas no domínio da ciência" (Weiss, 2005).

Implicitamente, essas organizações científicas estão definindo a natureza como algo que consiste no universo material. Qualquer princípio organizador que seja não material fica, por definição, automaticamente excluído da ciência. Contudo, os próprios cientistas, inclusive os biólogos, têm uma premissa metafísica fundamental – embora não comprovada – por trás de seu trabalho, que é o *materialismo científico*. Esta filosofia afirma que, quando tudo o mais está dito e feito, todas as coisas e os fenômenos do mundo podem ser compreendidos com base apenas em um substrato causal – as partículas elementares, os tijolos básicos da matéria. Será que se pode permitir que uma única premissa metafísica não comprovada possa excluir outras premissas metafísicas na ciência? Isso não se parece com a própria fé, da qual os cientistas reclamam quando criticam a teoria do criacionismo e a do desígnio inteligente?

O leitor vai ouvir, com frequência, cientistas conservadores declararem que, nesta era tecnológica, a validade do materialismo científico deve ser óbvia, e que é um "absurdo" falar de princípios organizadores não materiais. É nesse caminho que fica o dualismo, a ideia de que dois princípios separados e irredutíveis (neste caso, a realidade material e a não material) podem coexistir. Assim, os cientistas apontam para o perene desafio lógico ao dualismo: duas substâncias inteiramente diferentes que nada têm em comum não podem interagir, não podem impor a causação de uma sobre a outra. Como um desenhista não material pode interagir com a matéria para idealizar algo? Haveria um mediador nessa interação? Se não, como poderiam interagir?

Em contraste, será analisado o quadro causal da causação ascendente, que é apoiado por muitos cientistas. Partículas elementares formam átomos, átomos formam moléculas, moléculas formam células vivas com os todo-poderosos genes, algumas das células vivas (guiadas pelos genes) formam o cérebro e o cérebro forma todas as experiências subjetivas, como a consciência, os pensamentos, os sentimentos, e assim por diante. A causa se eleva das partículas elementares, e toda causação é uma causação ascendente.

O dualismo é um absurdo sob o prisma científico, mas será menos absurda essa imagem do desenho – o ser humano – como fruto da causação ascendente? O leitor consegue realmente acreditar que todos os seus pensamentos e significados, seus sentimentos e conflitos de valores, ou até mesmo sua própria consciência, são o resultado de uma dança aleatória de partículas elementares ou de determinismo genético? Que o indivíduo é um epifenômeno meramente ornamental, uma consequência secundária do movimento aleatório e insignificativo da matéria em suas células cerebrais? Mesmo os proponentes científicos da ideia da causação puramente ascendente não acreditam de fato nisso! Se eles são epifenômenos causalmente impotentes, por que são levados – e as suas teorias – tão a sério?

Vê-se que a grande discussão sobre a evolução entre a ciência e o cristianismo é, na verdade, um conflito entre duas visões de mundo, ambas falhas. Como resolver esse dilema?

O que dizem os dados?

Na ciência, os resultados experimentais constituem o juiz supremo; se os dados falseiam as previsões de uma teoria, deve-se abrir mão da teoria, ou, no mínimo, modificar adequadamente seu escopo. Assim, analisem-se os dados.

Os biólogos afirmaram que o criacionismo não suporta bem esse teste científico supremo. Esta afirmativa é correta. De acordo com a teoria do criacionismo, Deus criou o mundo há 6 mil anos, em apenas seis dias. Demonstrou-se, acima de qualquer dúvida, que esta afirmativa é falsa; há muitos dados geológicos e até físicos (datação radioativa) que mostram, de forma convincente, que a Terra tem aproximadamente 5 bilhões de anos.

Mas os criacionistas fizeram a afirmativa, igualmente válida, de que a teoria da evolução de Darwin é falsa por causa das lacunas fósseis. Uma das principais previsões teóricas de Darwin era que as lacunas acabariam sendo preenchidas à medida que se aprimorassem as investigações empíricas; muitos biólogos posteriores expressaram otimismo similar. O fato é que se aprimoraram as técnicas de investigação empírica, e, assim como se pode afirmar com precisão a idade da Terra, pode-se afirmar com precisão que as lacunas fósseis são bem reais: estão aí para ficar.

É claro que alguns elementos intermediários acabaram causando sensação. Por exemplo, nos relatos de intermediários feitos pelo biólogo J. G. M. Thewissen e seus colaboradores (1994), fez-se muito alarido em torno do fóssil intermediário de um animal que podia se mover tanto em terra como na água, uma baleia terrestre, por assim dizer. Mas quantos casos desse tipo existem hoje? Uma busca minuciosa pelos campos da internet mostra apenas cinquenta casos de intermediários em toda a linhagem de peixes, anfíbios e répteis de umas 42 mil espécies.

A descoberta de intermediários é importante porque desacredita o criacionismo em favor do evolucionismo; infelizmente, evolucionismo e darwinismo não são a mesma coisa. Repete-se: segundo as previsões teóricas do darwinismo e de suas versões posteriores, deveria haver milhares e milhares de casos registrados de intermediários, preenchendo a maioria das lacunas fósseis. Isso não aconteceu, e, portanto, a questão das lacunas fósseis não pode ser refutada simplesmente por uns poucos casos de descoberta de fósseis de transição.

Como o criacionismo e o darwinismo baseiam-se em uma filosofia com falhas e ambos foram parcialmente falseados pelos dados, devem ser abandonados completamente? Não; existe um terreno intermediário.

Apesar das lacunas fósseis, o evolucionismo tem um sólido fato empírico a seu favor: algumas espécies têm tanta coisa em comum que a ideia de uma origem comum, de uma árvore da vida, por assim dizer, parece inevitavelmente óbvia. A ideia original de Darwin sobre tais similaridades (chamada *homologia*) foi corroborada por dados muito convincentes (Carroll, 2005). Tal árvore tem suas lacunas, claro (Figura 1), refletindo as lacunas fósseis. Mas a ideia de que as espécies evoluem a partir dos ancestrais é consistente demais com os dados para que se abra mão dela em favor da alternativa – apresentada pelo criacionismo e pela teoria do desígnio inteligente – de que Deus criou todas as espécies ao mesmo tempo, independentemente umas das outras.

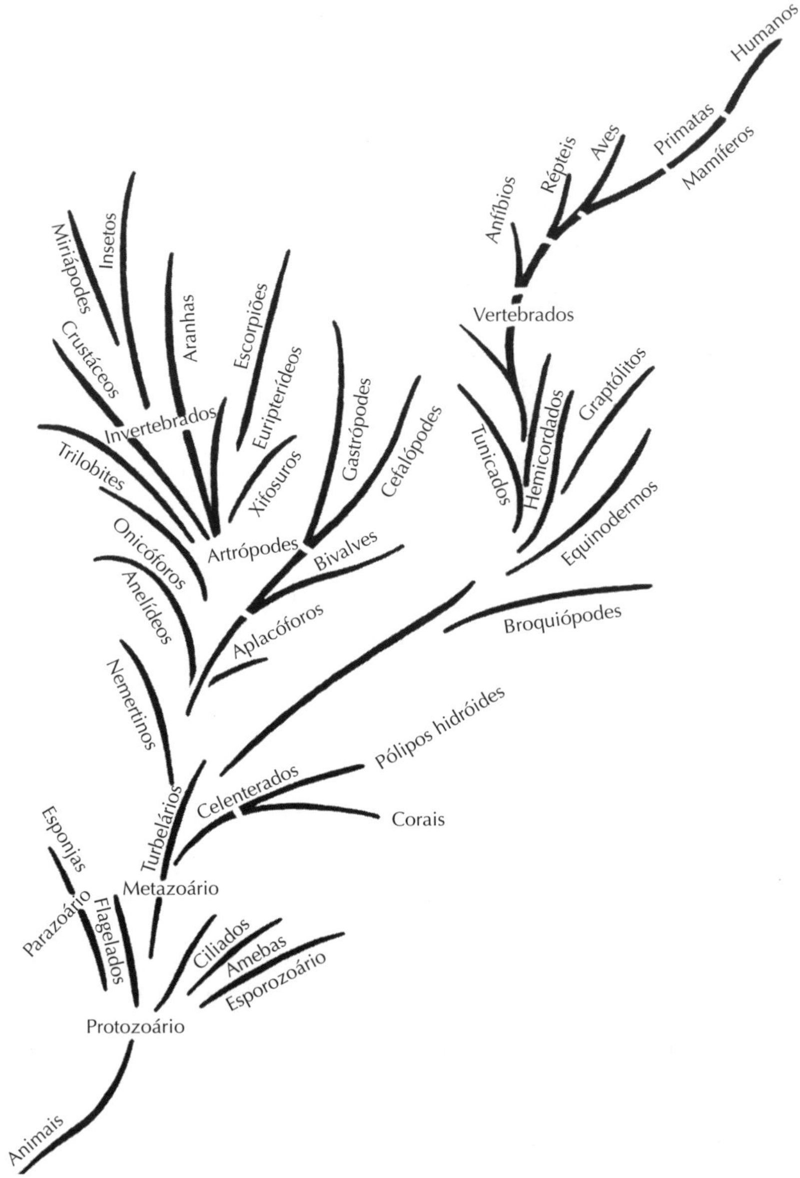

Figura 1. A árvore da vida, segundo o *Atlas da evolução*, de *Sir* Gavin de Beer (1964). Os ramos e sub-ramos estão pontilhados de lacunas (fósseis)

Outro apoio para a ideia da ancestralidade evolucionária vem da embriologia. Em algumas espécies, nos primeiros estágios de evolução, os embriões se parecem tão claramente com outras espécies que os estudiosos são forçados a concluir que o anterior deve ter evoluído a partir do posterior (Wolpert, 1993). Assim, os criacionistas e os teóricos do desígnio inteligente erraram o alvo quando negaram completamente o conceito de evolução. "Evolução, não; Deus, sim" não é uma abordagem empiricamente válida.

Implicitamente, os teóricos do desígnio inteligente são vítimas do conceito cristão de que o desígnio de Deus, como Deus, deve ser sempre perfeito, desde o primeiro instante. Empiricamente, é fácil perceber que o projeto de Deus tinha muitas imperfeições (como os intermediários mencionados acima). Em vez de fazer premissas dualistas adicionais acerca da realidade para lidar com essas imperfeições (como presumir uma cisão entre o bem e o mal), por que não presumir que o projeto não é perfeito desde o início, mas se desenvolve na direção da perfeição? Esta opção faz com que a evolução e Deus sejam mutuamente inclusivos.

O lema revisado é "darwinismo, não; evolução, sim; Deus, sim". Até o darwinismo deve receber o que lhe é devido. Ele continua a ser uma teoria aceitável para períodos contínuos de evolução; só não é uma teoria completa da evolução.

Desígnio inteligente sem um desenhista?

Darwinistas e, inexplicavelmente, a maioria dos biólogos recorreram a um truque. Eles não negaram a inteligência presente nos organismos vivos: ela é óbvia demais para ser negada. Em vez disso, afirmaram que a inteligência nas formas de vida não tem eficácia causal (Dawkins, 1976). A inteligência de um organismo é simplesmente um modo de os genes do organismo assegurarem sua sobrevivência. Esta ideia deriva do determinismo genético. Então, como se desenvolve a inteligência de um organismo, sua capacidade de processar significados, sentimentos, consciência e todas essas coisas? Segundo os darwinistas, não é porque um desenhista inteligente criou a vida com essas qualidades causalmente eficazes, mas porque, tendo-as, o organismo obtém uma vantagem seletiva. São qualidades adaptativas emergentes.

Este argumento não produz boa biologia, e por um motivo muito bom. O comportamento animal e o humano mostram claramente que existe um diálogo entre uma verdadeira inteligência e a eficácia causal nos organismos vivos. Além disso, a capacidade de os organismos, especialmente humanos, processarem significado com criatividade e propósito – segundo demonstrado por boa parte de nossa experiência pessoal e por dados objetivos – indicam eficácia causal. Testemunham-no todo o trabalho criativo realizado por muitos cientistas, apenas no século 20, que "perturbaram o universo" em termos causais. Deve-se pensar nas descobertas da relatividade e da física nuclear que tornaram possível a bomba atômica – e a destruição subsequente. Esse trabalho não pode ser tratado como um exemplo de determinismo genético. Se o desenho mostra tanto inteligência como eficácia causal, o conceito de um desenhista inteligente, dotado de propósito, não pode ser descartado sem mais nem menos.

Além disso, depender do conceito de vantagem adaptativa para o surgimento de todas as coisas inexplicáveis na biologia – entre as quais sentimento, significado e propósito, bem como a própria consciência – não é menos tolo do que a tentativa feita pelos religiosos de antigamente para tratar como ato de Deus tudo o que era inexplicável. A matéria simplesmente não tem condições de lidar com essas coisas: cientistas e filósofos têm conseguido expor, de forma bastante razoável, que a matéria não consegue processar significado (Penrose, 1989; Searle, 1994) ou produzir consciência (Chalmers, 1995). Na forma mais rudimentar, seus argumentos são bem fáceis de se acompanhar, como se pode observar nos itens seguintes.

- Para ver como a matéria não pode processar significados, pense o leitor em tentar programar um computador para processar significados. Os computadores são máquinas de processamento de símbolos, e, por isso, começa-se reservando alguns símbolos para processar significados. Mas, pensando mais um pouco, o leitor perceberá que, agora, vai precisar de mais símbolos para acompanhar o significado dos símbolos de significado. Essa dança continua *ad infinitum*. Em outras palavras, não existe um computador com capacidade suficiente para processar significados.
- A matéria consiste de objetos. As propriedades de objetos complexos podem ser reduzidas ao movimento de outros objetos mais simples. Conglomerados de objetos simples podem ser usados para explicar o funcionamento de um objeto complexo e maior. Assim, se a consciência fosse um objeto, certamente seria possível encontrar uma explicação totalmente

objetiva. Mas como se experimenta a consciência? Ela não tem um componente subjetivo, assim como um objetivo? Em outras palavras, o indivíduo não experimenta sua consciência como um sujeito contemplando objetos? Mas uma explicação objetiva nunca pode ser dada para o aspecto subjetivo da consciência. Em outras palavras, o materialismo nunca pode explicar a consciência plenamente.

Se a matéria não pode sequer processar significados ou organizar a consciência, então como a matéria pode produzir significados e consciência como epifenômenos adaptativos dentre os quais a natureza pode selecionar?

Procurando um terreno intermediário

Para alguns biólogos, o fato de os dados fósseis terem lacunas sugere claramente que há dois ritmos de evolução, um lento e outro rápido (Simpson, 1944; Eldredge & Gould, 1972, 1977; Grant, 1977). A ideia é que, durante os períodos rápidos de evolução, não há tempo suficiente para a formação de fósseis, daí as lacunas fósseis. Na descrição bastante evocativa de Niles Eldredge e Stephen Jay Gould, a evolução é como uma prosa contínua, modulada por sinais de pontuação – vírgulas e pontos. O darwinismo é uma teoria da evolução no ritmo lento; só pode explicar a prosa contínua. Então, qual o mecanismo por detrás do ritmo rápido da evolução, dos sinais de pontuação? Cria-se um mistério. Em vez de lidar com o mistério, os biólogos tradicionais procuram febrilmente teorias para justificar as lacunas fósseis, sem terem de introduzir o inconveniente ritmo rápido. Sem ritmo rápido, sem novos mecanismos. O lento e confiável par darwinista do acaso e da necessidade terão de bastar!

Entre tais teorias, a mais bem-sucedida em termos de popularidade, e que é citada nos manuais, é a teoria do isolamento geográfico, do biólogo teórico Ernst Mayr (1942). Suponha-se que uma pequena população de certa espécie isole-se geograficamente (por uma cadeia de montanhas, por exemplo) durante certo período de tempo. Nesse período, como os desafios ambientais são diferentes, a seleção natural levaria à evolução de características diferentes para as duas populações separadas dessa forma. Esse isolamento pode levar facilmente a uma situação na qual as duas populações, ao se reunirem novamente, não poderão mais acasalar uma com a outra. Em outras palavras, as duas populações tornaram-se isoladas em termos reprodutivos, que é a definição atual de *especiação*, a mudança de uma espécie em outra. Adicionalmente, em uma população pequena, a taxa de mutação dos genes se acelera, e, por isso, uma população pode se isolar em termos reprodutivos em pouco tempo.

A teoria é falha, e de várias maneiras. Inventada como resposta para um problema específico, a teoria não é comprovável (e, por isso, não é, de fato, uma teoria científica), simplesmente porque é impossível criar tal cenário para um estudo empírico. Contudo, uma pergunta mais importante é esta: será que o isolamento geográfico pode explicar os dados sobre lacunas fósseis em *todos* os casos de especiação? Não, não pode. Certamente é uma explicação viável para a especiação nos casos chamados *microevolução*, a evolução de organismos simples envolvendo apenas algumas mudanças genéticas. Contudo, ela não pode explicar a macroevolução, ou a evolução de novas espécies envolvendo um grande número de mudanças genéticas. O motivo é sutil, como se mostra a seguir.

Só os cálculos de probabilidade já tiram do darwinismo a capacidade de explicar a evolução, seja micro, seja macro. Citou-se o trabalho do biólogo Robert Shapiro (1986) no começo deste capítulo. Shapiro mostrou que o número máximo de eventos aleatórios disponíveis em 1 bilhão de anos de evolução é de 2,5 x 1.051. O astrofísico Arne Wyller (2003), com base em premissas muito conservadoras, deduziu que, para criar o bilhão de espécies multicelulares que já existiram na Terra até hoje (segundo o biólogo de Harvard Richard Lewontin), teriam sido necessários mais de $10^{1000000000000}$ eventos aleatórios. Este número, obviamente, é muito, muito maior do que o número máximo de eventos aleatórios disponíveis, segundo os cálculos de Shapiro.

Seja como for, os estudiosos são forçados a concluir que deve haver rotas alternativas que complementam a evolução darwiniana. O mero acaso e a necessidade não podem justificar toda ela. Os biólogos precisam aceitar um meio-termo.

Mas os religiosos também precisam aceitar a necessidade de um meio-termo. Suponha-se que o leitor esteja disposto a ver o desenhista inteligente não como um Deus ou imperador sentado em um trono "lá em cima", mas como um novo princípio organizador objetivo, capaz de causação. Como foi mencionado antes, esse modo de ação pode ser chamado de *causação descendente*, mas só como contraste com a causação ascendente do materialismo antigo. Suponha-se, além disso, que o leitor perceba que os seis dias do Gênesis bíblico podem ser uma metáfora para todos os períodos de evolução acelerada que os teóricos da pontuação Niles Eldredge e Stephen Jay Gould propuseram para explicar as lacunas fósseis. Finalmente, admite-se que a criatividade é súbita e instantânea, conforme mostram os dados empíricos. Agora, o ser humano pode se ver diante de uma conclusão surpreendente: a causação descendente e divina é o princípio organizador durante períodos de ritmo acelerado. Nesses períodos, Deus intervém, por assim dizer, e cria novas espécies, mas não do zero, e sim a partir das manifestações existentes. Nessa óptica – aqui chamada *evolução criativa* –, as teorias criacionista e do desígnio inteligente, bem como o darwinismo, ficam válidas, grosso modo. Podem viver juntas – e mais: juntas, podem explicar os dois ritmos da evolução, o rápido e o lento, e as principais ideias das duas teorias são integradas.

Como funcionam as probabilidades para a evolução criativa? É aqui que a intencionalidade de Deus entra, e de forma marcante. Assim como um artista cria novos trabalhos nadando contra a corrente, pois tem um gabarito em sua mente, Deus pode desenvolver o novo porque também tem uma espécie de matriz intencional em mente (para mais informações a respeito, ver Capítulo 4).

Quando se adota a ideia de um desenhista inteligente, capaz de causação descendente (chamado de Deus ou não), ainda assim o homem se defronta com um verdadeiro problema científico. Pode-se apresentá-lo desta forma: como um desenhista, supostamente não material (ele precisa ser não material, não sujeito às leis materiais, que permitem apenas a causação ascendente), interage com o mundo da matéria para criar o que quer que seja? Este é o problema do dualismo, do qual já se falou.

Se a ideia de causação descendente fosse uma ideia isolada, inventada para resolver os problemas especiais da evolução acelerada e da intencionalidade da vida, se não fosse necessária em nenhum outro lugar da ciência, então ela não poderia ser chamada ideia científica, e a discussão se encerraria. Mas a situação intrigante é a seguinte: a ideia de um "Deus" como agente de causação descendente surgiu na física quântica (Goswami, 1989, 1991, 1993, 2000, 2002; Stapp, 1993; Blood, 1993, 2001) como a única explicação legítima para o famoso efeito do observador. (Leitores céticos sobre esta declaração deveriam ler essas referências originais, especialmente Goswami, 2002.)

Na física quântica, os objetos são representados como possibilidades (uma onda de possibilidade); entretanto, quando um observador observa, as possibilidades entram em colapso e se tornam uma experiência concreta (por exemplo, a onda se torna uma partícula após o colapso). Esse é o efeito do observador. Mais importante ainda, o colapso quântico de possibilidades em uma experiência concreta é descontínuo, e, assim, a descontinuidade dos sinais de pontuação da evolução se acomoda instantaneamente, caso sejam vistos como exemplos de criatividade quântica – o colapso descontínuo da possibilidade quântica em uma experiência concreta (Goswami, 1997a). Esta premissa forma o núcleo da teoria da evolução criativa.

E, principalmente, a causação descendente introduzida pelo colapso quântico é consistente com uma filosofia, o *idealismo monista*, que evita o dualismo e transcende o materialismo (Goswami, 1989, 1993). Sob a égide desta filosofia, a consciência se firma como a base da existência, na qual a matéria existe como ondas de possibilidades. A causação descendente do evento do colapso consiste na consciência que escolhe a experiência concreta em meio às possibilidades. Este conceito é aprofundado no Capítulo 2, que analisa como a consciência cria o mundo material por intermédio da física quântica e de eventos de colapso.

Indubitavelmente, os defensores do determinismo genético apontarão para um problema: os genes não precisam ser tratados como ondas de possibilidades. Para eles, é suficiente a física determinista newtoniana. Mas essa posição não é justificada. Como lembrou o físico W. M. Elsasser (1981, 1982) há décadas, as mutações genéticas são processos quânticos e devem ser tratados como tal, como mudanças nas ondas quânticas de possibilidades. Na macroevolução, a consciência cria novas espécies, escolhendo criativamente dentre variações genéticas que existem como possibilidades quânticas (ver mais detalhes no Capítulo 11).

Será visto que esta teoria explica não apenas as lacunas fósseis (vendo-as como exemplos de criatividade biológica), como também abre espaço para os poucos casos observados de fósseis intermediários. Deve-se enfatizar, ainda, que, em contraste com a teoria do isolamento geográfico, a teoria da evolução criativa tem consequências que proporcionam uma comprovação independente da teoria (ver capítulos 11 e 12; ver também mais adiante neste capítulo).

Paul Dirac, físico ganhador do Prêmio Nobel, disse, certa vez, que a solução de grandes problemas exige que sejam abandonados grandes preconceitos. Darwin teve de abrir mão de seu preconceito contra o cristianismo e a doutrina do criacionismo bíblico para poder explicar os dados reunidos por ele e seus contemporâneos. No século 20, físicos tiveram de abrir mão dos grandes preconceitos do determinismo causal e da continuidade em favor da indeterminação e da descontinuidade quânticas. Hoje, o século 21 exige uma mudança igualmente revolucionária na postura mental dos biólogos. Eles precisam abrir mão de preconceitos do determinismo genético e da continuidade darwiniana sobre toda a evolução biológica. O restante deste capítulo analisa algumas áreas específicas das quais os preconceitos precisam desaparecer.

A flecha biológica do tempo

Em última análise, há algo de insatisfatório, em um nível psicológico bem básico, sobre o darwinismo enquanto teoria da evolução da vida. Ele não pode falar de qualquer coisa significativa sobre o futuro da evolução. Intuitivamente, percebe-se que a consciência humana tem se tornado bem sofisticada com as mudanças na sociedade ao longo dos milênios (assunto do Capítulo 17), e percebe-se que essa evolução vai continuar. Contudo, tanto os darwinistas como os criacionistas não se deram conta da importância dessa evolução da consciência.

O próprio Darwin tinha consciência de que um dos problemas de sua teoria era a falta de espaço para a evidente intencionalidade da evolução. Se os biólogos aceitassem essa sugestão de seu herói e o acompanhassem nessa questão, então prontamente ficariam cientes de um dado crucial sobre a evolução que estaria faltando para eles: a flecha do tempo.

Na vida cotidiana, toma-se por líquida e certa a distinção entre passado e futuro. Entretanto, explicar essa direcionalidade, essa "flecha do tempo", é, na verdade, um problema importante da física. Com efeito, os físicos ainda discutem a explicação dinâmica correta, mas, ao menos em termos fenomenológicos, eles encontraram uma resposta na forma da lei da entropia. Entropia é a quantidade de desordem em um sistema. Dito de forma simples, a lei da entropia afirma que a entropia (desordem) sempre aumenta, e assim, analisando a entropia, é possível distinguir-se passado e futuro.

No entanto, os físicos também conhecem outro modo de diferenciar passado e futuro. Analise-se a relativa complexidade dos seres biológicos; analisem-se os dados fósseis. Normalmente, fósseis antigos mostram criaturas simples. Fósseis mais recentes são mais complexos, refletindo a evolução. Essa marcha da complexidade também é um modo válido de dizer qual a direção da flecha do tempo. Em outras palavras, além de uma flecha entrópica, existe uma flecha biológica: a evolução vai do simples ao complexo.

Os físicos (ver, por exemplo, Davies, 1988) mostraram que o darwinismo (e seus derivados) não pode ser a teoria correta da evolução porque não tem um mecanismo para a flecha biológica do tempo. Segundo o darwinismo, a evolução acontece por conta do acaso e da necessidade. Obviamente, o acaso é aleatório; não tem nenhum direcionamento preferencial. A necessidade, que é a seleção natural baseada na possibilidade de sobrevivência, depende da fecundidade, ou seja, do sucesso da espécie na produção de bebês; a complexidade não exerce papel algum aqui.

O físico Ilya Prigogine (1980) tentou desenvolver uma teoria da evolução que inclui a tendência para a complexidade em sistemas biológicos. A teoria propõe que, com a passagem do tempo, a matéria produz uma complexidade crescente de autoorganização. Embora Prigogine tenha recebido o Prêmio Nobel pelas perspectivas iniciais de seu trabalho, na prática a teoria não correspondeu às expectativas.

Um dos aspectos mais importantes da teoria apresentada aqui, a evolução criativa, é que ela explica a flecha biológica do tempo. A explicação baseia-se na intencionalidade com a qual o próprio Darwin se defrontou. O propósito pode ser incorporado porque esta teoria mostra a evolução como a evolução da consciência (ver Capítulo 5). Assim, a evolução criativa, diferentemente do darwinismo, tem algo a dizer acerca do futuro. Embora o darwinismo seja satisfatório para explicar os períodos lentos da evolução, as coisas realmente interessantes acontecem durante os períodos rápidos – os sinais de pontuação. Neles, ocorrem os saltos criativos, às vezes gigantescos movimentos da consciência. E, nesses movimentos, a evolução propositada da consciência através da complexidade – a consciência conquista a capacidade de se experimentar com uma sofisticação cada vez maior.

A outra controvérsia, mais discreta: biologia organísmica

Embora o criacionismo e a teoria do desígnio inteligente tenham atraído uma controvérsia pública, outra controvérsia, esta particular, tem agitado a biologia. Esta lançou um número de indivíduos relativamente pequeno, que serão aqui chamados biólogos "organísmicos" (ver Strohman, 1992; Ho, 1993), contra os defensores *mainstream* do materialismo científico estrito. Os biólogos organísmicos enfatizaram a importância de justificar o desenvolvimento de características macroscópicas, e, por fim, o desenvolvimento do organismo todo, pela evolução (Ho & Saunders, 1984).

A importância de se levar em conta o desenvolvimento de traços individuais fica óbvia se for feita uma pergunta desta maneira: qual o valor de um quarto de olho ou de um décimo de asa? Uma característica só é útil para a sobrevivência quando plenamente desenvolvida. Os biólogos organísmicos alegaram que o surgimento evolucionário de uma nova característica não pode ser um processo gradual, darwiniano, passo a passo. Porções de variação genética microscópica que produzem apenas uma pequena fração de uma característica macroscópica seriam eliminadas pela seleção natural; não trazem benefícios para a sobrevivência. Veja-se a historinha sobre mudança parcial, apresentada a seguir.

Um criminoso violento foi feito prisioneiro e posto sob vigília de 24 horas para não escapar. O sujeito tinha um ferimento em sua perna esquerda, que não foi tratado; surgiu a gangrena. O cirurgião da prisão decidiu que a perna precisava ser amputada. Como o prisioneiro era muito religioso, quis ficar com a perna após a remoção para poder dar-lhe um enterro decente. Tudo foi arranjado e, à noite, um amigo do prisioneiro apareceu para levar a perna. O guarda da prisão, que não sabia dos arranjos feitos, achou aquilo suspeito. Mais tarde, a perna direita do prisioneiro também gangrenou e teve de ser amputada. Fez-se o mesmo arranjo de antes. O amigo do prisioneiro apareceu à noite e pegou a perna direita. Desta vez, o guarda da prisão ficou *muito* desconfiado e exclamou: "O que está acontecendo? Você está tentando escapar aos poucos?".

Como esse guarda de prisão, que imaginou que um prisioneiro poderia escapar aos poucos, perna por perna, os darwinistas pensam que um órgão pode se desenvolver pouco a pouco. Às vezes, eles argumentam que um quarto de olho não é útil para enxergar, mas que pode ter sido útil para algum outro propósito no decorrer da evolução. Mas, para algo tão complexo quanto o olho, que exige milhares de mudanças genéticas, este argumento levantaria milhares de usos alternativos para todos esses estágios intermediários e de desenvolvimento do olho. Não parece valer a pena, não é? Além disso, o problema de se encontrarem fósseis intermediários para todos esses estágios intermediários não desaparece.

Como outro exemplo, pode-se pensar na evolução do longo pescoço da girafa (Hitching, 1982). Segundo os darwinistas, esta mudança aconteceu ao longo de lentas variações acumuladas e sua seleção, levando gradualmente a pescoços cada vez mais longos, que permitiram às girafas vencer os concorrentes e chegar a galhos mais e mais altos, nos quais o alimento é abundante. Este cenário é simplista demais. Vértebras de pescoços longos exigem muitas modificações simultâneas. À medida que as vértebras ficam mais longas, a cabeça deve ficar menor, pois fica mais difícil sustentar a cabeça sobre um pescoço longo. O sistema circulatório precisa produzir uma pressão sanguínea mais elevada; as válvulas precisam impedir o excesso de pressão quando a girafa se abaixa para beber. O tamanho dos pulmões precisa aumentar para que o animal possa respirar por um tubo bem mais longo. Além disso, muitos músculos, tendões e ossos precisam mudar de forma harmoniosa; com efeito, toda a estrutura do esqueleto precisa ser reestruturada para acomodar pernas dianteiras aumentadas. E a lista continua. É claro que deve haver muito mais coisas envolvidas do que mutações genéticas que aumentam o pescoço – e com coordenação espantosa! Tudo isso por meio de acaso e necessidade cumulativa, passo a passo? Não dá para acreditar.

Na evolução criativa, porém, todas essas mudanças podem se acumular em possibilidade quântica até a consciência causar o colapso súbito do conjunto adequado de mudanças em uma única e nova *gestalt* (ver detalhes no Capítulo 11). Como será visto, a teoria da evolução criativa incorpora muitas ideias dos biólogos organísmicos (ver capítulos 11 e 12).

A velha controvérsia: lamarckismo

Uma controvérsia científica que não termina nunca está associada ao nome do biólogo Jean Baptiste de Monet, *chevalier* de Lamarck, cuja principal obra antecedeu a de Darwin em uns 40 anos. Lamarck ficou famoso por sua ideia da herança de características adquiridas. Indivíduos de uma espécie passam, às vezes, por mudanças corporais ou somáticas bem universais, em virtude de fatores ambientais. Se tais mudanças somáticas pudessem ser passadas para gerações futuras, haveria uma alternativa à evolução darwiniana e ao lamarckismo. Por exemplo, como os seres humanos adquiriram uma pele grossa na sola dos pés? O lamarckismo explicaria isso de forma objetiva: ambientes hostis forçaram uma geração de caminhantes de pés descalços a adquirir solas grossas, e gerações posteriores adquiriram isso pela hereditariedade, mesmo após o ambiente ter voltado ao normal.

Infelizmente, a informação não parece fluir do soma (isto é, do corpo) para os genes (Weisman, 1893), e, assim, os biólogos em geral têm sido pouco amistosos para com o lamarckismo. Quando James Watson e Francis Crick formularam a biologia molecular na década de 1950, transformaram essa animosidade em dogma. Para Crick, era *o* dogma central da biologia molecular – a informação só flui em uma direção, dos genes para as proteínas, e nunca na outra, das proteínas para os genes, como implicaria o lamarckismo. O ambiente só pode exercer efeitos diretos sobre as proteínas das células somáticas, e esta informação não pode ser transmitida aos genes das células envolvidas com a reprodução.

O leitor percebe a propensão inerente? Essa propensão diz que os genes são as únicas entidades que podem transportar informação hereditária. Esse preconceito já se esgotou. Nos próximos capítulos, mostrar-se-á, teórica e empiricamente, que novas entidades e novos princípios organizadores precisam ser introduzidos na biologia, a fim de que sejam compreendidos dados inexplicados e paradoxos teóricos. Mais tarde, será mostrado que essas novas entidades abrem caminhos alternativos para a transmissão de informações hereditárias entre gerações (ver Capítulo 20). Um dos sucessos da teoria apresentada aqui é que o lamarckismo fez seu retorno, há muito devido.

A comprovação experimental e direta de uma das ideias básicas de Lamarck frutifica agora. Lamarck achava que um organismo contém em si mesmo um modo de responder ativamente ao ambiente, efetuando sua própria evolução. As novas evidências sugerem que certas bactérias, quando ameaçadas de privação em massa, aceleram sua própria velocidade de mutação para se tornar uma nova espécie, que pode sobreviver com os alimentos disponíveis (Cairns, Overbaugh & Miller, 1988). Este comportamento é chamado *mutação dirigida*. Críticos da mutação dirigida dizem que, quando há privação, talvez a velocidade de mutação dos genes como um todo aumente, não apenas a do gene necessário para a sobrevivência. Mesmo assim, permanece a dúvida: o que acelera a velocidade de mutação? A explicação correta consiste em ver este fenômeno como uma evidência direta a favor da causação descendente (Goswami & Todd, 1997) e a eficácia causal dos organismos, como também foi proposto por biólogos organísmicos.

Em suma, chegou a hora de adotar uma nova biologia, dotada de novos princípios organizadores e com as ideias da causação descendente e da criatividade biológica. Esta nova biologia reconcilia muitos conflitos, integra muitas ideias e teorias e, mais importante ainda, estabelece de maneira satisfatória a relação entre biologia e física, como será visto nos três capítulos seguintes.

capítulo 2

física quântica e causação descendente

Objetos quânticos são ondas de possibilidades. O leitor deve conhecer a propriedade mais notável das ondas: elas podem estar em mais de um lugar ao mesmo tempo. Duas pessoas em lugares diferentes, mas à mesma distância de uma fonte sonora, ouvem a onda sonora ao mesmo tempo. Objetos quânticos também se espalham como ondas, e, também como as ondas, possuem a característica de ter mais de uma faceta ao mesmo tempo. Seu único aspecto especial é que as facetas simultâneas dos objetos quânticos são facetas *possíveis*. Em uma observação, uma faceta pode aparecer; em outra, uma faceta diferente. Quanto a que faceta irá aparecer em dado experimento, só é possível calcular as probabilidades, daí o nome *onda de possibilidade*. É necessária uma escolha para converter possibilidade em experiência concreta. Quem escolhe? Como é a observação humana de um objeto quântico que causa o colapso de uma onda quântica com muitas facetas possíveis, em um evento único da experiência concreta na vivência do indivíduo, é preciso dizer que é a consciência de cada um que escolhe. Assim, na física quântica, o agente da causação descendente é reconhecido como a consciência de um ser humano (Von Neumann, 1955; Goswami, 1989, 1993; Stapp, 1993).

A princípio, parece com uma frase dos antigos quadrinhos do Pogo*: "olhamos para Deus, e ele somos nós". A ideia parece subjetiva demais para poder ser classificada como ciência. Na realidade,

* Personagem da tira de quadrinhos homônima (1948-1975), criada por Walt Kelly, com críticas políticas e sociais. [N. de T.]

não é. Quando se examinam as propriedades de uma consciência que consegue "causar o colapso" ou converter a onda quântica de possibilidade em um evento concreto sem causar paradoxos lógicos, encontram-se três características muito reveladoras (Goswami, 1989, 1993):

1. a consciência é a base de toda existência;
2. essa consciência que escolhe é unitária, não local e a mesma para todos. Em outras palavras, a consciência que escolhe é objetiva;
3. no caso de um colapso quântico, a consciência torna-se "autorreferente" em todos, dando-nos não apenas a sensação do objeto manifestado, como também a experiência de um *self* – um sujeito que sente o objeto como algo separado de si mesmo.

Em outras palavras, o indivíduo escolhe não com sua consciência-ego ordinária, mas com um estado não ordinário de consciência unitária – que se pode chamar *consciência quântica*. É fácil perceber, porém, se o leitor estiver familiarizado com tradições esotéricas espirituais (inclusive o cristianismo esotérico), que esse caráter unitário da consciência é amplamente identificado com a consciência-Deus. A física quântica consiste em introduzir a consciência-Deus como agente de causação descendente.

Agora, percebe-se que o uso da frase "causação descendente" é bem justificado, pois essa causação provém de uma consciência-Deus não ordinária no interior de cada um, "mais elevada" do que sua consciência egóica individual, ordinária e "mais inferior".

A mesma ideia de uma consciência-Deus encontrou caminho na psicologia transpessoal (Maslow, 1971; Wilber, 1996), como o agente de transformação psicológica, e até na medicina, como agente de "curas quânticas" espontâneas, que ocorrem sem qualquer intervenção médica (Chopra, 1990; Goswami, 2004). Por falar nisso, a capacidade do ser humano de se transformar e de se curar espontaneamente é um excelente exemplo de evidência científica da eficácia causal da inteligência humana.

Serão dados mais detalhes adiante, mas espera-se que o leitor comece a ver que o evolucionismo criativo, tal como definido aqui, faz parte de uma nova tendência na ciência – parte de uma autêntica mudança de paradigma para incluir a causação descendente (Goswami, 2008). Será que a biologia quer ficar para trás, como a última ciência a se fundamentar na visão singular da causação ascendente e do determinismo genético? Os biólogos são tão conservadores que nem examinam a eficácia da causação descendente para solucionar o verdadeiro problema do ritmo acelerado da macroevolução? Observe-se, por favor, que não se está diante de uma opção do tipo ou/ou. Tanto a causação ascendente como a descendente ganham validade nessa nova abordagem. A dinâmica da causação ascendente produz as possibilidades quânticas em dada situação; a causação descendente por parte da consciência quântica, Deus, escolhe entre essas possibilidades e causa o colapso de uma delas como experiência concreta única no mundo manifestado.

Continuidade e descontinuidade

Deve-se tratar de uma questão antes de prosseguir-se. Por que o ser humano não tem consciência, na vida cotidiana, de sua conexão com a consciência-Deus? Por que todos se veem como egos individuais? A resposta, em síntese, é o condicionamento. Na consciência-Deus, tem-se total liberdade para escolher entre as possibilidades oferecidas pela dinâmica quântica para os estados dos objetos quânticos. O condicionamento limita essa liberdade de escolha a favor de respostas passadas aos estímulos (aprendizado). Mais cedo ou mais tarde, o indivíduo fica condicionado a se identificar com um padrão de hábitos específico para responder aos estímulos; esta identificação é o ego (Mitchell & Goswami, 1992; Goswami, 1993; ver também Capítulo 18).

Há outro ponto importante. Veja-se a Figura 2. As ondas de possibilidade quântica se espalham em *potentia* (nome que o físico Werner Heisenberg deu ao domínio das possibilidades quânticas), não no espaço e no tempo, mas transcendendo-os; esta parte de seu movimento é contínua. Mas, quando a consciência escolhe dentre as possibilidades para criar a experiência concreta no espaço e no tempo, o colapso da onda de possibilidade não é gradual no espaço e no tempo, e sim um evento descontínuo, para o qual é impossível fazer uma descrição matemática ou mecânica (Von Neumann, 1955). Como admitiu primeiro o físico Niels Bohr, esta descontinuidade é parte da física quântica. Bohr deu a essa descontinuidade o nome de "salto quântico".

Contudo, em função do condicionamento, a descontinuidade do colapso quântico fica obscurecida. A impressão que se tem é que se experimenta a consciência do ego como um fluxo contínuo.

Em outras palavras, quando se está na consciência-Deus, a escolha dentre as possibilidades quânticas é criativa e descontínua – é um salto quântico. Na consciência do ego, a escolha é restrita a alternativas condicionadas: ela emana do passado, e a continuidade parece reinar. Existe alguma liberdade de escolha, mas não uma liberdade criativa. Atravessa-se a fronteira quando se diz "não" ao condicionamento, tornando cada um, assim, aberto à liberdade criativa.

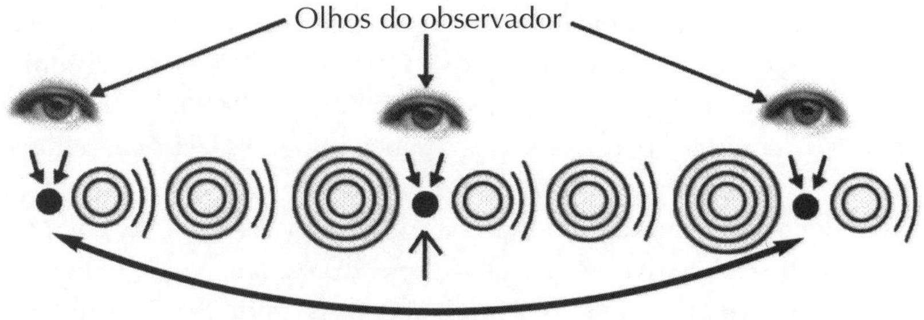

Figura 2. A dispersão (contínua) e o colapso (descontínuo, devido à observação consciente e à escolha) de ondas de possibilidade quântica

Se o leitor estiver tendo dificuldade para visualizar um salto quântico criativo, talvez um exemplo do movimento eletrônico dos átomos à maneira de Bohr o ajude. Os átomos emitem luz quando um elétron salta de uma órbita "superior" para uma inferior. Mas o salto é discreto, quântico; o elétron está aqui em uma órbita e depois lá, na outra, sem nunca passar fisicamente através do espaço que separa as duas órbitas. A criatividade pode dar uma impressão semelhante.

Os pesquisadores sobre criatividade mostraram que o processo criativo tem quatro estágios: preparação, incubação ou relaxamento, *insight* repentino e manifestação. A preparação implica trabalho, assim como a manifestação – manifestar o produto de um *insight* criativo. A necessidade do trabalho para a criatividade é fácil de se entender. Mas os pesquisadores da criatividade sabem muito bem que, se o indivíduo relaxar intermitentemente (basta ficar sentado, como a ave se senta sobre o ovo durante a incubação) enquanto se dedica ativamente a um problema, os saltos quânticos criativos de *insight* são bastante facilitados (Goswami, 1999). Mas por quê? Os psicólogos chamaram esse estágio do processo criativo de *processamento inconsciente*. Mais um pouco de mistério em jogo.

O pensamento quântico dá a resposta e resolve o mistério. Perceba-se que, antes da escolha, antes do colapso, todo objeto quântico, como ondas de possibilidades, espalha-se como uma onda se espalha sobre a água quando alguém lança um pedregulho numa lagoa. O processo é um pouco mais sutil para objetos quânticos, pois suas ondas se espalham em possibilidades, tornando-se conglomerados cada vez maiores de possibilidades para escolha da consciência. Por que se chama "inconsciente" o processamento das possibilidades? Porque, sem o colapso, a separação sujeito-objeto, necessária para a percepção-consciente, ou awareness*, fica ausente (ver Capítulo 5). O conceito freudiano (e um tanto vago) de inconsciente significa, na verdade, não estar perceptivo; como se pode perceber, o conceito pode ser definido muito claramente pela física quântica se explicado dentro da primazia da consciência. (Para mais detalhes, ver Capítulo 15.) Desse modo, por meio do fenômeno da criatividade, tanto o aspecto contínuo como o descontínuo do movimento quântico de ondas de possibilidades são usados.

É extremamente importante que os biólogos percebam a nova mensagem da física quântica: os movimentos do mundo podem ser contínuos e descontínuos. Na física clássica, existe apenas a continuidade, e como, de modo geral, a mensagem quântica não entrou na psique dos biólogos, eles ainda se apegam ao cenário contínuo e darwiniano da evolução.

Consciência dentro da biologia ou biologia dentro da consciência?

Encarem-se os fatos. A controvérsia criacionismo-evolucionismo ficou tão politizada que a maioria dos biólogos deve se sentir extremamente desconfortável se pensar que Deus pode ter alguma coisa a ver com a biologia. Quando os biólogos percebem que a física quântica vê Deus como "consciência cósmica definida objetivamente", devem se sentir mais confortáveis – pelo menos, é o que se espera.

---

* No original, awareness. Não há uma tradução exata em português. O termo é comumente traduzido como "consciência" ou "percepção". Em muitas publicações, awareness é mantido em inglês, pois tem um sentido mais amplo que o de "consciência": refere-se a um "estado de alerta" que compreende, inclusive, a consciência da própria consciência. É também um conceito-chave da Gestalt-terapia. Segundo Clarkson e Mackewn, awareness é "a habilidade de o indivíduo estar em contato com a totalidade de seu campo perceptual. É a capacidade de estar em contato com sua própria existência, dando-se conta do que acontece ao seu redor e dentro de si mesmo; é conectar-se com o meio, com outras pessoas e consigo próprio; é saber o que está sentindo, significando ou pensando, saber como está reagindo neste exato momento. Awareness não é apenas um exercício mental: envolve todas as experiências, sejam elas físicas, mentais, sensórias ou emocionais. É a totalidade de um processo que empenha o organismo total" (Fritz Perls. Londres: Sage, 1993, p. 44-45). Apesar de as palavras "percepção" e "consciência" não abarcarem, isoladamente, a essência do termo inglês, neste livro optou-se por traduzir awareness pela palavra composta "percepção-consciente", no intuito de aproximá-la de seu sentido pleno, deixar bem marcadas todas as ocorrências no texto e facilitar a compreensão do leitor de língua portuguesa. [N. de E.]

Assim, vai-se examinar em detalhes a lógica por trás da assertiva acima. Primeiro, será discutido como a ideia de que a consciência é a base da existência é forçosamente aplicável pela física quântica. Considere-se a ideia de que a escolha consciente afeta a onda de possibilidade quântica de um objeto, forçando o seu colapso em um evento concreto da experiência do indivíduo, em uma "partícula", por assim dizer. A princípio, essa ideia parece dualista. Por quê? Porque a consciência precisa ser não material para efetuar o colapso. Para este fim, suponha-se, como creem os biólogos materialistas, que a consciência é um epifenômeno do cérebro. Mas não há sombra de dúvida de que o cérebro é um conglomerado de partículas elementares, possibilidades quânticas, e, por isso, ele também deve consistir de possibilidades quânticas. Idem para quaisquer epifenômenos associados a ele.

Agora, é possível perceber por que a consciência, para efetuar o colapso, precisa ser não material? A consciência material que emerge no cérebro é apenas uma onda de possibilidade. Uma onda de possibilidade que atua sobre uma onda de possibilidade produz apenas uma onda de possibilidade ainda maior. Nenhuma experiência concreta pode surgir de tal interação (Von Neumann, 1955).

Mas, se a consciência é não material, ainda há o problema do dualismo: como uma consciência não material interage com uma onda material de possibilidades? O materialismo científico evita o dualismo, adotando um ponto de vista chamado *monismo material* – tudo é feito de uma coisa, a matéria, ou, dito de outro modo, a matéria é a base de toda existência. Mas o dualismo também se resolve, caso seja postulado um tipo de monismo diferente daquele com o qual se está acostumado na ciência. Suponha-se que se postule que a consciência é a base de toda existência e que tudo é feito de consciência. Então, a matéria consiste de possibilidades da própria consciência. O colapso de uma onda de possibilidade quântica de matéria para a experiência concreta material que o ser humano vivencia consiste na consciência que escolhe entre suas próprias possibilidades, e o dualismo não emerge.

Uma análise das figuras *gestalt* (Figura 3) pode ajudar. Ao se observar a primeira figura (Figura 3a), será visto um vaso ou duas faces olhando uma para a outra. Do mesmo modo, uma análise da Figura 3b vai revelar ou uma jovem ou uma velha (a figura é chamada "A esposa e a sogra"). Eis o ponto importante. Se o leitor consegue ver o vaso (ou a jovem), pode passar a ver as faces (ou a velha) apenas deslocando levemente sua perspectiva. Vale experimentar! Mas o leitor está fazendo alguma coisa com a imagem para realizar esse feito notável? Não, pois ambos os significados já estão em sua consciência. Está-se

Figura 3. Imagens *gestalt*. O significado muda sem que se faça nada com as imagens. (a) O vaso e duas faces; (b) a esposa e a sogra

apenas escolhendo, identificando um ou outro dos dois significados. Quando a consciência escolhe uma faceta, dentre as muitas facetas da onda de possibilidade, faz algo parecido. Não há ação nisso, não há interação dualista. Apenas identificação e escolha.

A lição de tudo isso é que o paradigma deve mudar. Enquanto a biologia tratar a consciência como um epifenômeno do cérebro, ela não será compatível com a física quântica. Para levar a biologia ao âmbito da física quântica, deve-se reformular a biologia e posicioná-la dentro de uma nova metafísica, a metafísica da primazia da consciência.

A objetividade da consciência que escolhe

Pode-se fazer ciência com base na primazia da consciência? Isto é, a ciência pode ser baseada na ideia de que a consciência é a base de toda a existência, e todas as coisas da experiência são escolhidas dentre possibilidades da consciência? Onde está a objetividade necessária? Agora, a prova quintessencial: será mostrado por que a consciência da física quântica que escolhe precisa ser uma consciência cósmica objetiva.

O leitor deve ter ouvido falar do famoso paradoxo do gato de Schrödinger. Neste "experimento mental", um gato é posto em uma caixa opaca com uma porta, na companhia de um único átomo radioativo (com meia-vida de uma hora, o que significa que a probabilidade é de 50% de que o átomo se desintegre em uma hora). O esquema é diabólico. Se o átomo se desintegra, um contador Geiger detecta a radiação emitida. O som do contador aciona um martelo que quebra um frasco de veneno, liberando cianureto, que mata o gato. Se o átomo não se desintegrar, nenhuma das ações sequenciais ocorrerá, e o gato viverá. Como a desintegração é probabilística, um processo quântico, segue que, no final de uma hora, o gato é uma onda de possibilidade, tendo duas facetas igualmente válidas, vivo e morto. O gato está literalmente meio vivo e meio morto!

Esse estado meio a meio é um exemplo de estranheza quântica, mas não constitui o paradoxo em si (vai-se chegar lá em um segundo); decorre estritamente da matemática quântica. Como cada consequência da matemática quântica foi confirmada experimentalmente com precisão absoluta, deve-se presumir que esta explicação descreve precisamente a situação do gato quando não é observado.

Naturalmente, quando observado, vê-se o gato vivo ou morto, não meio vivo ou meio morto. Este é um paradoxo do ponto de vista do materialismo científico, pois todos os objetos são possibilidades quânticas; o cérebro do observador não é exceção. Assim, por que o ato do observador – uma operação realizada por uma onda de possibilidade quântica, especificamente um cérebro – deve ser tão importante para uma escolha entre a vida ou a morte do gato?

Entretanto, se o leitor compreendeu a discussão acima, verá que, se for adotada a posição metafísica de que a consciência é a base de toda existência, então, de fato, a observação consciente é essencial para a escolha e causa colapsos.

O famoso físico John Von Neumann (1955), que também ficou famoso na biologia por seu trabalho com um conceito conhecido como *autômatos celulares*, propôs a escolha consciente como a solução para o destino do gato de Schrödinger, mas a solução não se manteve por muito tempo. Pouco depois, o Prêmio Nobel Eugene Wigner suscitou outro paradoxo. É chamado de paradoxo do amigo de Wigner.

Suponha-se que Wigner está com um amigo em seu laboratório; este o visita enquanto o gato aguarda na caixa a sua sina, como uma onda de possibilidade suspensa entre a vida e a morte. Após uma hora, como gesto de gentileza, Wigner convida seu amigo a olhar por cima de seu ombro enquanto abre a caixa. Como os dois estão olhando ao mesmo tempo, qual observação vai causar o colapso do estado do gato? Em outras palavras, quem escolhe?

O paradoxo fica ainda mais claro ao se afirmar que Wigner gosta de gatos: ele preferiria que o gato ficasse vivo. Mas seu amigo detesta gatos. Sem dúvida, sua escolha seria apontar o polegar para baixo: que morra o gato! Então, pergunta-se novamente, que escolha vai prevalecer? O gato vive ou morre?

Uma solução consiste em postular que só Wigner está consciente, que seu amigo é fruto da imaginação de Wigner. Esta filosofia é chamada solipsismo, e certamente todos se sentem assim de vez em quando. Mas tal filosofia não seria útil em termos científicos, embora, ironicamente, a metafísica materialista tampouco possa refutá-la.

Se o leitor pensar nisso, o solipsismo não é de fato uma solução para o paradoxo; ele apenas desloca o problema de "quem escolhe?" para "quem passa a ser o principal solipsista?". A verdadeira solução, quando surgiu, causou agitação. Três físicos – Ludwig Bass (1971), na Austrália; eu mesmo (Goswami, 1989, 1993), na Universidade do Oregon; e Casey Blood (1993, 2001), na Universidade Rutgers –, todos trabalhando independentemente, encontraram a mesma solução. A consciência que escolhe é cósmica e unitária, transcendendo a individualidade.

Em outras palavras, não se escolhe o destino do gato a partir de uma consciência individual ordinária, que os psicólogos chamam *ego*. Escolhe-se a partir de um estado não ordinário de consciência, no qual a individualidade comum cede lugar a uma unidade cósmica – uma consciência objetiva além da natureza individual.

Assim, não só o paradoxo está resolvido, como o esforço para localizar a ciência dentro da consciência voltou novamente aos trilhos, pois a consciência é objetiva, afinal. Para um grande número de observações, a consciência quântica escolheria com aparente objetividade, como ditam os cálculos de probabilidades. A suspeita de que a estranheza subjetiva desempenha um papel nos assuntos do mundo se foi. Contudo, a causação descendente ainda é a escolha, ou seja, a consciência não segue necessariamente os ditames das probabilidades em um evento individual de escolha. Em qualquer evento individual, há sempre espaço para a criatividade.

Como o próprio Erwin Schrödinger (1944) escreveu no apêndice de seu livro seminal, *O que é vida?*, "a consciência é um singular para o qual não existe plural". Em sua natureza básica, a consciência é cósmica, a primeira e única. O ego é uma individualidade ilusória, separada, que surge por causa da identificação da consciência com o cérebro e seu subsequente condicionamento (Goswami, 1993).

Esta unidade da consciência humana, o fato de a consciência ser não local, foi a primeira previsão da teoria apresentada aqui. Esta previsão foi confirmada e replicada experimentalmente (Grinberg-Zylerbaum *et al.*, 1994; Sabel, Clarke & Fenwick, 2001; Wackermann *et al.*, 2003; Standish *et al.*, 2004). Na experiência original de Grinberg, dois sujeitos meditam juntos durante vinte minutos com a intenção de estabelecerem uma conexão não local, uma intenção que eles mantêm meditativamente quando são separados após esses vinte minutos e postos em gaiolas de Faraday (recintos impermeáveis a sinais eletromagnéticos) individuais. Os sujeitos ficam ligados a aparelhos de eletroencefalograma (EEG) diferentes, que registram suas ondas cerebrais. Mostra-se a um dos sujeitos uma série de lampejos luminosos que induzem uma atividade elétrica no cérebro, registrada pelo EEG. Um computador elimina o ruído do sinal do EEG e extrai um sinal chamado *potencial evocado* do registro. Surpreendentemente, aparece um potencial similar nos registros do EEG do parceiro correlacionado, que, no entanto, não viu lampejo algum. Se o potencial elétrico pode ser transferido de um cérebro para outro sem qualquer sinal, deve existir uma conexão não local entre eles. Essa conexão não local é sua consciência quântica unitária. Por acaso, essas experiências também descartam o solipsismo como solução viável para o paradoxo do amigo de Wigner.

Criatividade quântica e entropia

Precisa-se enfatizar novamente que a solução da unidade de consciência para o paradoxo do amigo de Wigner, dada acima, permite a criatividade para um objeto singular em um evento singular. No caso de muitos objetos e muitos eventos, a lei da entropia – que diz que a desordem sempre aumenta (ou, na melhor das hipóteses, permanece a mesma) – prevalece. Decorre da física quântica dentro da consciência, quando se percebe que, na ausência de um surto criativo, a consciência provoca o colapso das ondas de possibilidades de acordo com as necessidades da média estatística, ou seja, segundo a distribuição das probabilidades. Portanto, pretende-se propor uma reformulação da lei da entropia:

> Na ausência da criatividade quântica, ou seja, do colapso criativo, as coisas tendem para a maximização da probabilidade, que é o mesmo que maximizar a entropia.

Esta reformulação abre a possibilidade de que, na presença da criatividade quântica, a porta esteja aberta para que as coisas mudem na direção de uma ordem e complexidade crescentes.

Algumas consequências

Voltando ao gato de Schrödinger, nas aulas de física quântica ensinei o paradoxo do gato de Schrödinger muitas vezes, e, inevitavelmente, um apreciador de gatos acaba se irritando e pergunta: "Por que o gato não pode decidir se está vivo ou morto? O gato está consciente ou não?". Quando Schrödinger decidiu tornar ainda mais espetacular e pessoal o aspecto paradoxal do efeito do observador quântico usando um gato, ele pode ter sido preconceituoso, achando que os gatos não são diferentes da matéria inanimada e insensível, que são máquinas (crença nutrida pelo cristianismo e compartilhada com o filósofo Descartes). Nessa visão, os gatos não têm a capacidade de causar o colapso de sua onda quântica e, por isso, o paradoxo do efeito do observador pode ser ilustrado usando-se esse animal.

O problema é que o biólogo materialista de hoje compartilha o preconceito de Schrödinger: como a vida não é considerada nada além da física e da química de macromoléculas, também poderia haver um ser humano na caixa de Schrödinger. Como já se disse, esta postura não é compatível com a física quântica, a melhor teoria já elaborada para a física e que foi comprovada por milhares de experiências com precisão absoluta.

Em outras palavras, a física quântica exige que os biólogos abram mão de seus preconceitos materialistas e baseiem a biologia na metafísica da primazia da consciência. Uma das principais recompensas de tal mudança de paradigma diz respeito ao indivíduo ser capaz, pela primeira vez na biologia, de distinguir claramente não só entre o consciente e o inconsciente, mas também entre a vida e a não vida (ver capítulos 7 e 8). Então, sim, não apenas os seres humanos, mas gatos e lagartos, e até organismos unicelulares, podem causar o colapso de ondas de possibilidades em eventos concretos da experiência. Essa distinção fará uso da terceira característica da consciência, conforme foi introduzido acima, a característica da autorreferência.

Algumas palavras para o fã de Deus que pode ter se sentido deixado para trás quando Deus foi substituído pela consciência quântica cósmica. Veja-se! Esse modo de ver Deus é comum para todas as tradições espirituais em seu núcleo esotérico. Só que se perde na tradução popular. Jesus sabia disso, assim como Buda, Lao Tzu e os *rishis* dos *Upanishads* hindus. O mestre sufi Ibn Al-Arab sabia disso também. A física quântica está começando a permitir que o homem redescubra verdades que seus antepassados conheciam, cada um a seu modo. No processo, a física quântica também assegura que não há nada de não científico em Deus, que Deus e a ideia da criatividade de Deus podem ser incorporados em uma ciência objetiva, e, em particular, em uma nova biologia. Tanto o indivíduo como a biologia vão melhorar por causa disso.

E onde se encaixa o criacionismo? Os seguidores do criacionismo, caso baseiem suas teorias não no Antigo Testamento, mas no Novo Testamento, concordarão prontamente com a visão quântica de que a consciência-Deus está envolvida ativamente com a criação em todos os lugares e em todas as épocas, não apenas há 6 mil anos. A verdade é que a evolução é o alvo errado para ataques dos fãs de Deus. O verdadeiro motivo para alarme deveria ser a doutrina da causação ascendente, do materialismo científico e do darwinismo.

Seja como for, tudo isso perde o sentido depois que se percebe a obrigatoriedade de uma nova biologia dentro da consciência, quando Deus-como-consciência-quântica é aceito como o princípio organizador da evolução criativa na biologia.

A nova biologia

Todo esse transtorno político é uma infeliz distração do verdadeiro ponto na biologia: a necessidade de se encontrarem novos princípios organizadores. Perceba-se o plural: a causação descendente quântica não é o único dos novos princípios organizadores necessários. Quando se lida a fundo com a relação entre física e biologia, descobre-se rapidamente um vasto abismo entre ambas, algo que os biólogos não costumam admitir, embora os cientistas não-biólogos conheçam e muito bem. (Esse abismo é tema do Capítulo 3.) Descobre-se também que o abismo entre a física e a biologia só pode ser transposto se forem introduzidos novos princípios organizadores que governam o movimento de componentes extrafísicos da consciência, vivenciados fora do indivíduo – sentimento, pensamento e intuição. Esse movimento também alinha o ser humano com a teoria do desígnio inteligente. O ponto é que o desenhista precisa não apenas de matéria-prima, mas de matrizes para seguir. O desenhista é Deus, a consciência quântica cósmica. A matéria-prima é a matéria, as macromoléculas biológicas e todos os seus processos. Os biólogos estabeleceram uma sofisticada ciência da matéria-prima: o campo da biologia molecular. Mas o que serve de matriz? Esta questão é o tema do Capítulo 4.

capítulo 3

ligando biologia e física

Caso se queira dar à biologia uma base materialista, como a maioria dos biólogos faz de forma implícita, então a relação pai-prole entre a física e a biologia deve ser demonstrável com clareza. Em outras palavras, a biologia deveria se reduzir à física. A pergunta é a seguinte: será que os fenômenos biológicos podem ser considerados fenômenos da física, com as aparentes diferenças entre fenômenos físicos e biológicos advindos da complexidade da situação biológica? Pode-se pensar sobre esse tipo de redução de diversas maneiras. Primeiro, existe a questão dos componentes, entidades ou processos. Por exemplo, os componentes, para a física (e seus objetos inanimados) são moléculas, átomos e partículas elementares; serão os mesmos para o animado reino da biologia? Também se pode fazer da redução uma questão teórica: pode-se teorizar sobre a vida e os processos vivos com as teorias da matéria inanimada que constituem a física? Mais um caminho: é possível usar na biologia a mesma metodologia ou estratégia de pesquisa que se usa na física?

A maioria dos biólogos, até hoje, pensa que a primeira questão reducionista – ou seja, quais os componentes constitutivos da vida – foi resolvida de uma vez por todas quando a filosofia do vitalismo (a ideia de que um ser vivo tem um corpo vital, que proporciona a vida, além de seu corpo físico) foi desacreditada com o surgimento da biologia molecular. Para esses biólogos convencionais, a vida é uma propriedade emergente das moléculas complexas da célula que interagem de formas complexas. Assim como o fígado segrega a bile, a célula segrega a vida.

Quanto à questão da teoria, muitos biólogos declarariam abertamente que, em última análise, as teorias biológicas devem poder ser reduzidas à física. Mas "última análise" é um lugar distante, pois, neste estágio, a biologia já deveria ter suas próprias teorias. Quanto à metodologia, a biologia está se tornando rapidamente uma ciência laboratorial de biologia molecular, para espanto dos biólogos de campo, bem como dos ecologistas.

Será que a biologia pode ser reduzida à física? Francis Crick expressou a opinião de muitos biólogos quando disse que "a meta última do moderno movimento na biologia é, de fato, explicar toda a biologia em termos de física e química".

O comediante Woody Allen costumava apresentar um esquete (há muito tempo, antes de se tornar um cineasta famoso) no qual ele ia à Inglaterra e comprava um Rolls Royce. Ele queria levá-lo de volta para os Estados Unidos, mas não queria pagar impostos. O que fazer? Engenhosamente, ele desmontou o carro, colocou as peças em um monte de malas e conseguiu entrar nos Estados Unidos sem pagar a taxa de importação. Depois, quando ele tentou montar o carro, espantou-se por não conseguir fazê-lo. Ele montou máquinas de costura, um tanque de guerra, até um avião, mas não conseguiu montar o carro original. A complexidade era grande demais para ele.

Alguns cientistas acharam que o problema do reducionismo na biologia é a grande complexidade das formas biológicas. Para resolver o problema, eles tentaram desenvolver uma ciência especial da teoria da complexidade para acomodar o reducionismo biológico. Esta visão também é míope, pois deixa de levar em consideração a revolução na consciência que a física quântica causou na própria física.

Entretanto, embora a física quântica exija a consciência para poder ser interpretada, de modo geral a física pode ser levada a cabo sem evocar a consciência. Este aparente paradoxo pode existir, pois na física e na química está-se sempre lidando com zilhões de moléculas. As ondas quânticas de possibilidade têm associado probabilidades que podem ser calculadas usando-se a matemática quântica. Quando se lida com grandes números de objetos quânticos, este cálculo de probabilidade permite fazer previsões extremamente precisas, que podem ser confirmadas por meio de experiências de laboratório. Na maior parte da física, a causação descendente é apenas o pano de fundo metafísico.

Mas, na biologia, a situação é bem diferente. Já se viu, nos dois últimos capítulos, que pelo menos um problema importante da biologia, o ritmo acelerado da macroevolução, exige um novo princípio organizador – a causação descendente – operando de forma explícita, juntamente com a causação ascendente, também explícita. Essa afirmação sugere que está sendo provado que, em uma ciência baseada na consciência, a biologia pode ser reduzida à física, com a única diferença de que, na biologia, o papel da causação descendente costuma ser explícito, e não implícito? A resposta é não: a biologia ainda precisa de outros princípios organizadores. Vai-se tratar deste assunto no Capítulo 4, mas, antes, pretende-se esclarecer melhor a natureza daquilo que a biologia não percebe e mostrar onde a criatividade se encaixa nessa nova biologia.

Mais sobre a incompletude da biologia

Os biólogos precisam se entender com a incompletude da biologia. Parte do problema está no tamanho do empreendimento da biologia, e parte no tamanho da ciência como um todo. A ciência é tão grande, hoje, que precisa ser tratada por partes. O que uma mão faz, a outra desconhece.

Os biólogos tratam o problema da origem da vida de forma distinta do problema da origem do universo, e, naturalmente, do problema da mensuração quântica. A solução para a natureza e a origem da vida será vista nos capítulos 7 e 8, e baseia-se numa visão integral.

Até a biologia é tão grande que precisa ser tratada por partes. O biólogo evolucionário fica com a impressão de que essa conversa sobre dualismo foi eliminada da biologia, sem perceber que o dualismo mente-corpo está bem vivo nas teorias dos neurofisiologistas sobre o modo como o cérebro faz representações de um objeto de percepção (ver Capítulo 16).

De modo similar, os biólogos da origem da vida falam de "informações significativas" (como no DNA), mas ignoram a necessidade de mostrar que é possível para uma máquina processar significados. Este problema só é suscitado no contexto do problema mente-corpo.

Antes de surgir a biologia molecular, a ciência ocidental abraçava o vitalismo, a ideia de que um "corpo vital" incutiria vida na matéria. Quando os biólogos afirmaram ter exorcizado o vitalismo com a biologia molecular, estavam cientes de que os sistemas médicos orientais da acupuntura e da *ayurveda*, bem como o sistema ocidental chamado *homeopatia*, dependem essencialmente do conceito de energia vital? Estavam conscientes da eficácia causal dessas tradições de cura – uma eficácia que não pode ser descartada por modelos materialistas? Os biólogos de hoje sabem que o *elã vital*, expressão cunhada pelo filósofo Henri Bergson no início do século 20, foi, durante algum tempo, um conceito popular na biologia? Eles podem explicar o sentimento, que é experiência de cada um da energia vital? Estão a par de trabalhos recentes que ligam formas biológicas e sentimentos, medicina dos chakras e psicologia dos chakras (Goswami, 2004)?

Muitos biólogos acreditam que a biologia molecular tem poder suficiente de explicação para tudo o que está ligado à vida de uma célula. Entretanto, outro grupo de cientistas altamente dedicados, chamados *teóricos da complexidade*, um grupo que reúne mais do que alguns poucos biólogos, está convencido de que a vida surge da auto-organização que vai além da biologia molecular (Kaufman, 2002).

Alguns biólogos teóricos estão até cientes de que uma célula viva tem a capacidade de cognição, ou seja, de ter noção de uma informação específica, o que implica um *self* cognoscítivo (Maturana, 1970; Lipton, 2005). Mas como este *self*, um sujeito, surge quando o ponto de partida são objetos, as macromoléculas da célula? Será que os biólogos celulares têm noção do problema que representa explicar a *qualia* (a experiência sentida das qualidades) subjetiva em uma teoria neurofisiológica da percepção? Será que os biólogos têm consciência da psicologia profunda (de origem freudiana) ou da psicologia transpessoal?

Esses pontos de vista definem ciências psicológicas bem-sucedidas que ajudam as pessoas a se curar e a reorganizar suas vidas, mas ambos os lados fazem suposições acerca da consciência, que são radicalmente diferentes daquelas apresentadas pelo biólogo. Na psicologia profunda e na psicologia transpessoal, a consciência é o reservatório da criatividade; a consciência adaptativa do biólogo evolucionário é um fracasso causal. Mas, se for considerada correta a abordagem materialista, a psicologia não deveria ser redutível à biologia? Não deveria haver preocupação em reconciliar tais pontos de vista contraditórios sobre a natureza da consciência?

A verdade é que a biologia molecular de uma célula não explica nem um *self* que experimenta algo, nem sentimentos. Será que faltam os princípios organizadores necessários? Será que a consciência explica a experiência do *self*? Será que o corpo vital explica a experiência dos sentimentos?

A infeliz verdade é que, quando os biólogos são empurrados contra a parede, quase todos recorrem à adaptação evolucionária como solução. Consciência? Naturalmente, é o produto de adaptação evolucionária, insistem os biólogos, esquecendo-se convenientemente do problema da experiência do *self*. Que os neurofisiologistas se preocupem com os problemas difíceis!

Isso não funciona mais. A biologia precisa se reconciliar com a física quântica, incluindo seu problema de mensuração. A biologia também precisa se reconciliar com a medicina e a psicologia. Em última análise, a biologia também precisa se reconciliar com questões de natureza religiosa: o que acontece após a morte? As pessoas devem viver suas vidas segundo a ética e os valores? Há questões filosóficas, também: quão profunda é a noção de ecologia? De onde vem o senso de estética? Transformar todas essas questões em uma questão de adaptação evolucionária é análogo àquilo que as religiões fizeram com a hipótese de Deus: se o ser humano não pode explicar algo, então certamente isso é obra de Deus.

A biologia é uma ciência, e o que é a ciência senão um punhado de leis? Os biólogos acreditam nas leis da biologia, embora acreditem que essas leis decorram da bioquímica ou, eventualmente, da física. Mesmo assim, são assombrados pela pergunta: de onde vêm essas leis?

O biólogo Charles Birch (1999) indicou que há duas maneiras para pensar o relacionamento entre a vida e a matéria: ou o indivíduo pensa que a vida é semelhante à matéria, ou pensa que a matéria é semelhante à vida. O grande filósofo Bertrand Russell preferiu o primeiro modo de pensar; Alfred Whitehead, outra grande mente do século 20, preferiu o segundo.

Os biólogos alinharam-se quase universalmente com Russell, criando uma biologia fundamentalmente incompleta. Se a vida é semelhante à matéria, então a vida, como matéria bruta, torna-se virtualmente determinista. A vida também é limitada, como a matéria: incapaz de processar significado, carente de criatividade e sem consciência subjetiva.

Biossistemas e criatividade

O que aconteceria se fosse escolhida a alternativa de Whitehead – de que a matéria é semelhante à vida? Consoante a filosofia de Whitehead, "o significado primário da vida é dar origem à novidade conceitual – a novidade da apetição" *. Explicou Birch (1999, p. 121):

* Segundo Leibniz, é a ação do princípio interno da mônada que produz a mudança ou a passagem de uma percepção a outra (cf. *Dicionário Aurélio Século XXI*). [N. de T.]

> A novidade não é a mera mudança. A sempre presente tendência entrópica de decair é a mudança. Esta tendência pode sofrer dois tipos de resistência. Um se dá pela própria estrutura estável de muitas coisas, como pedras, por exemplo. Estas perduram graças à incontável repetição de padrões imutáveis. O segundo tipo pode ser superado localmente pela novidade criativa, que se ergue acima da determinação exterior pela vida. Logo, a vida se dirige contra os mecanismos repetitivos do universo. Há, na vida, um impulso para encontrar as possibilidades ainda não percebidas da vida.

Nesta filosofia, a diferença entre "não vivo" e "vivo" é a criatividade. A física quântica percorreu um longo caminho até tornar essa afirmação muito mais do que uma filosofia. A matéria pode ser semelhante à vida? Pode, com certeza: como tanto a matéria quanto a vida são possibilidades da consciência, então a matéria é semelhante à vida. E, assim, a vida pode ser criativa e preencher seu impulso no sentido de manifestar suas possibilidades não percebidas. É disto que trata a evolução criativa.

Espera-se que muito poucos biólogos neguem, no fundo do coração, a criatividade no nível humano, inclusive a eficácia causal da criatividade. Afinal, quem, na comunidade biológica, pode ignorar o impacto causal da descoberta da estrutura do DNA, feita por Watson e Crick? Mas biólogos como Dawkins diriam que talvez a criatividade surja por causa da adaptação evolucionária.

Não dá para as duas coisas coexistirem. Se o indivíduo quiser que a biologia seja governada por leis deterministas, então a matéria nunca poderá ser criativa, ponto. Se o indivíduo aceitar que a incerteza quântica governa os seres biológicos, então a criatividade quântica estará presente desde o início; não é preciso invocar a adaptação evolucionária.

A expressão da criatividade nos processos da vida, inclusive na evolução, é o desafio para a consciência. Mas a criatividade da consciência opera segundo leis e, por isso, tem-se a ciência da biologia. Contudo, a consciência não faz apenas "inspirar" vida na matéria. A consciência usa intermediários – matrizes – e depois faz representações dessas matrizes na matéria, invocando o colapso quântico criativo. Desse modo, as coisas vivas têm tanto o determinismo como a criatividade quântica. É confuso, mas é um modo extremamente eficiente de criar a complexidade.

A vida tem tendências deterministas, não restam dúvidas sobre isso, e os biólogos fizeram um bom trabalho em sua codificação. Mas

Whitehead também tem razão. Distinguir a vida da matéria é aceitar a novidade da vida. Esta distinção é tão evidente por si mesma que mesmo quem não é especialista a percebe; por que os biólogos a negam? O desafio é este: os biólogos podem admitir que a matéria é semelhante à vida e, ainda assim, ser cientificamente críveis? Podem. Este livro mostra como.

A questão da credibilidade

Ao tentar redirecionar a biologia para uma definição mais abrangente da vida, também devem ser levadas em conta as preocupações autênticas dos biólogos. Quando o vitalismo foi desacreditado, a revolta não surgiu de algum preconceito, mas de uma preocupação legítima quanto ao dualismo de modo geral (similar a uma revolta contra um Deus dualista separado do mundo ou uma mente dualista separada do corpo). O debate não aponta se a realidade é monista ou dualista; a ciência exige o monismo. Eis a exata questão nesse debate: a realidade monista, em sua "verdadeira forma" – como diria um budista –, seria matéria ou consciência? Nos dois capítulos anteriores, mostrou-se que, para tornar a biologia compatível com a física quântica e com todos os dados experimentais da evolução, precisa-se reformular a biologia dentro da consciência. No próximo capítulo, será mostrado que a consciência, como base para toda ciência, inclusive a biologia, tem vantagens adicionais e permite que a biologia incorpore outros princípios organizadores que são necessários para torná-la completa. Além disso, reconcilia a biologia com as ciências dela derivadas, e até com a religião.

Uma segunda preocupação legítima dos biólogos é que todos os princípios organizadores científicos devem ser tão concretos quanto possível, não confusos nem vagos. Uma terceira preocupação é importante para todas as ciências. Em última análise, é a questão dos dados experimentais. Que base, a matéria ou a consciência, serve melhor aos dados? Que o leitor fique tranquilo: a nova ciência proposta também trata dessas duas últimas preocupações.

capítulo 4

a biologia dentro da consciência e outros princípios organizadores

Neste capítulo, diz-se que há papéis importantes na biologia não apenas para a consciência e para a causação descendente, como também para outras entidades e outros princípios organizadores. Começa-se a suspeitar da existência dessas entidades e desses princípios organizadores quando se percebe que formas biológicas – células, tecidos e órgãos – e, com efeito, todo o organismo em si tem propósito.

Todos realizam funções específicas e propositadas. A metafísica materialista aceita apenas a causa, não o propósito. Assim, como se pode justificar o caráter proposital da forma biológica? A resposta dos biólogos é que as funções propositais dão aos organismos uma vantagem para a sobrevivência. Mas este argumento tem um paradoxo fatal embutido. Para vê-lo, é preciso pensar primeiro no conceito de sobrevivência.

A teoria darwiniana da evolução baseia-se na seleção natural: a natureza seleciona os organismos mais aptos a sobreviver. Na visão materialista, um organismo é apenas um feixe de moléculas que são completamente especificadas por suas propriedades físicas e químicas. Em nenhum ponto dessas propriedades o indivíduo irá encontrar uma propriedade chamada *capacidade de sobrevivência*. Nenhuma parcela de matéria inanimada tentou sobreviver ou, de algum modo, tentou manter sua integridade sob quaisquer circunstâncias. Mas os corpos vivos exibem uma propriedade chamada *capacidade de sobrevivência*.

Agora, o paradoxo. Um darwinista diria que a capacidade de sobrevivência da forma viva advém da adaptação evolucionária mediante a seleção natural. Mas a seleção natural em si depende da sobrevivência do mais apto. É possível perceber a circularidade do argumento? A sobrevivência depende da evolução, mas a evolução depende da sobrevivência!

Paradoxos são sinais seguros a indicar que as premissas básicas do paradigma estão incompletas ou inconsistentes; necessitam de reexame. Os biólogos não estão deixando algo de lado, tornando objetivos os fenômenos subjetivos? O filósofo Robert Efron (1968) acreditou que sim.

> O reducionista ataca a definição e o uso de cada palavra que historicamente se referiu a uma ação de alguma entidade viva: "memória", "reflexo", "livre-arbítrio", "cognição", e assim por diante. Depois, ele redefine a mesma palavra para que ela se aplique a uma ação de uma entidade inanimada. Usando esta técnica epistemológica, ele se ilude, pensando que entidades inanimadas têm as mesmas propriedades encontradas em organismos vivos, que foi encontrado um denominador comum e que o problema da redução foi "resolvido". A solução, expressa em jargão científico, é o animismo primitivo.

O que os reducionistas não percebem com esses truques é a "vida". Seus truques tiram a vida da própria vida que estão tentando explicar!

Não, a biologia não pode ser reduzida à física, sequer à física dentro da consciência. Na biologia, não só se precisa da consciência não material como princípio organizador para a evolução criativa, como também de outros aspectos da vida, todos eles não materiais, para explicar o comportamento proposital da forma biológica, comportamento que normalmente é identificado com a vida.

Comportamento orientado por lei e comportamento orientado por programa

Enquanto objetos físicos são movidos puramente por causas, ou leis causais, o comportamento dos seres biológicos é orientado não apenas por causas, como por propósitos. Dito de outro modo, enquanto os objetos físicos são puramente orientados por lei, os seres biológicos são orientados tanto por lei como por programa. O comportamento orientado por programa refere-se a um comportamento que segue instruções lógicas, passo a passo, imbuídas de um propósito (Goswami, 1994).

Propõe-se, aqui, pensar em seres biológicos também em analogia com computadores. É possível pensar em computadores de duas maneiras complementares: do ponto de vista do hardware, no qual os elétrons atuam sobre elétrons, e do ponto de vista do software, no qual símbolos atuam sobre símbolos por meio de programas. De modo análogo, em organismos biológicos, no nível físico orientado por lei (hardware), as moléculas atuam sobre moléculas. No nível do software orientado por programa, formas programadas atuam sobre formas programadas, executando funções propositais.

Naturalmente, ninguém deve afirmar que o comportamento orientado por programa do software deve decorrer do comportamento orientado por lei do hardware. Esse é o reducionismo ingênuo: nunca se poderá compreender o comportamento orientado por programa das formas vivas começando pelo comportamento orientado por lei dos substratos não vivos da física e da química.

E o que falar do determinismo genético? Pode-se entender todo o comportamento orientado por programa dos seres biológicos apenas a partir dos genes?

Para os computadores, sabe-se que os programadores usam o hardware físico (por meio da causação descendente) para realizar funções de software, que são propositais e significativas. O propósito e o significado dos programas que usam os símbolos provêm do programador. De forma análoga, na biologia pode haver um desígnio inteligente de características dotadas de propósito, sem um desenhista inteligente? Os biólogos tradicionais tentam negar o papel da consciência/Deus/desenhista inteligente, afirmando a operação do determinismo genético e da vantagem seletiva. Nessa alegação, a adaptação darwiniana programa os genes para produzirem características dotadas de propósito. Mas, como se argumentou antes, esta posição não pode ser justificada em virtude da circularidade lógica desse argumento.

Alguns teóricos tentaram eliminar o programador, introduzindo uma ideia chamada *condições limitadoras*. Um exemplo excelente é a operação de um *laser*. O feixe de *laser* é gerado em uma câmera dotada de espelhos em cada extremidade, que refletem e tornam a refletir fótons, os *quanta* ou unidades irredutíveis de luz. Os espelhos limitam a liberdade de movimentos dos fótons dentro do *laser*, forçando-os a se comportar num padrão coerente e unidirecional, que é a assinatura singular da luz *laser*. Este padrão é um exemplo de causação descendente imposta por condições limitadoras.

Infelizmente para os materialistas, não fica nem um pouco claro se as condições limitadoras podem impor a causação descendente, a ponto de fazer com que o comportamento orientado por lei de moléculas não vivas, mude para um comportamento programado de formas biológicas. Por exemplo, não há um grama de evidência a sugerir que as macromoléculas do ácido nucléico que formam o DNA desenvolvam sua necessidade de sobrevivência porque estão confinadas pela parede de uma célula viva.

Os teóricos da complexidade lidam com as coisas de forma um pouco diferente. Eles tentaram simular a vida a partir de pequenas porções de material programado, chamadas *autômatos celulares*. Entretanto, seu trabalho provou apenas que um comportamento complicado e orientado por programa pode surgir de um comportamento programado relativamente simples. De forma análoga, tudo o que a engenharia genética mostra é que é possível tomar partes e frações de matéria viva programada da natureza e manipulá-la em proveito próprio. Em laboratórios, nunca se conseguiu converter comportamento orientado por lei em comportamento programado sem um programador, sem uma interferência consciente. Sem dúvida, a matéria orientada por lei é programável, mas poderia ser mudada de um comportamento orientado por lei para um comportamento orientado por programa sem qualquer ajuda da consciência? A resposta é um retumbante não.

A consciência, ou seja, um programador usando a causação descendente, é necessária para produzir formas biológicas programadas. Deus faz o homem à sua própria imagem. Para deduzir se a consciência usa algum outro princípio organizador na produção de formas vivas, pode-se estudar o que se faz para escrever um programa para computador. Usa-se a imaginação mental, na verdade padrões de significado, e eles são mapeados como software no hardware do computador. Em outras palavras, usa-se uma matriz – neste caso, os significados que surgem na mente do programador.

O comportamento orientado por programa é embutido na criação de formas biológicas, um processo que se inicia com um zigoto unicelular. Tecnicamente, o processo de criação de formas é chamado *morfogênese* – *morfo* significa "forma", em latim, e *gênese*, naturalmente, significa "criação". As matrizes da criação de formas biológicas são chamados *campos morfogenéticos*, os campos que ajudam a programar a forma biológica.

Os campos morfogenéticos ajudam a prover as células com os programas de diferenciação de células, cruciais para o desenvolvimento de todos os tecidos necessários à vida. Como é que as células do fígado funcionam de maneira tão diferente das células do cérebro, se ambas foram feitas por meio da divisão celular do mesmo embrião unicelular original? A resposta é que a célula do fígado se diferencia da célula do cérebro por programas que permitem que diferentes conjuntos de genes criem diferentes conjuntos de proteínas funcionais nesses dois órgãos.

Mas onde se localizam esses campos? Nos genes? No material epigenético (Ho & Saunders, 1984), ou seja, no citoplasma que envolve o núcleo celular? Em vista da descoberta dos genes reguladores – genes que regulam o comportamento de outros genes que codificam a produção de proteína –, muitos biólogos (como Carroll, 2005, por exemplo) têm demonstrado entusiasmo com relação a uma explicação genética desses programas de morfogênese. Alguns biólogos teorizaram que programas morfogenéticos se originam em porções do DNA, chamadas DNA-lixo, que não têm funções óbvias. Há, contudo, uma dificuldade fundamental em se pensar dessa maneira. O biólogo Richard Lewontin (2000, p. 117-18) disse:

> [...] os processos de diferenciação de uma célula não especificada que se torna uma forma madura e especializada não foram compreendidos [...] O problema da diferenciação, da divisão e do movimento celular não pode ser resolvido sem informações sobre a distribuição espacial das moléculas dentro das células e sobre como o estado da célula é influenciado pelas células vizinhas e pelo ambiente circundante. Precisamos voltar ao velho problema da "informação posicional". É válido dizer que certos genes são transcritos em certas células sob a influência da transcrição de certos outros genes, mas a verdadeira questão da geração da forma está em como a célula "sabe" onde se localiza no embrião.

"Informação posicional" é a ideia de que a presente posição e a atividade de uma célula proporcionam a maior parte das informações que governam as futuras mudanças na dinâmica da célula. Os biólogos desenvolvimentistas usaram metáforas como "campos" e "gradientes" para explicar a maneira como uma célula sabe como deve chegar a algum lugar. Infelizmente, esse "sabe chegar" da célula não pode ser compreendido apenas em termos de transferência local de informação. O ponto que Lewontin parece fazer é que a dinâmica da morfogênese precisa, de algum modo, ser não local. Mas todas as coisas materiais interagem por meio de sinais locais! É possível perceber o problema?

Em 1981, em um livro intitulado *Uma nova ciência da vida*, um biólogo inovador chamado Rupert Sheldrake publicou um pensamento inimaginável, herege: os campos morfogenéticos, a fonte dos programas aos quais as formas biológicas obedecem, são extrafísicos, não materiais: residem fora do mundo material. Quando os campos morfogenéticos epigenéticos (campos morfogenéticos que residem fora dos genes) foram propostos (Waddington, 1957), a ideia foi considerada radical por alguns biólogos. Imagine-se, então, a reação à ideia de campos morfogenéticos não materiais! Com efeito, nas páginas da revista científica *Nature*, dois autores declararam que o livro de Sheldrake deveria ser queimado.

Agora, deve-se perguntar: como os campos morfogenéticos interagem com a matéria física? No mundo, as coisas interagem trocando energia mediante sinais que vão de um corpo para outro através do espaço, durante um tempo finito, mas a energia do universo físico, no total, permanece sempre a mesma. Se o mundo físico interagisse com o mundo não físico dos campos morfogenéticos de Sheldrake, não haveria alguma energia do universo físico escapando eventualmente para o mundo dos campos morfogenéticos? Experiências demonstram conclusivamente que isso nunca acontece – a energia do universo físico é sempre constante. Mais uma vez, a resposta de Sheldrake (1981) foi, no mínimo, radical: a interação dos campos morfogenéticos com a matéria física é uma espécie de ressonância. Ela é não local e não exige uma troca de sinais através do espaço. Essas interações não locais são instantâneas.

Como cientista experimental, Sheldrake concentrou-se em diversas demonstrações experimentais da não localidade de seus campos morfogenéticos. Embora algumas de suas experiências tenham sido bem-sucedidas, outras produziram resultados ambíguos, e, por isso, o júri ainda está indeciso (ver Durr & Gottwald, 1997).

Felizmente para Sheldrake, a física quântica proporcionou, em 1982, um inesperado apoio para sua hipótese de não localidade, pois o físico Alain Aspect e seus colaboradores (Aspect, Dalibard & Roger, 1982) demonstraram experimentalmente que objetos quânticos, se adequadamente "correlacionados", comunicam-se localmente. Na experiência de Aspect, um átomo irradiado por *laser* emitiu dois fótons (*quanta* de luz), um num sentido e outro no sentido oposto. Estranhamente, sempre que os experimentadores tentavam detectar um fóton, o efeito era comunicado ao outro fóton sem qualquer troca de sinais. Não localidade quântica, sim! Rupert Sheldrake? Talvez.

Quem adere à biologia convencional pode levantar uma objeção séria à hipótese de Sheldrake. O cenário da interação ou comunicação entre algo material e algo não material lembra aquilo que os filósofos chamaram *dualismo*, que já foi mencionado nos capítulos 1 e 2. Esta filosofia foi muito alardeada por um filósofo do século 17, René Descartes, mas desde então foi desacreditada. Duas coisas feitas de substâncias diferentes (como as macromoléculas materiais das células biológicas e os campos morfogenéticos não materiais) simplesmente não podem interagir, correlacionar-se ou comunicar-se sem um mediador. "Mostre-nos um mediador não local" é a exigência filosófica para com a teoria de Sheldrake.

É interessante que a física quântica, quando interpretada dentro da primazia da consciência discutido no Capítulo 2, resolve o problema do mediador não local.

Física quântica, consciência e possibilidades

Já se falou da matéria como ondas quânticas de possibilidades. Essas ondas não são separadas da consciência; são possibilidades da própria consciência, pois a consciência é a base de toda existência e tudo, inclusive a matéria, é feito de consciência.

Esta afirmativa pode parecer contrária à intuição, mas a física quântica exige esse esforço de imaginação. Como disse o físico Casey Blood (1993, 2001), objetos quânticos de matéria são entidades matemáticas, essas ondas de possibilidades; sua natureza, dureza, estrutura e textura materiais, e coisas do tipo, só emergem em função da interação da consciência com essas ondas de possibilidades, quando a consciência causa o colapso das possibilidades por meio de escolha e de observação.

Se o leitor conseguiu visualizar a matéria como um conjunto de possibilidades quânticas da consciência sem sentir um dilema conceitual, pergunte-se o seguinte: será que a consciência tem outros tipos de possibilidades? Claro, e por que não? Suponha-se que os campos morfogenéticos também são possibilidades quânticas da consciência, embora não materiais, é claro. Em um evento de colapso, a consciência causa o colapso não apenas das ondas materiais de possibilidades, como também as ondas de possibilidades correspondentes aos campos morfogenéticos. Nesse processo, a consciência faz uma representação dos campos morfogenéticos na matéria; essas representações são as formas biológicas programadas. O dualismo fica ausente dessa maneira de ver a criação de formas biológicas.

Os campos morfogenéticos não guiam a forma física por interação direta; na verdade, a consciência usa os campos morfogenéticos como matrizes que direcionam a escolha de uma forma específica, dentre milhares de possibilidades quânticas da matéria. O corpo físico, portanto, é uma representação das matrizes morfogenéticas. Essas representações são as formas programadas e dotadas de propósito dos corpos biológicos.

Logo, as formas biológicas são representações das matrizes vitais das funções biológicas. Novamente, pode-se fazer a analogia com um computador. Um computador tem hardware; o mundo físico é análogo ao hardware do computador. Um computador também tem software; as formas programadas dos biossistemas são análogas ao software de um computador. Em um computador de silício, grupos de símbolos de software representam o significado mental do programador. No caso de seres humanos, grupos de células – os órgãos – representam as matrizes morfogenéticas com o propósito de executar funções biológicas, funções que incluem manutenção, sobrevivência e reprodução.

Será que os programas biológicos vêm do comportamento orientado por lei das moléculas subjacentes, o hardware? Propõe-se novamente que se pense no computador de silício feito pelo homem. No nível do hardware eletrônico, elétrons atuam sobre elétrons por meio de forças físicas que seguem leis físicas. Este comportamento é orientado por lei. No nível do software, há símbolos que atuam sobre símbolos. Com certeza, os dois níveis de comportamento são consistentes. Mas pode o comportamento orientado por lei dos elétrons dizer alguma coisa sobre o propósito dos programas que controlam os símbolos? Não. Do mesmo modo, as leis causais da física não podem dizer nada sobre o comportamento proposital, os programas aos quais as formas biológicas – inclusive os genes – obedecem, que têm sua fonte na consciência e nos campos morfogenéticos.

As coisas ficam ainda mais interessantes, pois esse cenário proporciona algo radicalmente novo: uma solução do antiquíssimo problema da definição de uma verdadeira biologia dos sentimentos.

À parte toda essa conversa sobre comportamento orientado por lei e comportamento orientado por programa, o sentimento é importante porque é modo diário de o ser humano distinguir entre a vida e a não vida. Quando uma pessoa vai a um restaurante e fica curiosa por saber se a planta da janela é natural ou não, ela a toca para ter uma "sensação" que lhe proporcione uma resposta. Do mesmo modo, como o indivíduo sabe que até ele está vivo? Ele não precisa de um atestado médico para saber que está vivo, precisa? Cada indivíduo tem uma sensação interior da qual está muito bem ciente.

Voltando aos campos morfogenéticos, quando se causa o colapso de suas possibilidades, o objeto da experiência que teve o colapso é o sentimento. Aquilo que se sente é uma espécie de "energia" associada à mudança ou ao movimento desses campos.

A física quântica não só ajuda o indivíduo a encontrar um mediador não local – a consciência – para comunicação entre os campos físico e morfogenético, como também o ajuda a expandir a biologia para que esta inclua o sentimento sem ideias falsas de adaptação. Tanto os campos físicos quanto os morfogenéticos são possibilidades da consciência. Quando a consciência causa o colapso de suas possibilidades, ocorrem duas experiências correlatas e paralelas. Uma é o que se chama experiência do mundo físico; esta é detectada (ou percebida). A outra é chamada experiência do mundo dos campos morfogenéticos; esta é sentida pelo ser humano. Os dois mundos não interagem diretamente, e não aparecem problemas dualistas. Em vez disso, os dois mundos continuam em paralelo, e a consciência mantém seu paralelismo de modo não local (Goswami, 1997b, 2004).

Quando Sheldrake introduziu o conceito de campos morfogenéticos não materiais e não locais, negou deliberadamente que estivesse reativando o vitalismo. Acredita-se que essa declaração refletiu o medo de rejeição imediata, pois a palavra *vitalismo* é um anátema para muitos biólogos. Mas arrisquemos uma expressão, confiando-se em que, nas décadas seguintes à proposta radical de Sheldrake, a frustração com a incompletude da biologia abriu algumas mentes. Propõe-se, aqui, substituir a desajeitada denominação *campos morfogenéticos não físicos* pela expressão muito mais amistosa e familiar "corpo vital", compreendendo claramente que *o corpo vital é o veículo dos campos morfogenéticos*, que é onde reside sua importância. E as "energias" dos movimentos dos campos morfogenéticos serão chamadas "energias vitais". No Oriente, essas energias têm sido estudadas há milênios e recebem outros nomes: *prana*, em sânscrito; *chi*, em chinês; e *ki*, em japonês. No Ocidente, essas energias têm sido chamadas de diversos nomes ao longo dos séculos, mas uma expressão recente é *energias sutis*.

O cérebro, a consciência e a mente

O psicólogo C. G. Jung (1971) propôs uma classificação empírica das quatro funções psicológicas – sensação, sentimento, pensamento e intuição. Geralmente, a personalidade do indivíduo é dominada por um desses quatro tipos de experiência. As sensações que o indivíduo tem pertencem ao domínio físico da consciência. Como se disse antes, sentimentos humanos se devem a entidades não materiais – os campos morfogenéticos do corpo vital da consciência. Depois, é preciso levar em consideração o pensamento, que pertence ao domínio da mente. As perguntas são estas: a mente é o cérebro? E se a mente não é o cérebro, então qual é o verdadeiro papel do cérebro em relação à mente?

Os biólogos acreditaram, de modo geral, que a mente era um epifenômeno do cérebro, proveniente de interações dos neurônios. Recentemente, porém, a mente foi redescoberta na ciência como entidade independente; seu propósito é processar significados (Searle, 1987, 1994; Penrose, 1989). Atualmente, portanto, pode-se generalizar a discussão anterior dos diversos tipos de possibilidades da consciência e admitir um novo domínio: um corpo mental de significado. O papel adequado do cérebro com relação à mente parece emergir agora: o papel do cérebro é fazer representações do significado mental (ver Capítulo 15).

Voltando às quatro funções junguianas, o que dizer da intuição? Antes de se poder abordar a ideia da intuição, deve-se voltar à ideia de programas. Será que o comportamento orientado por lei do hardware eletrônico de um computador pode dizer algo acerca das leis segundo as quais os símbolos atuam uns sobre os outros, ou seja, a lógica dos programas de computador? Será que o comportamento orientado por lei do hardware eletrônico pode dizer algo acerca do programador? Mais uma vez, a resposta é não.

Essas questões são um pouco complexas para que se lide com elas sob a metafísica materialista. Começa-se muito bem, acrescentando os campos morfogenéticos do corpo vital: elas são as matrizes das funções vitais que precisam ser representadas na forma física que realizará essas funções. A biologia é aprimorada, incluindo-se esse princípio organizador, mas ela precisa de muitos outros elementos. Primeiro, precisa do programador. Este elemento já foi apresentado – a consciência e sua função de causação descendente. Segundo, a biologia precisa da mente não física para explicar como organismos biológicos avançados desenvolvem a capacidade de processamento de significado. Terceiro, a biologia precisa de outros princípios organizadores para obter o contexto no qual operam os programas de significado biológico, bem como o contexto para as funções biológicas que são mapeadas pelos campos morfogenéticos.

O problema do contexto remete novamente à seguinte questão: onde ficam as leis físicas? Esta pergunta tem ocupado físicos e filósofos há muito tempo, e a resposta mais sensata ainda é aquela apresentada por Platão. As leis físicas não ficam escritas no hardware físico, nem derivam do movimento aleatório do substrato material. Com efeito, como disse Platão, as leis físicas derivam do domínio dos arquétipos, o domínio mais esotérico das possibilidades da consciência. As leis do movimento dos campos morfogenéticos vêm desse domínio. E ele também é a fonte da intuição. Como este domínio se situa além da mente, o termo usado é *supramental.*

Naturalmente, os materialistas lutam muito com esses arquétipos em suas mentes. Cabe aqui a lembrança de um desenho animado, *Dennis, o Pimentinha*, no qual o personagem está comendo alguns biscoitos e dizendo para seu amigo o seguinte: "A sra. Wilson diz que seus biscoitos levam amor na receita, mas só estou vendo passas". Contudo, deve-se mencionar que muitos cientistas, entre os quais biólogos, já estão encontrando concordâncias sobre esse assunto, embora os mesmos cientistas possam ter sérias dificuldades para aceitar um Deus capaz de causação descendente em questões "científicas". A razão é sutil. Esses cientistas aceitaram uma dicotomia do mundo, a fim de reconciliar, simultaneamente, sua crença na ciência e em Deus. Eles, por um lado, acreditam na existência de Deus como criador supremo das coisas, e que este Deus cria as leis às quais as coisas obedecem (Miller, 1999). Por outro lado, afirmam que Deus permanece bondoso, talvez por eventuais auxílios a devotos em casos de necessidade. Esta filosofia, chamada *deísmo*, permite a esses cientistas ir à missa aos domingos e praticar ciência materialista no resto da semana.

Nesse mesmo sentido, o popular Senador John McCain tentou uma trégua entre criacionistas e evolucionistas ao dizer que as duas facções podem encontrar terreno comum, "permitindo que os fatos da evolução falem por si mesmos e deixando que os fiéis vejam as mãos de Deus na natureza" (Winik, 2005). Infelizmente, como mostra a história, fica claro que a abordagem dicotômica não funciona. Precisa-se de uma integração autêntica. Felizmente, isto começa a acontecer, como se exemplifica neste livro.

Paralelismo psicofísico

As quatro funções de Jung (1971), desenvolvidas em seu estudo empírico da personalidade humana, descrevem o modo predominante pelo qual uma pessoa experimenta a vida. Para alguns indivíduos, o modo principal é a experiência da sensação física. Outras pessoas atuam predominantemente por meio de experiências de sentimento, pensamento ou intuição.

Cada uma dessas experiências – sensação, sentimento, pensamento e intuição – vem de um mundo correspondente de possibilidades – físicas, vitais, mentais e supramentais (Tabela 1). As possibilidades sofrem colapso e se tornam eventos concretos da experiência consciente por meio de escolhas conscientes. Não há interação local e direta entre esses mundos de possibilidade, não há dualismo. A consciência medeia sua interação não local por meio de colapso simultâneo. Este é um novo tipo de paralelismo psicofísico. Na antiga filosofia, a psique e o mundo físico podiam existir paralelamente, mas a ameaça do dualismo pairava sobre todos: o que mantém o paralelismo? Postulando a consciência quântica como mediadora e mantenedora do paralelismo, esta filosofia torna-se monista.

Tabela 1. Paralelismo psicofísico

A consciência medeia a interação entre quaisquer dois corpos, ou mais

Experiência humana (segundo a tipologia de Jung)	**Mundos de possibilidade**
sensação	físico
sentimento	vital
pensamento	mental
intuição	supramental

O pensamento dualista chega naturalmente até as pessoas por causa de uma diferença no modo como se experimentam esses quatro mundos. Um mundo – o físico – é experimentado como algo externo ao indivíduo; os outros três – o vital, o mental e o supramental – são experimentados como algo interno a ele. Às vezes, há referências ao mundo físico como "denso" porque ele pode ser experimentado de forma pública. Chamam-se os outros três mundos de "sutis" porque, normalmente, são experimentados de forma privada. Mas nem a ciência convencional, nem qualquer filosofia chegaram a explicar a razão para essa diferença nas experiências do ser humano em relação a esses diversos domínios. Daí o dualismo interno-externo, denso-sutil.

O pensamento quântico permite encontrar uma explicação. O mundo físico tem a divisão microescala/macroescala: as coisas da microescala, que não se podem perceber, formam as coisas da macroescala, a escala que pode ser percebida por meio dos sentidos. A matemática quântica diz que, para um objeto macro, a onda quântica de possibilidades torna-se muito lenta; ela se espalha em possibilidades, abrangendo mais e mais possibilidades com a passagem do tempo, mas em um ritmo tão lento que, entre o colapso causado por uma pessoa e aquele causado por outra, mal haveria mudança alguma, e virtualmente a mesma experiência concreta iria se manifestar. Essa lentidão cria a ilusão de experiências sensoriais idênticas por parte de indivíduos diferentes, que podem repartir experiências. Essa ilusão, por um lado, dá origem à ideia de que, como as duas pessoas repartem uma experiência "idêntica", a experiência deve pertencer a um objeto sensorial externo a ambas as pessoas. Objetos materiais ou sensoriais são densos.

Por outro lado, os mundos vital, mental e supramental não têm divisão micro-macro. Os objetos nesses mundos não têm a lentidão advinda de uma natureza composta, e, por isso, são capaze de mudar rapidamente; isso quer dizer que a onda de possibilidade quântica se espalha rapidamente. Entre a experiência de uma pessoa de objetos em qualquer um desses três mundos e a experiência de outra pessoa, a onda de possibilidade quântica do objeto mudaria tão rapidamente que, de modo geral, duas pessoas causariam o colapso de experiências diferentes. Como suas experiências nesses mundos são particulares, elas concluem que esses mundos são internos a elas, que esses mundos são sutis.

O mundo físico denso, com sua divisão micro-macro e quântica newtoniana (ou aproximadamente newtoniana), é necessário como base sobre a qual são feitas representações dos mundos sutis. Mais importante ainda é que o mundo físico denso é necessário para tornar manifestada a experiência (ver Capítulo 5).

Criatividade situacional e criatividade fundamental

Volta-se, aqui, ao tema do supramental, desta vez em conexão com a criatividade. A criatividade, tal como normalmente o indivíduo a experimenta, é a criatividade mental, uma nova invenção ou descoberta em significado. Por isso, precisa-se de uma representação física (um produto) do novo significado. Mas há aí uma sutileza que agora pode ser explicada.

Uma das coisas mais surpreendentes sobre a criatividade é que ela contém um sentimento intrínseco de surpresa, e assim a experiência criativa é, por vezes, chamada experiência "ahá!". Esta surpresa tem a ver com uma descontinuidade fundamental do processo criativo, uma descontinuidade que, em outro texto, foi identificada como um salto quântico em significado (Goswami, 1999).

Significados mentais podem ocupar não apenas o mundo físico e o vital, como também as representações (mentais) dos arquétipos supramentais. Com a mudança do ambiente contextual (físico, vital e mental) dos pensamentos, surgem problemas, e a descoberta de novo significado ocorre na forma de soluções para os problemas. Se o novo significado que responde a um problema é encontrado reorganizando velhos significados em contextos supramentais existentes, chama-se o *insight* criativo de invenção, e o processo, de criatividade "situacional". Para a criatividade situacional, não é necessário sair da arena da mente.

Às vezes, porém, para encontrar um novo significado que responda ao problema – ou apenas para formulá-lo apropriadamente – é preciso encontrar um novo contexto supramental, ou seja, precisa-se examinar de modo novo o domínio supramental dos arquétipos. Naturalmente, esse exame exige um salto quântico do mental para o supramental; o *insight* criativo resultante é chamado descoberta, e o processo, criatividade "fundamental".

Repete-se: a criatividade situacional é a invenção de novo significado dentro do contexto de um velho arquétipo, ou dentro de uma combinação de contextos de velhos arquétipos. A criatividade fundamental, por sua vez, é a descoberta não só de novo significado como também de um novo contexto arquetípico, o que se obtém por meio de um salto quântico do mental para o supramental.

Para se ver com clareza a distinção, sugere-se a análise de dois *insights* de Darwin. Darwin começou a vida como crente no cristianismo e no criacionismo. Para ele, perceber que a adaptação ambiental de organismos ao longo do tempo geológico deveria ser o resultado da evolução exigiu um salto quântico descontínuo, uma mudança no contexto arquetípico de seu modo de pensar, saindo de uma visão de mundo religiosa para uma visão moderna. Este é um exemplo de criatividade fundamental. Entretanto, quando Darwin leu sobre o trabalho de Malthus a respeito do perigo da superpopulação e da importância da competição na luta pela sobrevivência, e formulou seu conceito da sobrevivência do mais apto na evolução biológica, estava trabalhando com um novo significado dentro de contextos conhecidos; essa criatividade era a criatividade situacional.

A criatividade na biologia é a criatividade no domínio vital, e não no mental, mas as mesmas considerações são aplicáveis (ver Capítulo 8). Com a mudança do ambiente físico, as matrizes vitais existentes e suas representações físicas não são mais adequadas para levar a cabo as funções biológicas necessárias. Esta crise representa certa ameaça à sobrevivência, mas também representa uma oportunidade para que a consciência melhore seu repertório de matrizes vitais e suas representações físicas. Assim, a criatividade biológica entra em cena.

A flecha biológica do tempo revisitada

Propõe-se revisitar a flecha biológica do tempo, a impressão de que o tempo parece fluir do passado para o presente e para o futuro. Biólogos que tentaram basear sua ciência firmemente na física também precisaram enfrentar outro problema "duro". Na física, o tempo não tem um sentido; ou melhor, ambos os sentidos, para frente e para trás, são equivalentes. As leis físicas fundamentais do movimento permanecem as mesmas se for mudado o sentido do tempo, passando-o de progressivo para regressivo. Como se discutiu no Capítulo 1, a física explica a flecha do tempo por meio do conceito fenomenológico da entropia e da lei da entropia – a entropia sempre aumenta. Analisando-se empiricamente a entropia do universo, pode-se distinguir passado de futuro. A flecha física do tempo é uma flecha de entropia.

A biologia também oferece uma flecha empírica do tempo. Organismos biológicos desenvolvem-se no sentido da complexidade crescente. Mas a complexidade crescente consiste de mais ordem, e por isso é o oposto da entropia – desordem. Assim, as duas flechas não são compatíveis. Além disso, o darwinismo deixa de dar qualquer explicação sobre o surgimento da flecha biológica do tempo. Segundo o darwinismo, a evolução pode seguir qualquer sentido, seja rumo à simplicidade, seja rumo à complexidade.

Com as ideias desenvolvidas até aqui, este problema fica tratável. Os biólogos têm deixado de lado alguma coisa sobre a evolução, pois, mal-orientados pelo darwinismo, têm hesitado em admitir o papel do propósito na evolução, exceto no duvidoso contexto do comportamento adaptativo. Quando se estuda a intencionalidade da evolução, a partir da estrutura da biologia dentro da consciência, pode-se facilmente ver a explicação para a flecha biológica do tempo. Essa intencionalidade é o tema do próximo capítulo.

capítulo 5

evolução: de que para quê?

Para as tradições espirituais, as quatro funções do ser de Jung – ou, como são chamadas aqui, os quatro domínios da consciência – parecem-se com a progressão exibida na Figura 4:

SUPRAMENTAL
(o domínio dos arquétipos associados ao divino)

↑

MENTAL
(o domínio do significado)

↑

VITAL
(o domínio dos campos morfogenéticos vitais)

↑

MATERIAL
(o domínio da elaboração de representações manifestadas)

Figura 4. Os quatro domínios da consciência, conforme a visão das tradições espirituais

Esta hierarquia se parece com aquilo que o filósofo Ken Wilber chamou grande cadeia do ser. Os biólogos denigrem a grande cadeia do ser. Eles veem a vida, a mente e o divino, todas os três, como epifenômenos adaptativos da matéria sem qualquer consequência além do benefício da sobrevivência. Espera-se que a discussão nos capítulos anteriores tenha ajudado o leitor a ter certo ceticismo salutar com relação à premissa materialista de que a vida, a mente e a consciência podem evoluir na matéria sem a ajuda de outros princípios organizadores. Mas o enigma da progressão acima permanece.

Se a ciência se baseia na primazia da consciência, então a pergunta importante é a seguinte: se a consciência é a base de toda existência, o "ponto alfa" da evolução, então como se dá a evolução? A resposta é iluminadora. Foi dada pela primeira vez pelo filósofo Sri Aurobindo, em 1939, (Aurobindo, 1996) e pelo sacerdote jesuíta Pierre Teilhard de Chardin (1961). Mais tarde, Ken Wilber (1981) e eu (Goswami, 2001) aprimoramos o conceito.

Percebe-se que, no início, a consciência incluía todas as possibilidades. Vale pensar no que isso significa. Entre outras coisas, a expressão "todas as possibilidades" deve incluir literalmente todas as possibilidades – passadas, presentes e futuras. Em outras palavras, quando todas as possibilidades são incluídas, não há escopo para a passagem do tempo. Para incluir o tempo na equação do universo manifestado, a consciência deve limitar aquilo que é possível. A imposição de uma limitação progressiva sobre aquilo que é possível é vista como uma involução da consciência. Deste modo, quando a evolução é vista no contexto da primazia da consciência, a involução deve precedê-la.

Do ponto de vista da primazia da consciência, também é possível perguntar: qual o propósito da evolução? Por que existe uma evolução? A resposta é simples: a evolução é necessária para que se experimentem as possibilidades manifestadas da consciência. Quando a consciência é inseparável de suas possibilidades, existe apenas uma coisa, e não é possível a experiência. Como disse o matemático G. Spencer Brown (1977), "não podemos escapar ao fato de que o mundo que conhecemos é construído de modo a se ver (e de modo a poder fazê-lo), mas, para que isso seja possível, evidentemente ele deve antes se reduzir a pelo menos um estado que vê, e a pelo menos um outro estado que é visto".

A percepção-consciente, ou seja, a divisão sujeito-objeto, é necessária para a experiência. Com este ponto pacífico, o propósito da evolução pode ser enunciado, seguindo uma frase de Carl Jung. O propósito da evolução é tornar o inconsciente (aquilo de que não se está ciente) consciente (aquilo de que cada um está ciente e é capaz de manifestar experiencialmente).

Tendo reconhecido que o surgimento e a posterior retração das possibilidades da consciência constituem um jogo dotado de propósito, é possível facilmente estabelecer os estágios da involução, a imposição da limitação, que antecede a evolução. Quando se inicia um jogo, por onde se começa? Estabelecendo as regras.

Algumas pessoas acham difícil compreender por que um Deus "onipotente" jogaria o jogo da criação sem regras. Mas jogar sem regras não é divertido para o ser humano, que foi feito à imagem de Deus. Assim, por que deveria surpreender o fato de Deus querer jogar o jogo dentro das regras?

Vem à lembrança um esquete do comediante Bill Cosby sobre Noé. Desde as alturas, Deus fala com Noé e lhe dá instruções para que construa a arca (é claro!). Mas o Noé moderno de Cosby é um pouco desconfiado: "Fale sério, quem está aí?". E a voz insiste: "Aqui fala Deus". Mas Noé não consegue acreditar. "Será que é uma 'pegadinha'?" Ele começa a procurar a câmera escondida. Agora, Deus aparece de modo convincente e começa novamente a dar instruções sérias para a construção da arca. Mas Noé questionou sua onipotência. "Se quer tanto essa arca, por que você mesmo não a constrói?" E o Deus de Cosby disse aquilo que qualquer cientista aprovaria. "Noé, você sabe que eu não trabalho dessa maneira".

Deus joga respeitando regras; do contrário, seria impossível fazer ciência. (Naturalmente, essas regras podem ser sutis, e o são, como as regras quânticas que permitem certa dose de criatividade.)

Assim, o primeiro estágio da involução é a imposição de um conjunto de regras; pode-se chamá-lo de corpo de leis, caso se queira. Ele contém as leis de comportamento de tudo o que será válido a seguir, inclusive as leis de sua própria operação. Esse corpo de leis será identificado com o corpo supramental da consciência, introduzido no capítulo anterior.

Espera-se que o leitor esteja compreendendo a ideia. A limitação seguinte diz que o jogo é jogado apenas com as possibilidades significativas, criando, desse modo, a mente que processa significados.

O corpo de energia vital impõe mais uma limitação às possibilidades que entram em jogo: só são permitidas as possibilidades que pertencem a certos planos, matrizes ou campos morfogenéticos de existência biológica, ou seja, à vida. A limitação final é a exigência da manifestação, o colapso das ondas de possibilidades que pertencem a todos os domínios, inclusive ao final, que se chama de matéria e que é necessário para serem feitas as representações daquilo que sucedeu antes.

O corpo denso (material) e os corpos sutis

Como, anteriormente, Descartes observou, a mente (e, por implicação, todos os outros corpos experimentados internamente, o vital e o supramental) não tem extensão, mas a matéria tem extensão. Isso significa que a mente é apenas uma coisa, enquanto a matéria é redutiva, ou seja, o micro forma o macro. Esse estado de coisas é necessário para tornar possível a manifestação. Na sequência, será visto como.

No Capítulo 2, comentou-se que, no ser humano, a consciência torna-se autorreferente no ato da observação quântica, no ato de escolher a experiência concreta dentre as possibilidades quânticas. Este aspecto da consciência vai ser discutido mais detalhadamente.

Talvez o leitor não tenha notado, mas é possível ver o paradoxo no efeito observador de outra maneira. O observador escolhe, dentre as possibilidades quânticas apresentadas pelo objeto, o evento concreto da experiência. Mas, antes de causar o colapso das possibilidades, o próprio observador consiste de possibilidades e não está manifestado. Assim, pode-se postular o paradoxo como uma circularidade: é preciso um observador para causar o colapso da onda de possibilidade de um objeto; mas o colapso é necessário para manifestar o observador. De modo mais sucinto, não há colapso sem observador; mas não há observador sem um colapso.

Caso se permaneça no nível material, o paradoxo será insolúvel. A solução da consciência só funciona porque se postula que a consciência causa o colapso das ondas de possibilidades do observador (ou seja, de seu cérebro) e do objeto simultaneamente, a partir da realidade transcendente da base da existência que a consciência representa.

O pesquisador de inteligência artificial Douglas Hofstadter (1980) deu uma pista para se compreender o que acontece. Circularidades como essa mostrada acima, disse ele, devem ser chamadas hierarquias entrelaçadas, ou emaranhadas, nas quais os níveis causais são infinitamente entremeados. Mais interessante ainda é o fato de a autorreferência, a divisão sujeito-objeto, emergir de tais circularidades.

Pode-se pensar num exemplo dado por Hofstadter. Veja-se o paradoxo do mentiroso, expressado na frase "Sou mentiroso". Perceba-se a circularidade: se sou mentiroso, então estou dizendo a verdade; se estou dizendo a verdade, então estou mentindo, *ad infinitum*. Contudo, esta oscilação infinita tornou essa frase muito especial: a frase fala por si mesma, à parte do resto do mundo do discurso.

Mas essa aparente separação do *self* da sentença e de seu mundo, sua aparente autorreferência, depende de o indivíduo compreender e se ater às regras da gramática. A circularidade da frase desaparece para uma criança, que vai perguntar a quem enunciar a frase "Por que você é mentiroso?" Embora seja a causa real do paradoxo, a gramática está implícita, transcendendo a frase.

No efeito do observador, este mesmo ponto explica por que levou algum tempo para que os físicos decifrassem a situação. A consciência quântica que escolhe – Deus, se preferir – está implícita, e não explícita; transcendente, e não imanente. O colapso tem natureza de hierarquia entrelaçada, dando a aparência de autorreferência e de divisão sujeito-objeto. O observador-eu, o sujeito aparente do colapso, surge co-dependentemente com o objeto porque a consciência se identifica com o cérebro do observador, mas não com o objeto (Goswami, 1989, 1993).

Há algo de especial no cérebro. Para se perceber isso, imagine-se um contador Geiger. Esse aparelho costuma ser visto como um instrumento de medição, mas, na verdade, ele apenas amplifica o estímulo ou sinal recebido. Um contador Geiger é hierarquia simples: aquilo que é sinal (o micro) e aquilo que é o amplificador sendo afetado pelo sinal (o macro) estão claramente separados; formam, portanto, uma hierarquia simples de causa que se move em uma direção. Por contraste, em um sistema autorreferente como o cérebro, os níveis causais envolvidos na transição entre micro e macro formam uma hierarquia entrelaçada (ver mais detalhes no Capítulo 15).

Sempre que se causa o colapso de uma onda de possibilidade quântica, está presente uma hierarquia entrelaçada em sua mensuração. Mas observe-se que a existência da hierarquia entrelaçada depende vitalmente do aspecto micro-formando-macro da matéria. Assim, o colapso quântico e a manifestação só podem ocorrer quando a matéria entra em jogo.

Vale a pena observar que o conceito de hierarquia entrelaçada pode lançar luzes sobre um problema sempre presente na discussão sobre o desígnio inteligente. Os críticos da ideia do desenhista inteligente parecem sempre intrigados com a questão sobre quem idealizou o desenhista. Eles acham impossível responder a esta questão, embora místicos de todo o mundo tenham percebido que o desenhista deve ser capaz de autocriação, ou seja, autorreferência. No budismo, este ponto é visto de forma clara na doutrina do surgimento co-dependente de sujeito e objeto. Agora, após vários milênios, começou-se a compreender como surge a autorreferência, dando uma base racional para a intuição do místico.

Voltando à preocupação central, viu-se que a evolução começa com a matéria, ou, mais precisamente, com a primeira célula viva que realiza a mensuração quântica em hierarquia entrelaçada (ver, nos capítulos 7 e 8, uma discussão sobre isto). Depois, deve-se perguntar: qual o futuro da evolução? Como termina a evolução?

Os estágios da evolução

Agora, podem ser codificados os estágios da evolução. Mas a progressão da evolução descrita na nova ciência é bem diferente daquela contemplada pela biologia materialista. O que evolui? Na visão atual, a matéria não evolui até a vida, mas todo o universo material evolui em possibilidades até a primeira célula viva e seu ambiente estarem prontos para manifestar as funções biológicas rudimentares (reprodução e manutenção, inclusive eliminação de resíduos) e para levar a cabo a mensuração quântica em hierarquia entrelaçada. A viagem evolucionária da vida começa: a evolução da capacidade da matéria para representar os campos morfogenéticos vitais.

A evolução da simplicidade para a complexidade que se observa na evolução da vida pode ser explicada agora. Primeiro, a complexidade permite uma representação cada vez mais sofisticada dos campos morfogenéticos que já foram evocados. Em segundo lugar, a complexidade abre lugar para a formação de representações de campos morfogenéticos anteriormente não representados, que correspondem a funções biológicas "superiores". Fica evidente que o segundo resultado também cria mais complexidade.

Com a compreensão da evolução rumando para a complexidade, a flecha biológica do tempo não é mais um mistério. Quando os organismos ficam mais sofisticados, como resultado da evolução, eles representam em si mesmos mais e mais campos morfogenéticos, e os campos são representados com sofisticação cada vez maior. Com o decorrer dessa mudança, os organismos ficam mais sofisticados no processamento de sentimentos. E toda essa criação da complexidade, essa ordem e sofisticação crescentes exigem o envolvimento da criatividade da consciência.

Se a flecha do tempo da vida consiste no desenvolvimento de mais ordem, de mais complexidade, como o ambiente da vida evolui? Quando não há demanda criativa, a consciência escolhe segundo as leis probabilísticas da física quântica. Este modo de escolha produz aleatoriedade e entropia crescentes. Portanto, a entropia do ambiente continua a crescer. Assim, como a vida se sustenta contra essa corrente dominante de aumento da entropia? A vida só pode florescer na presença de uma grande fonte de entropia negativa (Schrödinger, 1944). A conclusão a que se chega é que esta grande fonte de entropia negativa é o Sol.

Mais cedo ou mais tarde, quando o cérebro se desenvolve, o organismo desenvolve a capacidade de representar a mente, que processa significado. Esta etapa dá início a uma nova era da flecha biológica do tempo – a evolução da capacidade de fazer representações mentais. Este aspecto da evolução passou despercebido pelos biólogos, mas, felizmente, foi bastante codificado pela antropologia e pela sociologia. Com o tempo, o processamento de significado foi ficando cada vez mais sofisticado e cada vez mais universal. Atualmente, está-se no meio desta era mental da evolução.

Percebendo a natureza desta segunda fase da flecha biológica do tempo, pode-se agora projetar facilmente o que o futuro da evolução deve reservar para o ser humano.

O futuro da evolução

No neodarwinismo, falar do futuro da evolução é infrutífero. O trecho de *Evolutionary hymn*, escrito por um autor de livros de fantasias românticas infantis, C. S. Lewis, reflete essa ideia perfeitamente:

> Conduza-nos, Evolução, conduza-nos
> À infindável escadaria do futuro:
> Divida-nos, mude-nos, estimule-nos, remova nossas heras.
> Pois a estagnação é desesperadora:
> Tatear, adivinhar, por progressista que seja,
> Leva-nos sabe lá para onde.
> (Lewis, 2002, p. 55)

A razão pela qual ninguém sabe onde fica isso é que, nos mecanismos darwinianos de duas etapas, acaso e necessidade, não há progressividade, não há uma tendência para a complexidade crescente; tudo se direciona para a condição de sobrevivência. Isto depende basicamente da fecundidade, ou da progênie que um organismo deixa para trás, e de não muito mais que isso.

Mas no modelo de evolução precedida de involução, pode-se prever facilmente mais um estágio da flecha evolucionária do tempo. Deve haver uma terceira fase, consistente na evolução da capacidade de a matéria fazer representações dos arquétipos supramentais. Adiante será visto o que isso significa.

Rumo ao ponto ômega

Os arquétipos do supramental podem ser representados diretamente no físico, sem a ajuda de intermediários, matrizes, corpo mental e corpo vital?

Para dar uma resposta a essa questão, optou-se por se começar falando do trabalho do biólogo e monge jesuíta visionário Pierre Teilhard de Chardin (1961). Todos conhecem a biosfera – a rede de vida orgânica que circunda e vive no planeta Terra físico. De Chardin viu a segunda fase da flecha evolucionária do tempo como uma noosfera, uma esfera da mente evolutiva da humanidade. A noosfera existe na dimensão exterior do mundo, na civilização humana, nos livros e na internet, mas não apenas nesses lugares. A noosfera também tem uma dimensão interior.

Teilhard imaginou que, quando essa dimensão interior da noosfera, atualmente muito fragmentada, chegar a se fundir, assumindo, portanto, uma dinâmica interna própria, haverá uma nova fase na evolução, um salto quântico que ele chamou ponto ômega.

Sri Aurobindo (1996) teve a mesma visão. Ele viu a mente humana passando por diversas fases evolucionárias, mas todas baseadas no cérebro. Então, com o desenvolvimento daquilo que ele chamou sobremente, os humanos baseados no cérebro atingem um apogeu. No estágio seguinte, desenvolvem-se seres super-humanos, capazes de manifestar qualidades divinas, os arquétipos supramentais da mente, diretamente na matéria. "Assim como os animais são o laboratório para o humano, o humano é o laboratório para o super-humano", disse ele.

No esquema apresentado na Figura 5, a visão de Teilhard de Chardin e de Aurobindo se concretizará quando a evolução produzir veículos materiais de hierarquia entrelaçada, capazes de representar diretamente os objetos do domínio supramental – os arquétipos dos corpos vital e mental. Este é o glorioso futuro da evolução humana.

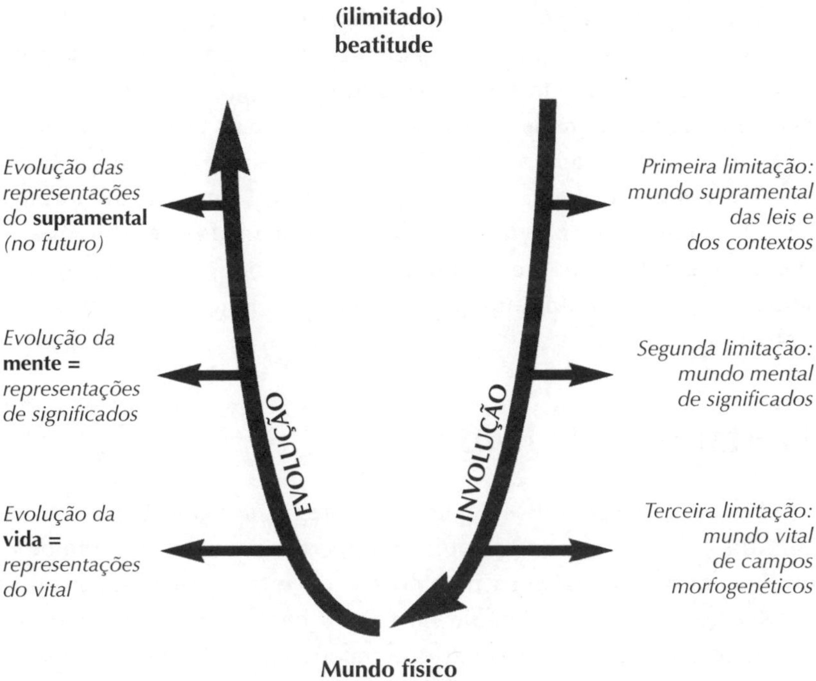

Figura 5. Involução e evolução

É importante pensar no que isso significa. Hoje, algumas pessoas dão saltos quânticos de criatividade para vislumbrar o supramental. Depois, são feitas representações vitais e mentais dos *insights* adquiridos com esses saltos. E, então, se o indivíduo estiver motivado para tanto, essas representações vitais e mentais farão circuitos em seu cérebro para que esses modos de vida divina tornem-se hábitos de comportamento transformado. Chamam-se as pessoas assim transformadas de santos e sábios.

Mas essas representações mentais são secundárias, feitas a partir de representações vitais e mentais. É como desenhar um retrato a partir da descrição feita por outra pessoa. Desse modo, as representações vivas do divino, feitas por um sábio, diferem das de outro, a ponto de causarem confusão entre os seguidores, especialmente quando os ensinamentos desses sábios são traduzidos por pessoas menos qualificadas, que não se deram ao trabalho de se transformar. Assim criam-se religiões e diferenças nas visões de Deus e do divino. Essas religiões brigam entre elas e, também, com a ciência. Este tem sido o maior problema ao longo da história humana, não é mesmo?

Mas suponha-se que estivesse disponível uma representação física direta dos arquétipos para quem quisesse observá-la. Tal representação removeria toda a necessidade de brigas sobre qual representação mental é a mais válida. Além disso, se as pessoas tivessem o benefício dessa visão privilegiada, então poderiam ensinar qualidades supramentais, assim como hoje é possível ensinar aos alunos conceitos mentais de *insights* sem que eles tenham de dar saltos quânticos para manifestá-los pessoalmente. Desse modo, evolui-se rapidamente na direção da unidade dentro da diversidade que começou no ponto alfa.

O restante deste livro

Nestes cinco capítulos iniciais, foi apresentada uma rápida visão geral do escopo da nova biologia, que pode se tornar uma biologia completa assim que se abrir mão do preconceito materialista e reducionista, e basear-se a biologia na física quântica e na primazia da consciência. O leitor pode achar que recebeu uma dose excessiva de novos conceitos. Mas firma-se aqui o compromisso de que, no restante do livro, ele será conduzido lentamente por esses conceitos, que não parecerão tão difíceis ou estranhos. Espera-se, na verdade, que pareçam bem simpáticos e satisfatórios, porque o leitor verá que, com sua ajuda, todos os problemas e controvérsias da biologia poderão ser aclarados. Eis um giro pelo restante do livro.

Na Parte 2 (capítulos 6-8), vai-se falar da solução do mistério, até então não solucionado, da origem da vida. A Parte 3 (capítulos 9-12) trata do tema central do livro: a evolução criativa e sua motivação, história, dinâmica e relação com o darwinismo. Na Parte 4 (capítulos 13-14), trata-se em detalhes do corpo vital dos campos morfogenéticos e explora-se o novo caminho que ele abre na biologia e no sentimento. O Capítulo 14 também explora evidências independentes sobre a energia vital, inclusive medicina alternativa. Na Parte 5 (capítulos 15-17), o papel do cérebro na biologia-dentro-da-consciência é investigado. O suposto problema mente-cérebro é solucionado, e a neurofisiologia da percepção é explicada sem paradoxos. O Capítulo 17 discute a evolução da elaboração de representações por parte da mente, desde a era atual até o futuro. Na Parte 6 (capítulos 18-21), fala-se principalmente dos contextos supramentais da evolução. Primeiro, no Capítulo 18, explora-se o assunto da morte e da sobrevivência após a morte; no Capítulo 19, exploram-se as questões da ecologia profunda e da bioética. Encontra-se um substituto adequado para a atual bioética sociobiológica baseada no "gene egoísta". O Capítulo 20 celebra o ressurgimento do lamarckismo com uma explicação do fenômeno dos instintos, até agora inexplicado. O livro termina com uma discussão do futuro evolucionário imediato do ser humano e daquilo que se pode fazer para facilitar seu caminho.

PARTE 2

A VIDA E SUAS ORIGENS

capítulo 6

teorias materialistas da vida e sua origem

A pergunta "o que é a vida?" lembra uma história budista. Um sujeito curioso criou o caos entre os deuses no céu ao perguntar "onde termina o universo?" Finalmente, o Criador em pessoa, Deus, apareceu. Quando o sujeito repetiu a pergunta, Deus o levou para um canto e disse: "Esses deuses me têm em tão alta conta que não posso dizer isto na frente deles. Sabe, nem mesmo eu sei onde termina o universo".

Visualizemos, então, um sujeito moderno indo até o departamento de biologia de uma universidade famosa e criando o caos ao perguntar "o que é a vida?". Alguns professores respondem que a vida é a automanutenção, uma função das proteínas; outros dizem que é a autorreprodução, da qual o principal personagem é o DNA. Mas o sujeito não fica satisfeito; ele retruca que "um cristal pode manter sua forma, e uma fogueira no campo tende a se reproduzir, mas não se pode dizer que esses sistemas estão vivos, podemos?". Os neodarwinistas aparecem e dizem que "a vida evolui; a evolução é que separa a vida da não vida". Mas o sujeito é perseverante e replica que "o universo também evolui. Alguém diria que o universo está vivo?". Algumas pessoas mais radicais, que conhecem física e química, entram na conversa, dizendo que a vida é um sistema auto-organizado. Mas o sujeito não se cala; ele também é meio radical, como se pode ver. "Algumas reações químicas, consistentes em autocatálises, têm a propriedade de auto-organização, mas ninguém diria que essas reações químicas criam vida a partir da não vida", insiste ele. Finalmente, chega o chefe do departamento, leva o sujeito para um canto e diz o seguinte: "Meus colegas prezam minha opinião, e por isso não quero admitir isto em público. Além disso, qualquer admissão pública das deficiências da biologia acaba servindo de munição para esses criacionistas. Quem precisa de outros processos judiciais? Sabe, nós, biólogos, ainda não sabemos definir a vida – pelo menos, não por uma característica que a distinga. Assim, contornamos o problema relacionando uma série de propriedades como características da vida, e ficamos torcendo para que não apareça um sistema não vivo com tantas afinidades com um sistema vivo que dê margem a uma confusão".

Quais seriam essas características afins? Em um livro referencial de biologia (Minkoff & Baker, 2004), encontrou-se a seguinte gama de propriedades como parte da definição da vida, que foram transcritas em paráfrase a seguir.

- **Organização:** sistemas vivos são organizados a partir das células e multiplicam células ou tecidos para formar órgãos, até chegar ao organismo.
- **Metabolismo:** sistemas vivos são capazes de manutenção por meio do metabolismo – com a entrada de material rico em energia e a eliminação, na média, de material de baixa energia. Parte dessa energia atua como combustível dos processos vivos; parte se acumula e é liberada no momento da morte.
- **Homeostase:** sistemas vivos podem manter a homeostase, mesmo sob condições ambientais ameaçadoras, graças à conversão, pelo menos parcial, de substâncias tóxicas em outras menos nocivas.
- **Resposta seletiva:** sistemas vivos podem responder seletivamente a estímulos. Podem identificar alimentos e se afastar de estímulos ofensivos.
- **Crescimento e biossíntese:** sistemas vivos passam por fases, nas quais adquirem material do ambiente e crescem.
- **Material genético:** sistemas vivos contêm informação hereditária na forma de genes (porções de moléculas de ácido nucléico – DNA e RNA) provenientes de outros sistemas vivos.
- **Reprodução:** sistemas vivos podem reproduzir novos sistemas vivos similares a si mesmos, transmitindo parte de (ou todo) seu material genético.
- **Estrutura da população:** sistemas vivos (organismos) formam populações – grupos relacionados por ancestrais comuns.

> Organismos são capazes de reprodução sexual, e os organismos de uma população podem se reproduzir entre si.

É possível perceber que essa definição é bastante rudimentar, mas, para um materialista autêntico, isso é o melhor que se pode esperar. Primeiro, serão analisados alguns modelos desenvolvidos sobre a origem da vida, tanto por biólogos quanto por não-biólogos, para estudar as dificuldades de cada modelo.

Modelos reducionistas da origem da vida: perto, mas bem longe

Hoje, muitos biólogos estão convencidos de que a vida é definida como a biologia molecular da célula viva, e nada mais – ou até menos. Quer-se, aqui, passar uma ideia de como é difícil criar um modelo materialista plausível da origem de uma célula viva funcional.

Para estes modelos serem compreendidos, é preciso analisar algumas das complexidades da célula viva. Há dois tipos de criaturas unicelulares: procarionte (sem um núcleo) e eucarionte (com um núcleo). Já se falou dos dois componentes mais importantes da célula: DNA e proteínas. Um importante terceiro componente são as moléculas de ácido ribonucléico (RNA), que medeiam a troca de informações entre o DNA e as proteínas. O quarto componente é a membrana celular, que dá à célula uma estrutura definida: um interior e um exterior. A membrana celular é composta de moléculas de ácido graxo, como os lipídios. Um quinto componente é o citoplasma, que preenche o corpo celular, facilita o transporte das proteínas e atua como solvente (Figura 6a). Além desses componentes, as células eucariontes também possuem um núcleo, isto é, o DNA e o maquinário que conduzem a informação do DNA até o RNA são envolvidos por uma membrana distinta: uma célula dentro de uma célula, por assim dizer.

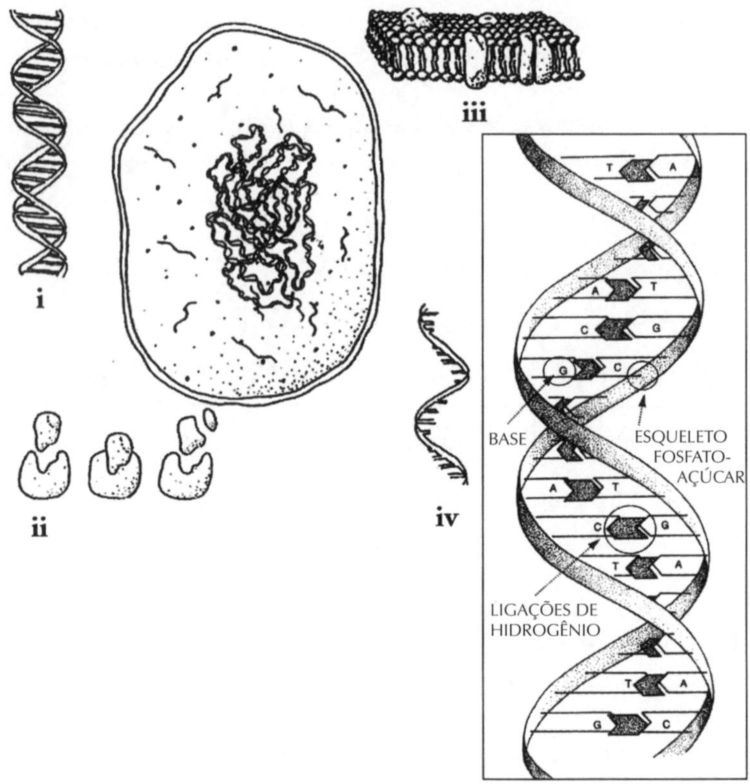

Figura 6. (a) A célula viva e seus componentes essenciais (segundo Harman & Sahtouris, 1998): (i) DNA; (ii) catalisadores enzimáticos envolvendo proteínas, peptídios, aminoácidos e coenzimas tipo nucleotídeos; (iii) membrana celular; (iv) fita simples de RNA; e (b) dupla-hélice de DNA em detalhes base/esqueleto fosfato-açúcar/ligações de hidrogênio

Serão discutidas, agora, as complexidades de algumas dessas moléculas celulares. Proteína é uma longa cadeia polimérica de moléculas de aminoácidos, tão complexa que ninguém pode imaginar que conseguiria fabricá-la em laboratório sem começar pelos aminoácidos. Na célula, naturalmente, o DNA tem o código (o código genético) que direciona a montagem das sequências de aminoácidos para formar as proteínas.

O DNA é famoso por sua estrutura em dupla-hélice (Figura 6b). As duas fitas da dupla-hélice juntam-se quimicamente, mediante a ligação elétrica das moléculas de nucleotídeos – a adenina (A), a timina (T), a guanina (G) e a citosina (C). O código genético está contido nas sequências das letras ao longo de uma fita, divididas em grupos de três letras.

Assim como o DNA tem o código para a produção das proteínas, as proteínas são cruciais para a produção do DNA. Essa circularidade – DNA faz proteínas (com a ajuda do RNA) e proteínas fazem DNA – leva os pesquisadores da origem da vida a rejeitar o DNA como candidato para a vida primitiva. É algo complexo demais.

Os modelos mais populares pressupõem que a vida começou com a cadeia de ácido nucléico de fita simples e autorreplicadora, o RNA. Será que uma molécula de RNA conseguiria aparecer por acaso em uma sopa primordial de elementos básicos da vida?

Na década de 1950, Stanley Miller e Harold Urey realizaram um experimento famoso (para um relato, ver Miller, 1974), no qual um aminoácido foi sintetizado a partir de uma "sopa primordial" com os elementos básicos – carbono, nitrogênio, oxigênio e hidrogênio – e uma aplicação de energia elétrica à sopa.

Entretanto, nenhum experimento do tipo Miller-Urey teve sucesso imediato na síntese do RNA. Na década de 1960, porém, o bioquímico Sol Spiegelman fez história com um experimento bem-sucedido, sugerindo que, se uma enzima de proteína estivesse presente, o efeito catalisador da enzima seria tremendamente útil para sintetizar o RNA. (Dá-se uma catálise quando uma substância química, o catalisador, aumenta a velocidade de uma reação química, regenerando-se ao término da reação.) "As enzimas fazem qualquer coisa" tornou-se uma frase popular da bioquímica.

Infelizmente, produzir uma enzima de proteína por mero acaso também não é fácil. Um argumento baseado em cálculo de probabilidades mostra que a produção de uma enzima de proteína relativamente pequena levaria um tempo maior do que a idade do universo.

Para saber o motivo, será feita uma pequena digressão para os céticos com mente matemática. Observe-se a Figura 6b, a molécula de DNA. É necessário reunir três das moléculas básicas (indicadas pelas letras A, C, G e T) em uma sequência específica (chamada *códon*) para formar uma molécula de aminoácido. Veja-se, segundo o astrofísico Arne Wyller (1999), qual seria a probabilidade de uma enzima de proteína consistente em uma cadeia de 34 aminoácidos se reunir por acaso. Essa sequência teria três vezes 34, ou 102 moléculas básicas (ou letras).

Para se obter a primeira letra correta da sequência, a probabilidade é de 1/4, pois são quatro as letras dentre as quais se pode escolher. Para que a segunda letra seja correta, a probabilidade, mais uma vez, é de 1/4. Para que ambas estejam corretas, a probabilidade é de 1/4 vezes 1/4, ou seja, 1/16 (as probabilidades se multiplicam).

Deu para se ter uma ideia. Para que 102 letras estejam na sequência correta, é necessário multiplicar 1/4 por si mesmo 102 vezes, o que dá $1/4^{102}$. Se alguém quiser produzir essa proteína corretamente por tentativas e erros, ou seja, ao acaso, terá de tentar 4^{102} vezes – ou seja, 10^{61} vezes!

Quanto tempo levaria cada tentativa? Wyler disse que, mesmo que cada tentativa levasse um minúsculo segundo, o tempo necessário seria de 10^{61} segundos. Como a vida do universo é de uns 10^{18} segundos, o tempo necessário para se fazer uma única enzima, por meio de tentativas e erros, excede em muito a vida do universo. O tempo disponível para que a sopa primordial forme vida é aproximadamente igual ao tempo decorrido entre o surgimento dos oceanos da Terra e a primeira forma de vida, meros 400 milhões (4×10^8) de anos.

Esta digressão matemática consolidou a conclusão aqui proposta: não se pode esperar que as enzimas ajudem a fabricar formas de vida primitiva com RNA. Com efeito, os proponentes do RNA trabalham com uma ideia da teoria dos jogos, conhecida como problema do prisioneiro.

Um prisioneiro está planejando escapar de sua cela na prisão (Figura 7) com a ajuda de um amigo do lado de fora. Obviamente, é mais fácil escapar se ambos escavarem a partir de lados opostos do mesmo canto. Infelizmente, porém, a comunicação é impossível, e a prisão tem seis cantos. As chances de fuga não parecem muito boas, não é? Mas, se o leitor se puser no lugar do prisioneiro, é muito provável que cave no canto 3. Por quê? Porque é o único canto convexo, visto de dentro. Além disso, é muito provável que a outra pessoa per-

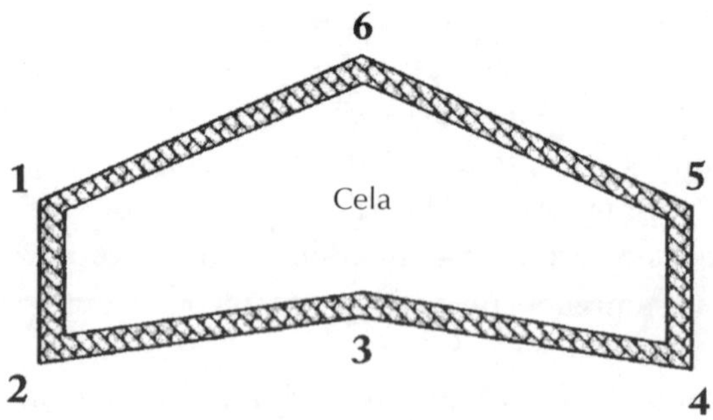

Figura 7. O problema do prisioneiro: em que canto cavar?

ceba a mesma coisa e decida cavar nesse canto. Agora, vale pensar um pouco: qual a motivação dessa outra pessoa para cavar no canto 3? A motivação dela é o seu próprio amigo, é a expectativa de que ele também cave ali.

Isso é chamado sistema de *realimentação*. Perceba-se também que esse tipo de *realimentação* aumenta a tendência ao afastamento do estado de equilíbrio, no qual ninguém faz nada, e o *status quo* é mantido. Isso é um sistema de *realimentação* positivo.

Uma reação química chamada de *reação Belousov-Zhabotinsky*, nomes de seus descobridores, apresenta um *loop* de *realimentação* positivo. Não são necessários detalhes, mas eis um resumo daquilo que diferencia esta reação das reações químicas comuns. Numa reação comum, uma pessoa coloca alguns ingredientes químicos em um prato; eles se misturam e reagem, e o produto fica pacificamente assentado no fundo do prato, como uma bolinha de gude no fundo de uma vasilha esférica. Mas, em uma reação Belousov-Zhabotinsky, dependendo de forma um tanto quanto imprevisível das condições iniciais, o sistema pode funcionar como um relógio químico oscilante, ou pode formar ondas de perturbação química que se espalham por distâncias macroscópicas, ou então pode apenas exibir um belo padrão espacial.

O mistério no coração da reação Belousov-Zhabotinsky é a catálise cruzada. Catálise cruzada é o processo pelo qual dois ou mais ingredientes químicos (os catalisadores cruzados) produzem-se mutuamente de forma cíclica, ao mesmo tempo em que aceleram a ocorrência de certas reações. É interessante observar a capacidade que o sistema tem para recriar-se continuamente, um fenômeno chamado *autocatálise*.

Os bioquímicos brincam com a ideia de que o RNA, a primeira vida, surgiu graças a algum tipo de autocatálise. De acordo com esta teoria, as proteínas também acabaram entrando no jogo (o leitor nem precisa se preocupar com a pequena probabilidade desse evento). As opiniões variam: alguns dizem que as proteínas iniciais ajudaram a formar o RNA replicador; outros, que o RNA ajudou a produzir as proteínas. No estágio seguinte, o código genético desenvolveu-se de forma primitiva, juntamente com alguma forma primitiva de DNA, e os ácidos nucléicos e as proteínas participaram de muitos "hiperciclos" (ciclos inclusivos) primitivos. No estágio final, moléculas de ácidos graxos (lipídios) formaram um invólucro (a parede da célula) para constituir a célula procarionte completa e viva.

Biólogos como Walter Gilbert e Manfred Eigen (ver Eigen & Schuster, 1979) são os mais famosos defensores desses modelos. Mas o problema incômodo da pequena probabilidade persiste em cada estágio desse cenário para a síntese da vida, e, por isso, os biólogos adotaram também uma ideia controvertida: a de que o mecanismo darwiniano de acaso e necessidade pode ser invocado para incrementar as probabilidades. Esta etapa é controvertida porque se supõe que a teoria de Darwin se aplica à evolução da vida após esta ter se originado. Poderia ela ser invocada em cenários pré-vida? Ademais, a pequena probabilidade é apenas parte do problema. No próprio modelo, mecanismos conflitantes estreitam a gama de aplicações do modelo, o que obriga a levar em conta outros cenários (para uma visão geral, ver Casti, 1989 e Davies, 1999).

Um desses cenários propõe que as proteínas surgiram primeiro, e depois o DNA. Já se disse antes que o DNA (agindo pela mediação do RNA) especifica a ordem dos aminoácidos usados para construir as moléculas de proteína. A informação flui num sentido, do DNA para a proteína. Esta frase resume o dogma central da biologia molecular. Mas o biólogo Tom Cech e seus colaboradores demonstraram experimentalmente que uma enzima chamada *transcriptase reversa* pode catalisar a síntese do DNA a partir de uma matriz de RNA. Logo, por que não teorizar que as proteínas surgiram antes na teoria da origem da vida? Na verdade, experimentos do tipo Miller-Urey mostram que cadeias de aminoácidos semelhantes a proteínas (pode-se pensar nelas como proteínas primordiais) podem ser formadas facilmente, passando uma centelha elétrica através de um recipiente fechado contendo metano, amônia, hidrogênio e água, uma mistura simulando o ambiente primordial da Terra. Teóricos que trabalham nessa linha propõem que as proteínas surgiram antes, formando-se espontaneamente. Após algum tempo, alguma coisa parecida com a transcriptase reversa criou o DNA. Mas esses modelos também enfrentam muitas críticas, dentre as quais a pequena probabilidade.

Outro cenário diz que a vida começou duas vezes: uma vez como proteína e outra como proteína mais ácidos nucléicos, como na célula atual. Em mais um cenário, em vez de se pressupor uma sopa quente à base de água, a argila quente serve de suporte, e uma forma cristalina de vida é considerada, então, a precursora da vida orgânica como é conhecida hoje. Este modelo tornou-se popular entre não-cientistas por causa de seu tom bíblico, mas não conquistou muitos fãs entre pesquisadores da origem da vida.

Diz-se que, após a importantíssima (co)descoberta da estrutura em dupla-hélice do DNA, Francis Crick foi a um *pub* (para celebrar?), onde declarou imediatamente: "Tenho o segredo da vida". Talvez todos os teóricos da origem da vida levem Crick demasiadamente a sério ao proporem reiteradamente que a vida deve ter se originado como DNA ou como proteína. Na verdade, porém, será possível admitir que um monte de DNA ou de proteínas pode se comportar como um ser vivo, na verdadeira acepção desta palavra? Acredita-se que não.

Como se pode perceber, boa parte disso é como um jogo: construir cenários plausíveis para a origem da vida pode ser divertido. Mas incutir seu cenário divertido com a dose de seriedade suficiente para que os outros o levem a sério é uma tarefa difícil, e até agora nenhum modelo materialista conseguiu fazê-lo.

Como sabem os reducionistas, se uma pessoa não consegue resolver um problema tal como ele se apresenta, é prudente redefini-lo e solucionar o problema redefinido. Os pesquisadores que foram mencionados até agora estavam tentando criar modelos plausíveis para a origem da vida conforme ela é conhecida – o conglomerado de proteína DNA-RNA, confinado por uma parede celular, juntamente com milhares de outras moléculas que dão suporte ao funcionamento da célula. Suponha-se que se simplifique isso no nível molecular e demonstre-se que a evolução sugerida por Darwin, motivada pelo acaso e pela necessidade, comece a funcionar nesse nível. Não se poderia afirmar, então, que o problema foi resolvido? Para aqueles que acreditam que a necessidade e o acaso darwinianos podem fomentar o desenvolvimento da consciência em seres não sencientes,* certamente parece plausível que essas forças possam fazer com que uma célula viva produza uma célula viva a partir de moléculas brutas.

Três experimentos – dois dos quais realizados há décadas e o mais recente na década de 1990 – parecem apoiar essa visão. Começar-se-á com o experimento de Spiegelman, já mencionado (Spiegelman, 1967), que se baseou em um pequeno vírus de RNA, chamado Q_{beta}. Os vírus, uma fita de DNA ou RNA encapsulada em uma camada de proteína, armazenam informações genéticas, mas não podem se replicar por si mesmos. Eles precisam invadir e ocupar células, sequestrar seu aparato reprodutor e adaptá-lo para a replicação de mais vírus. Spiegelman demonstrou que o Q_{beta} não precisa de uma célula viva, mas pode replicar-se em um tubo de ensaio, caso consiga incubar em um meio que contém sua própria enzima de replicação, um estoque de matéria-prima e alguns sais. Então, Spiegelman colocou um pouco do RNA puro, recém-sintetizado, em outro tubo de ensaio com solução nutritiva, e

* O autor se refere à *senciência*, expressão de cunho principalmente budista, que significa "capacidade de sofrer ou sentir prazer ou felicidade". [N. de T.]

deixou-o multiplicar-se. Depois, usou parte do novo RNA desse lote em outra solução nutritiva para produzir mais um lote de RNA, e assim por diante, em uma série de etapas.

As fitas puras de RNA de Spiegelman não produziram proteína; simplesmente se replicaram. O efeito de permitir-se a replicação irrestrita foi que o RNA que se replicou mais rapidamente transmitiu-se com mais eficiência para a geração seguinte, simulando, assim, uma competição darwiniana. Em 74 etapas, a fita de RNA passou de 4,5 mil bases de nucleotídeos para 220 bases. Este, o sobrevivente, foi chamado monstro de Spiegelman.

O segundo experimento foi realizado por Manfred Eigen e seus colaboradores, em 1974 (ver Eigen *et al.*, 1981), e também começou com uma solução química contendo Q_{beta}, sua enzima de replicação, alguns sais e uma forma energizada das quatro bases que formam os nucleotídeos do RNA. Contudo, esses cientistas começaram reduzindo a quantidade de RNA viral adicionada à mistura em cada etapa. À proporção que a quantidade de RNA viral foi reduzida, o RNA, diante de menos concorrentes, cresceu de modo exponencial e vigoroso, e o crescimento exponencial continuou até surgir uma única fita de RNA. E, então, a surpresa: mesmo sem o emprego de um único RNA inicial, foram produzidas fitas replicadoras de RNA. Em outras palavras, fitas de RNA – moléculas autorreplicadoras – foram produzidas em laboratório pela primeira vez.

Se o leitor acredita que os vírus têm vida, e que a autorreplicação define a vida, este experimento sempre mostra a criação da vida. Entretanto, a maioria dos biólogos não iria tão longe. Eles admitiriam que a enzima replicadora ainda é tomada de empréstimo a um material vivo. O experimento de Eigen é um exemplo muito inteligente de bioengenharia, a manipulação de informações biológicas por meio da inteligência humana.

Na década de 1990, foi realizado um terceiro conjunto de experimentos. A meta era produzir pequenas moléculas replicadoras simples em meio livre de células, submetendo-as depois a estresses ambientais que visavam a induzir mutações e evolução. As conclusões desses estudos foram surpreendentes, conforme resumiu o biólogo Peter Schuster, e encontram-se transcritas a seguir.

- Descobriu-se que polinucleotídeos (cadeias polímeras de nucleotídeos), inclusive o RNA, podem replicar na presença de enzimas adequadas em um tubo de ensaio, sem o confinamento de paredes celulares.

- Pequenas moléculas relacionadas, chamadas oligonucleotídeos, replicam, mesmo sem a ajuda de proteínas ou enzimas.
- Replicadores moleculares podem atingir uma medida física de aptidão no sentido darwiniano, abrindo a porta para que processos evolucionários possam ser descritos e analisados na linguagem da física.
- Aparentemente, parece ter sido resolvido o problema específico da tautologia no darwinismo. Este problema se refere à embaraçosa situação que o darwinismo nos apresenta: quem sobrevive? O mais apto. Quem é o mais apto? O que sobrevive. Agora, a definição de aptidão – em termos de replicabilidade molecular – pode ser dada, independentemente da sobrevivência, e com isso não há tautologia.
- Diz-se que o argumento usual contra o mecanismo darwiniano de evolução – ou seja, a pequena probabilidade – foi negado para experimentos de evolução com as moléculas de RNA. A negação baseia-se na prova experimental da viabilidade da adaptação orientada para metas.

Mas um exame mais acurado dos resultados pode silenciar parte desse alvoroço. O fato de seres humanos terem produzido uma situação na qual moléculas podem replicar, sofrer mutações e evoluir em tubos de ensaio significa apenas que a inteligência humana conseguiu estabelecer uma base físico-química para a autorreplicação. Esta condição está bem distante da condição que ainda precisa ser provada – que a natureza inanimada e primordial pode fazer a mesma coisa mediante processos naturais, sem a ajuda de seres inteligentes e fora de agentes causais. Não basta alegar que os indivíduos também fazem parte da natureza. Além disso, a autorreplicação de uma molécula não é a mesma coisa que a autorreprodução de uma célula viva, um conglomerado de muitas moléculas.

Pairando sobre tudo isso, fica a grande pergunta. É muito prematuro presumir que, com o aparecimento da necessidade e do acaso darwinianos, o resto da produção da vida seja fácil. Este livro também afirma (uma posição apoiada por muitos biólogos) que o mecanismo darwiniano é um tanto quanto inadequado para explicar os eventos de breve duração (os sinais de pontuação) da macroevolução. Sendo assim, como se pode presumir que o mecanismo darwiniano seja adequado para levar o ser humano do estado de simples moléculas replicáveis para o de células desenvolvidas, autorreprodutoras e vivas, com código genético e hiperciclo DNA-proteínas?

Ademais, não se deve ter pressa e pensar que a solução da tautologia de Darwin é uma grande revolução, pois esta suposta revolução também revela uma grande fraqueza da teoria de Darwin. A lei darwinista da evolução pela necessidade e pelo acaso pode não ser uma lei biológica autêntica. Pode, inclusive, ser um corolário de uma lei da física de moléculas autorreplicadoras. Suponha-se que se defina a teoria de Darwin da seguinte maneira:

> As moléculas autorreplicadoras mais aptas adaptam-se melhor a estresses ambientais.

Deste modo, não apenas desaparece a tautologia como não se faz referência à sobrevivência. Pode-se generalizar esta lei e aplicá-la a uma única célula viva, a um conglomerado de células vivas, a um organismo? Não, ainda não. Não se pode ter certeza de que essa forma da lei de Darwin conseguirá superar o primeiro obstáculo, a aplicabilidade a uma célula viva, muito menos o resto dos obstáculos. É longo o caminho entre moléculas autorreplicáveis e uma célula com muitas moléculas, com estruturas e funções distintas e específicas, inclusive a capacidade de se reproduzir.

Mas está havendo uma antecipação. Primeiro, deveria ser perguntado o seguinte: será que a natureza inanimada pode produzir o tipo de molécula complexa e autorreplicável de que se falou antes, à qual o mecanismo darwiniano se aplica? Se não havia uma inteligência humana por perto para guiar sua produção, como essas moléculas surgiram no ambiente primordial de 3,8 bilhões de anos atrás? Muitos biólogos se contentariam em dizer que tais moléculas poderiam surgir simplesmente por acaso. Alguns acham que tais explicações são absolutamente insatisfatórias; eles propõem algo bem diferente.

Modelos holísticos de auto-organização da vida: longe e, no entanto, bem perto

Alguns biólogos que veem a fraqueza dos modelos reducionistas movidos pelo acaso propuseram um mecanismo alternativo – a auto-organização, obtida com a ajuda de campos auto-organizadores especiais, que entram em cena em sistemas complexos. Às vezes, cientistas desse tipo são chamados holistas porque acreditam que, em um sistema composto, o todo não é a mera soma das partes.

Há muitos holistas bastante talentosos lidando com a teoria da origem da vida, e eles solucionariam o problema materialista da "pequena probabilidade" de forma bem diferente. Esses holistas acreditam que a vida surge porque o universo é auto-organizado (para uma noção mais ampla, ver Capra, 1996). O problema da pequena probabilidade é superado com a ação de campos auto-organizadores, que atuam em sistemas altamente complexos.

A física tem muitos exemplos de campos auto-organizadores. Em um magneto ferroso, por exemplo, os átomos de ferro se organizam espontaneamente, cada qual sucumbindo ao campo auto-organizador coletivo. Economistas usam a mesma expressão para falar do livre mercado: se um número de empresas suficientemente grande participar do mercado, a força invisível do livre mercado assumirá o controle. Do mesmo modo, a vida é um exemplo de autopoiese, a autocriação da poesia por intermédio da auto-organização, segundo os biólogos Humberto Maturana e Francisco Varela (1980).

O físico Ilya Prigogine (1980), que deu início a toda essa linha de pensamento e até recebeu um Prêmio Nobel por ela, e os adeptos da chamada teoria do caos, que o seguiram (ver Wesson, 1991), viram nas estruturas dinâmicas da reação Belousov-Zhabotinsky, mencionada anteriormente, exemplos da ordem dentro do caos. A ideia é que, como o sistema vai se afastando do equilíbrio, nem toda a energia é gasta para aumentar a desordem ou a entropia; parte dela pode, na verdade, estar disponível para criar nova ordem, aumentando a probabilidade de surgimento da vida. Para esses teóricos, o surgimento da vida, a partir de reações químicas nos oceanos pré-bióticos da Terra, seria apenas um exemplo mais complexo da ordem dentro do caos. Segundo seu raciocínio, a ideia de Manfred Eigen sobre um hiperciclo proteína-DNA produtor de vida é uma extensão desse tipo de holismo, e, por isso, a crítica da pequena probabilidade não é necessariamente válida.

Como se pode ver, da mesma forma que as teorias materialistas da origem da vida, as ideias dos holistas começaram bem, com alguma coisa concreta (a reação Belousov-Zhabotinsky é tão evocativa quanto a síntese Miller-Urey dos aminoácidos), mas depois eles se perderam em palavras mágicas. Para os materialistas, as palavras mágicas são *acaso* e *necessidade*; para teóricos do caos e seus parentes, os teóricos da complexidade, a palavra mágica é *auto-organização*.

As ideias reducionistas e materialistas sobre a origem da vida são refutadas por cálculos de probabilidade, contradições e paradoxos. A ideia da auto-organização é mais difícil de se refutar, mas podem ser apresentadas objeções.

Será possível obter uma autonomia casual para um sistema auto-organizador? A teoria do caos tem a aparência de livre-arbítrio porque a dinâmica do caos não é facilmente previsível; em circunstâncias adequadas, o sistema, sob o domínio de um assim chamado atrator, adota este ou aquele caminho, dependendo dos parâmetros. A escolha dos caminhos é muito sensível a mudanças nos parâmetros em algumas gamas de valor. É como se o sistema estivesse escolhendo seu próprio caminho de desenvolvimento. Porém, a liberdade de escolha é mera aparência. Em última análise, o sistema é determinado pela causação ascendente, como em qualquer outro sistema newtoniano. A teoria de Prigogine, entretanto, é não newtoniana, mas, sendo não newtoniana, não é tão confiável (ou atraente). Como a teoria do caos proporciona a ordem dentro do caos, lembrando o tipo de ordem em torno da qual Prigogine desenvolveu sua teoria, a teoria do caos superou a teoria de Prigogine em popularidade.

Contudo, a ordem obtida com sistemas caóticos pode não ser do mesmo tipo que se procura em sistemas vivos. Sugere-se que se pense num exemplo de auto-organização dinâmica, baseada no caos, e de ordem dentro do caos: a formação de células de convecção quando um bule de água é aquecido em um fogão. Se uma pessoa aquecer o bule com fogo baixo, o calor fluirá para cima por meio da condução. O que acontecerá quando ela aumentar o fogo? A água próxima das chamas ficará quente bem depressa, e, sendo menos densa do que a água da parte superior do bule, tenderá a subir. Mas o peso da água na parte superior tem uma tendência oposta, ou seja, manter a água de baixo em seu lugar. Eventualmente, a água mais quente irromperá até o alto do bule, formando uma corrente de convecção.

Mas, se o aquecimento for feito de maneira bem controlada, o padrão de convecção terá um arranjo organizado (a ordem dentro do caos), na forma de uma colmeia de células hexagonais. Chama-se este comportamento "ordem dentro do caos" porque a ordem é gerada em um forte fluxo de entropia (desordem) que vai do bule para o ambiente. Além disso, também é crucial o fato de a fonte de calor no fundo do bule manter o sistema afastado do equilíbrio térmico.

Embora sejam encontrados muitos casos de ordem dentro do caos na natureza não viva, e eles possam ser explicados pela teoria do caos ou por teorias dessa espécie, todos esses casos são de estrutura simples. Não são complexos na mesma escala que a estrutura portadora de informações da molécula de DNA ou de RNA.

Problemas incômodos como esse mantêm a teoria do caos longe de ser cogitada seriamente como explicação para a origem da vida. Diante da frustração, só é possível fazer piadas a seu respeito.

Três profissionais estavam discutindo sobre a profissão mais antiga do mundo – não, não é *aquela* –, a profissão de Deus. O primeiro sujeito era cirurgião. Ele disse: "Deus deve ser cirurgião. Foi preciso uma operação bem complexa para criar Eva a partir da costela de Adão".

O segundo sujeito era engenheiro. Ele disse: "Obviamente, Deus é um teórico do caos. Se não fosse, como ele criaria um mundo organizado a partir daquele caos inicial?".

O terceiro sujeito, um advogado, disse, astuciosamente: "Mas quem criou o caos?".

Outra abordagem holística é a dos teóricos da complexidade (obviamente), que fazem simulações computadorizadas da auto-organização (Kaufman, 2002). Eles conseguiram demonstrar que qualquer rede que contenha um número suficientemente grande de componentes e conexões ou interações tende a se transformar espontaneamente em uma fase de comportamento organizado. Não se parece com os átomos de ferro organizando-se em um ímã ou os negócios que se organizam em um mercado "livre"?

Biólogos "reais", que lidam com moléculas e reações químicas, não gostam de modelos computadorizados da vida, e criticam tais trabalhos como "ciência sem fatos" (frase cunhada pelo biólogo Maynard Smith). Mais seriamente, as críticas evocadas contra a teoria do caos também se aplicam aqui. Teorias da complexidade podem produzir tipos simples de ordem, mas não informações codificadas, como no código genético.

O físico Paul Davies (1999), que discutiu esse problema em detalhes, concluiu que o que é necessário é quase uma sequência complexa de números aleatórios dos pares de base (par de base são as duas moléculas que formam um "degrau" na dupla-hélice da molécula de DNA; ver Figura 7b). Contudo, só sequências muito específicas de números aleatórios são adequadas, pois a mensagem precisa ser biologicamente significativa. O mistério da vida é a produção simultânea de aleatoriedade e especificidade complexas.

O autor William Dembski (2002) disse a mesma coisa ao afirmar que a vida é uma complexidade especificada. Por exemplo, a palavra "e" é especificada (ou seja, tem uma definição clara para a lógica), mas não complexa; uma longa sequência de números aleatórios é complexa, mas não especificada. Porém, a sequência aleatória que denota todos os números primos entre 2 e 101 (usada no filme *Contato* para identificar um emissor inteligente de sinais de micro-ondas) é complexa e especificada.

Afirma-se que, para produzir tanto complexidade quanto especificidade, precisa-se tanto de causação ascendente quanto de causação descendente. A causação ascendente é necessária para provocar aleatoriedade, na forma de ondas de possibilidades que obedecem a cálculos de probabilidade quântica. A causação descendente, via colapso quântico e escolha consciente, é necessária para dar especificidade.

E o que se deve concluir desses conceitos de auto-organização? Sua importância histórica está no seguinte aspecto: a linha de pensamento seguida pelos teóricos do caos e da complexidade introduziu um novo elemento na equação da vida – o *self*.

Os materialistas dividem o sistema biológico em uma parte causal (os genes) e outra que é controlada e causada (a forma). Como disse o filósofo Willis Harman (Harman & Sahtouris, 1998, p. 140):

> Há, na biologia moderna, a forte tendência a se presumir que os organismos têm um aspecto "inteligente" e controlador, e um aspecto passivo, controlado e quase inanimado. A parte controladora incorpora os princípios essenciais do estado biológico: a capacidade de manter as partes funcionando, uma em relação à outra, reproduzindo-se, evoluindo e adaptando-se. A parte controlada pode ser explicada estritamente em termos de física e química. O organismo é visto como um mecanismo dualista, comparável a um computador, com um software "inteligente" e seu hardware passivo, que responde às instruções codificadas no programa.

Em contraste, a ideia da auto-organização lembra, no mínimo, que um organismo é, de algum modo bem definido, um "*self*", pois possui uma integridade que ele mantém e reproduz. Em outras palavras, existe, em princípio, inteligência e "software" não apenas na parte genética, como também na forma.

Teóricos do caos e outros pensadores antes deles – inclusive o polímata Gregory Bateson [1980] e os matemáticos René Thom [1975], que gerou uma teoria matemática da forma chamada teoria *da catástrofe*, e Benoit Mandelbrot, que concebeu os famosos conjuntos fractais de Mandelbrot – têm se questionado sobre a semelhança entre algumas das formas do mundo vivo e as formas matemáticas geradas pelos algoritmos da teoria do caos ou da teoria da catástrofe. Seria apenas coincidência? Acredita-se que não.

Além da auto-organização: o pensamento de Maturana

Foi o biólogo (mais especificamente, o neurofisiologista) Humberto Maturana quem primeiro levou a discussão sobre a natureza da vida a um importante passo além da auto-organização. Travei contato com o trabalho de Maturana em um seminário apresentado por Heinz von Foerster, filósofo e pesquisador da consciência. O programa incluía a consciência, a natureza do *self*, esse tipo de coisas. Nesse seminário, ouviu-se pela primeira vez a palavra *autopoiese*, expressão criada por Maturana e fundamental para seu pensamento, e o conceito agradou.

Auto significa "por si mesmo", e *poiese*, que vem da mesma raiz grega que a palavra *poesia*, significa "fazer" ou "criar". Assim, *autopoiese* significa "autocriação". Primeiro, é preciso entender que autocriar é um pouco diferente de auto-organizar. Usa-se a palavra *auto* (como "si mesmo") referindo-se a sistemas como magnetismo ou as reações hipercíclicas de Eigen; mas será que se pode mesmo acreditar que existe um "si mesmo" – uma entidade que vivencia – associado a esses sistemas? Embora os ciclos e hiperciclos de Eigen sejam propostos para a geração de um sistema que pode se autorreproduzir de maneira organizada, e até se desenvolver, hesita-se aqui em dizer que ele está vivo. Será que essa hesitação surge porque há suspeita de que esse sistema não possui um "si mesmo" que tenha experiências?

Ao cunhar uma nova palavra para suas ideias, Maturana tocou num problema: o que torna alguma coisa viva? É claro que o "estado de vivo" exige mais do que um monte de propriedades que se apresentam simultaneamente, que é a definição materialista. É claro que também não pode ser tão simples quanto um sistema auto-organizado. Para Maturana, o acréscimo fundamental, o conceito que define a vida, é a circularidade. Ele disse que "sistemas vivos [estão] organizados em um processo causal circular e fechado que permite a mudança evolucionária no modo como a circularidade é mantida, mas não permite a perda da própria circularidade" (citado por Capra, 1996, p. 96). Componentes que especificam a organização circular ajudam a produzir e a transformar outros componentes, de modo a manter a circularidade geral do sistema. Numa célula, a parede celular, o citoplasma e todos os componentes importantes estão agora incluídos na rede de organização circular que é uma célula viva, tal como a definiu Maturana.

Há mais. Vale lembrar que Maturana foi "descoberto" em um seminário sobre consciência. Qual a conexão com as pesquisas sobre a consciência? O próprio Maturana (citado por Capra, 1996, p. 97) sugeriu que

> sistemas vivos são sistemas cognitivos, e a vida, como processo, é um processo de cognição. Esta frase é válida para todos os organismos, com e sem sistema nervoso.

A cognição implica um conhecedor consciente. De modo análogo, a circularidade é um componente importante no conceito de autorreferência (ver Capítulo 5). Desse modo, Maturana se aproximou bastante de compreender o que é a vida. Trabalhando com seu aluno e colaborador, o neurofisiologista Francisco Varela, Maturana aprofundou sua teoria da vida como sistema cognitivo circular que se cria continuamente. Mais tarde, Fritjof Capra tentou adicionar mais profundidade (Capra, 1996).

Infelizmente, todos esses modelos de circularidade e cognição ainda são modelos materialistas. Como se mencionou antes, se forem empregados objetos para criar algo, esse algo ainda será um objeto. No final das contas, esses modelos não podem proporcionar um sujeito, um conhecedor real, exceto pela vã esperança que define o holismo – que o todo é maior do que as partes, e que, assim, de algum modo, do todo emerge uma nova entidade, um *self* autônomo, um cognitor.

Para se compreender a vida e para se incluir todo o poder do organismo na definição da vida, precisa-se de mais do que uma filosofia holística. Precisa-se de que a consciência seja real e potente. Quando se inclui a circularidade na definição da vida e se posiciona essa definição dentro da realidade primária da consciência, então é possível chegar à plena compreensão e à completa definição da vida. Este passo é o tema dos próximos dois capítulos.

capítulo 7

a origem do universo, a origem da vida e o observador quântico

É preciso recuar um pouco, da origem da vida até a origem do próprio universo. A verdade é que essas duas origens estão intimamente ligadas. Trata-se de um tema que já abordei em mais de uma oportunidade (Goswami, 1993, 2000), e, nesta exposição, será seguido o tratamento dado em meu livro mais recente (Goswami, 2008).

Segundo a cosmologia moderna, uma explosão primordial, chamada Big Bang, criou o universo. Há boas evidências empíricas para esse princípio explosivo há 15 bilhões de anos, na forma de um "fóssil" remanescente de toda a radiação emitida na explosão, uma radiação de micro-ondas que agora permeia o universo. Além disso, a explicação do Big Bang encaixa-se muito bem com o fato de que o universo está se expandindo, um fato previsto pela teoria da relatividade geral de Einstein e observado pelo astrônomo Edwin Hubble, em 1928.

Einstein desenvolveu a teoria que explica em grande escala a estrutura do universo – a teoria da relatividade geral, segundo a qual a gravidade é vista como a curvatura do espaço-tempo. Esta teoria abre espaço para o Big Bang, mas apenas como um evento singular. Na década de 1960, esse conceito atraiu um número extraordinário de seguidores que admiram Deus, inclusive alguns astrônomos: a singularidade do Big Bang deve ser a assinatura da criação divina! Só que a coisa não é tão simples assim.

Cosmologia quântica

Pensar na origem do universo como um evento de criação *ex nihilo*, a partir do nada, não satisfaz inteiramente, porque, mesmo com um início singular, alguém poderia sempre se perguntar: "o que existia antes da singularidade?". Além disso, a presença de uma singularidade não é um aspecto particularmente desejável da teoria da relatividade geral. Quando há aproximação da singularidade, algumas das quantidades envolvidas na teoria, como a densidade energética do universo, tendem a "explodir" em termos matemáticos, o que significa que a validade da teoria é questionável sob tais condições extremas.

O físico Stephen Hawking desenvolveu uma cosmologia quântica para evitar o princípio singular no tempo. Não existe princípio; existe apenas possibilidade. A ideia é que, no princípio, o cosmo deveria consistir de possibilidades quânticas. O universo deve ter começado como uma superposição de muitos "universos-bebês" possíveis. Mas, agora, todos devemos nos perguntar como a superposição de possibilidades tornou-se o universo concreto no qual nos encontramos.

Além disso, há que se pensar no paradoxo que surge ao imaginar-se um universo de possibilidades que pode sofrer um colapso e se tornar um evento concreto, o universo concreto. É preciso que a consciência quântica atue por meio de um observador senciente para causar o colapso de possibilidades quânticas. É difícil – não, é impossível – imaginar que observadores conscientes estivessem presentes nos primeiros e tórridos dias do Big Bang cósmico! E então?

Como é que o universo poderia existir por nossa causa, se nem estávamos presentes para saudá-lo no Big Bang? Entretanto, o universo pode ter sido criado em possibilidade, de forma que, quando os primeiros seres vivos entrassem em cena, fariam com que o possível universo se manifestasse. Esta ideia embaralha a mente, mas diversos experimentos dão-lhe suporte, como será visto; antes, porém, é preciso fazer mais uma parada no território materialista.

Um universo de acaso e necessidade?

Muitos materialistas acham que os seres humanos estão aqui por mero acaso, por algum tipo de acidente cósmico, e que se desenvolveu a consciência por necessidade de sobrevivência. No pensamento materialista, não existe significado em parte alguma do universo, e isso inclui o próprio homem, bem como a sua consciência. "Quanto mais compreendemos o universo, mais ele parece sem sentido", disse, há pouco tempo, Steven Weinberg, físico ganhador do Prêmio Nobel.

O modelo materialista da evolução do universo é assim. Mais ou menos 1 bilhão de anos após o Big Bang, depois de alguma expansão e algum resfriamento, flutuações estatísticas ao acaso fizeram com que se condensassem conglomerados chamados galáxias. As próprias galáxias se desenvolveram, e de nuvens esféricas de gás adquiriram uma forma discoidal, muitas delas com braços espiralados. Depois, as estrelas começaram a se condensar, mas essas estrelas da primeira geração "viraram uma supernova", autodestruindo-se em uma explosão que produziu os elementos pesados. Novas estrelas, a segunda geração, condensaram-se a partir dos restos da supernova, algumas com planetas. Alguns desses planetas tinham tanto um núcleo sólido como uma atmosfera adequada, justamente o que é necessário para a evolução da vida.

O jogo do acaso continuou, segundo afirmou o materialista. Flutuações estatísticas e a energética da atmosfera, agindo juntas e completamente ao acaso, criaram os aminoácidos (os elementos constitutivos das proteínas) ou as moléculas dos nucleotídeos (os elementos constitutivos do DNA e outras moléculas de ácido nucléico), ou ambos. Proteínas e DNA são, de certo modo, moléculas "vivas"; são os principais ingredientes de uma célula viva e têm a tendência a sobreviver e a manter sua forma. Segundo o cenário dos biólogos materialistas, foi acrescentado um novo ingrediente, a necessidade de sobrevivência.

O quadro acima foi apoiado inicialmente pelo experimento Miller-Urey, mencionado no Capítulo 6, que demonstrou que moléculas de aminoácidos formam-se espontaneamente em uma solução aquosa com átomos básicos (carbono, hidrogênio, nitrogênio e oxigênio) caso a energética da primitiva atmosfera terrestre for simulada adequadamente. Mas ainda restaram problemas. A grande lacuna entre o aminoácido inicial e a macromolécula "viva" de proteína não foi fechada. Tampouco alguém conseguiu produzir alguma das moléculas plenas de ácido nucléico a partir dos nucleotídeos. Ainda por cima, cálculos teóricos refutam facilmente a ideia de que o acaso pode formar uma macromolécula como a da proteína a partir de seus ingredientes básicos, os aminoácidos; a probabilidade é pequena demais (Shapiro, 1987). O biólogo Michael Behe (1996) argumentou de modo irrefutável que, mesmo se fosse incluída a necessidade de sobrevivência na equação, as probabilidades não melhorariam muito.

Se a vida não é fruto do acaso e da necessidade, será, então, que é produto de desígnio? Será que o universo é dotado de propósito, feito de tal modo que a senciência acaba inevitavelmente por se desenvolver? É espantoso, mas hoje muitos astrônomos e astrofísicos propõem essa ideia. É chamada e *princípio antrópico*.

O princípio antrópico: será que o universo foi feito para que a vida fosse criada?

Em sua versão fraca (Barrow & Tipler, 1986), o princípio antrópico afirma que todas as quantidades físicas e cosmológicas assumem valores limitados pela exigência de que haja pontos onde a vida à base de carbono possa se desenvolver, e pela exigência de que o universo seja antigo o suficiente para que isso já tenha ocorrido.

A versão forte do princípio antrópico é ainda mais enfática na relação entre o universo e a vida que há nele. Segundo o princípio antrópico forte (Barrow & Tipler, 1986):

> O universo deve ter propriedades que permitam que a vida se desenvolva nele em algum estágio de sua história.

O princípio antrópico não seria pura filosofia? Não, há muitas evidências em seu favor, na forma de explicações para diversas coincidências estranhas. Serão apresentados dois exemplos.

O universo está se expandindo ao longo do tempo, mas, se a força de gravidade fosse um pouquinho mais intensa, a expansão transformar-se-ia rapidamente em colapso, e não haveria tempo suficiente para que a vida se desenvolvesse. Se a gravidade fosse fraca demais, o universo continuaria a se expandir, mas sem quaisquer galáxias ou estrelas para proporcionar um ambiente adequado para a vida. Além disso, se a força elétrica entre elétrons fosse um pouco diferente, a vida – tal como ela é conhecida – seria impossível.

Poder-se-iam preencher diversas páginas com exemplos de como o universo exibe ajustes finos e intencionais. Um de meus favoritos diz respeito à física dos núcleos atômicos – a física que explica como três núcleos de átomos de hélio se fundem para formar um núcleo de carbono, o ingrediente crucial da vida à base de carbono. A visão convencional das reações de fusão nuclear diz que a probabilidade de três núcleos de átomos de hélio se fundirem para formar o carbono seria pequena demais para gerar com eficiência o carbono que existe no universo. Ocorre que a visão convencional está errada, pois a frequência com que os três núcleos de hélio vibram, ao se fundirem, ajusta-se exatamente a uma das frequências naturais de vibração do núcleo de carbono. O efeito desse ajuste de frequências (chamado *ressonância*) é uma imensa amplificação do processo de reação, de modo que o carbono se forma de maneira bem mais profusa do que se poderia esperar. (A ressonância também pode amplificar a destruição: soldados marchando sobre uma ponte em ordem unida podem amplificar a oscilação natural da ponte, chegando até a fazer com que ela desabe.)

Como é que a dança dos três núcleos de hélio corresponde tão exatamente a uma dentre as danças do seleto repertório que seis prótons e seis nêutrons do núcleo de carbono sabem dançar? Do ponto de vista puramente materialista, as leis que governam a estrutura nuclear do carbono são o resultado do movimento aleatório (chamado *estocástico*) do substrato material. E, por coincidência, essas leis conspiram com as leis geradas pelo movimento estocástico do substrato material dos três núcleos de hélio? É realmente espantoso. Não seria menos espantoso, muito mais crível, presumir que há um projetista inteligente por detrás disso tudo? Não seria menos complicado presumir que existe um projetista que idealiza a física dos dois grupos, idealiza as leis da física de todos os movimentos nucleares, para que essa ressonância aconteça?

Outro apoio para o princípio antrópico veio do físico John Wheeler (1975), que também apoiou argumentos em favor do efeito do observador da física quântica em seus primeiros tempos, com sua ideia do universo participativo. Wheeler pensou em todos os diferentes observadores situados em diferentes partes do universo, manifestando todas essas diferentes partes juntamente com suas propriedades... O resultado foi uma grande consternação de sua parte: o resultado de todas essas observações não seria caótico? Ou será que as diferentes observações deveriam ter consistência? Ele acabou propondo a ideia do universo participativo: os observadores participam a fim de tornar o universo consistente e organizado. Dá para perceber como a ideia de Wheeler é revolucionária? Como é que um observador na galáxia de Andrômeda pode escolher de maneira a fazer com que a evolução de "seu" universo seja consistente com a evolução criada por um observador na Terra, que faz parte da galáxia de Via Láctea? Se alguém pensar nisso, verá que esse problema é semelhante ao paradoxo do amigo de Wigner. Se ambos os observadores escolherem algo em sua consciência individual, como será possível escolherem o mesmo universo? A solução, naturalmente, é a mesma que a solução do paradoxo do amigo de Wigner: os observadores escolhem desde o ponto de vista de uma consciência cósmica não local; assim, a consistência é mantida. Naturalmente, o próprio Wheeler não chegou a perceber as implicações profundas de seu conceito de universo participativo: o universo é participativo mediante a causação descendente da consciência não local.

Finalmente, a conceituação de Wheeler sobre um princípio antrópico participativo (Wheeler, 1975) pode ser resumida desta maneira: é preciso que haja observadores para trazer à existência o universo.

Naturalmente, os materialistas não podem deixar passar um desafio como este. Sua resposta ao princípio antrópico é cosmológica: suponha-se que o universo em que se vive seja um dentre muitos universos paralelos, todos engastados em um "multiverso". O que essa proposta tão especulativa pode resolver? Se existem muitos, muitos universos, deve haver chances maiores do que um para que um deles tenha o ajuste fino necessário a fim de produzir vida sem a ajuda de um desenhista. As chances só são contrárias a isso caso este universo seja único.

Ocorre que a teoria do multiverso não é obrigatória por dois motivos. Primeiro, mesmo os cosmologistas admitem que é uma teoria muito especulativa em um campo que vive da especulação. Quando os cosmologistas souberem constatar a existência de outros universos, então os biólogos poderão pensar nas implicações disso para a evolução! Em segundo lugar, há o problema do acaso. Já se mencionou a teoria do desígnio inteligente de Michael Behe (Behe, 1996). Segundo Behe, existe uma "complexidade irredutível" embutida na vida, tornando impossível criar vida a partir da matéria simplesmente por acaso, exista ou não o multiverso. Usando-se a física quântica, torna-se esse argumento à prova de erros (ver Capítulo 8).

Em qualquer das três versões mencionadas acima, o princípio antrópico sugere fortemente que o universo é dotado de propósito, criado por um desenhista com a intenção de criar a vida. A vida e, por implicação, o próprio homem estão aqui em virtude da maneira como o universo é idealizado em possibilidade, de modo que se causa o colapso da possibilidade, tornando-a manifestada. Então, o que dizer do paradoxo causado pelo fato de não se estar aqui quando o Big Bang aconteceu? Será que escolhas "posteriores" afetam coisas que aconteceram "anteriormente"? Pode soar estranho, mas uma experiência da física quântica chamada *experimento da escolha retardada* diz que a resposta é sim, e sugere uma saída para o paradoxo.

O experimento da escolha retardada

Mais uma vez, encontram-se as ideias do físico John Wheeler (1977), que sugeriu um experimento para demonstrar que a escolha consciente, até a escolha retardada, é crucial para moldar a realidade manifesta. Esse experimento da "escolha retardada" foi devidamente comprovado em laboratório (Helmuth, Zajonc & Walther, 1986).

No experimento da escolha retardada, um feixe de luz é dividido em dois – um feixe refletido e um feixe transmitido – de mesma intensidade, usando-se um espelho semirrevestido M_1 (Figura 8a). Os dois feixes de luz são depois reunidos novamente em um ponto de cruzamento P, usando-se dois espelhos comuns, como mostra a Figura 8a.

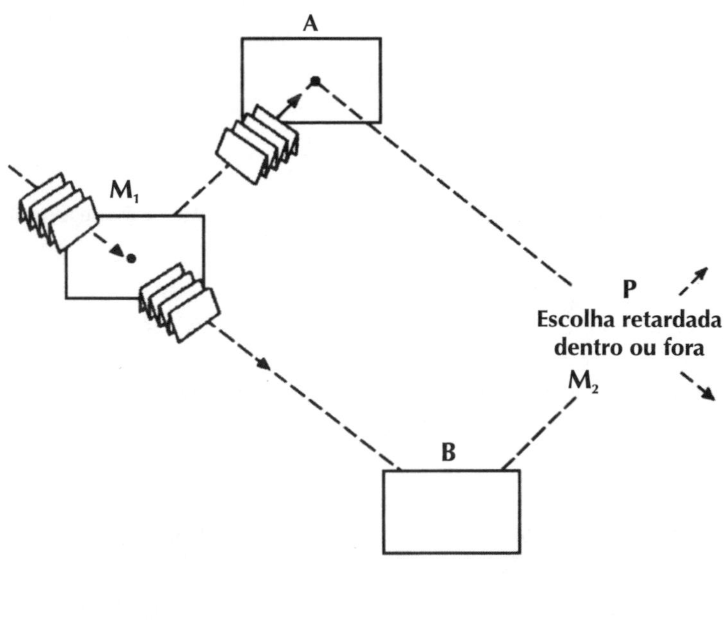

Figura 8. (a) O experimento da escolha retardada

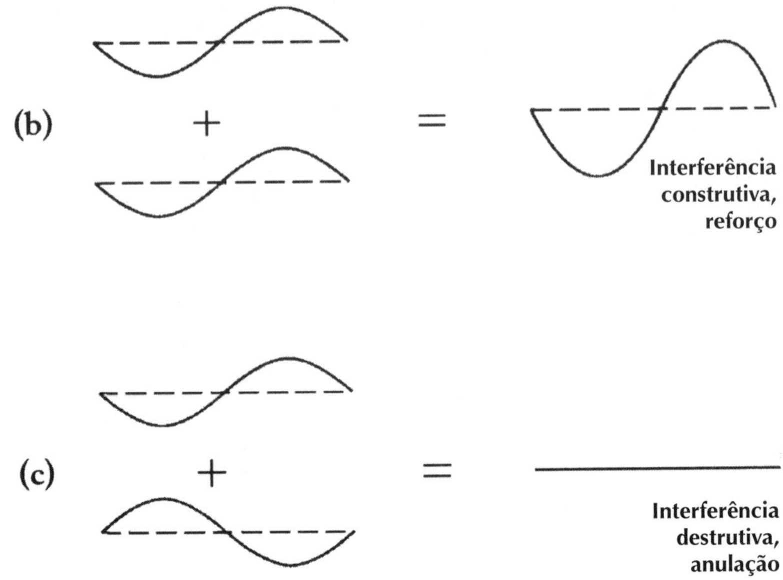

Figura 8. (b) Surgem ondas no mesmo lugar, e em fase: interferência construtiva; (c) surgem ondas no mesmo lugar, e fora de fase: interferência destrutiva

Se forem postos detectores de luz (fótons) além do ponto de cruzamento, como mostrado no canto inferior direito da Figura 8a, um dos dois detectores irá captar um fóton 50% do tempo. Cada detecção define um caminho localizado do fóton detectado. Diz-se que, nesse experimento, o fóton mostra seu aspecto "partícula", pois seu caminho foi determinado pela disposição da experiência.

Mas o que acontecerá se for posto um segundo espelho semi-revestido M_2 na posição P (Figura 8a, canto inferior esquerdo)? Dividindo-se cada um dos dois feixes novamente em um feixe refletido e outro transmitido, de igual intensidade, o segundo espelho semirrevestido força não um, mas dois feixes, a operar em cada lado de P (a parte transmitida do feixe original e a parte refletida do outro feixe original). Dois feixes operam juntos e, recombinando-se, interferem um com o outro, como ondas; logo, com este arranjo, tem-se a oportunidade de comprovar a natureza ondulatória dos fótons. Com efeito, é possível dispor os detectores de maneira que as duas ondas interfiram construtivamente no ponto detector de um lado (Figura 8b) e destrutivamente do outro lado (Figura 8c). Assim, em um lado do espelho, em P, a onda é reforçada, e o detector certamente é ativado. Mas, do outro lado de P, as duas ondas se destroem, pois saem juntas de fase (Figura 8a, canto inferior esquerdo). Aqui, o detector não recebe nada e nunca é ativado! Como é possível?

Para se compreender o experimento, é preciso assegurar-se de que os fótons não estão mais percorrendo caminhos localizados como antes, um de cada vez; estão percorrendo os dois caminhos até serem detectados, em possibilidade, como ondas de possibilidades.

Esse experimento demonstra que a luz é (e que, com efeito, todos os objetos quânticos são) tanto onda como partícula. Cada arranjo mostra uma faceta da luz; a faceta que se vê depende do arranjo escolhido. Como onda, todo objeto quântico é uma onda transcendente de possibilidades; como partícula, é um evento imanente da realidade.

Wheeler sugeriu outra variante no experimento. Há um lapso de tempo de alguns nanossegundos (um bilionésimo de segundo é chamado nanossegundo) que a luz leva para ir de M_1 a P. Suponha-se que se inseriu o segundo espelho semirrevestido em P dentro do lapso de tempo indicado acima, após a luz já ter se dividido no primeiro espelho. O que acontecerá? Se alguém imaginar que os fótons já terão começado a percorrer o caminho desenhoado e que continuarão a exibir sua natureza de partícula, deverá pensar novamente. Os fótons respondem até mesmo à escolha "retardada" de inserir-se um segundo espelho semirrevestido em P, e se comportam como ondas, viajando pelos dois caminhos.

Todavia, e caso se estivesse no meio da experiência de detecção de onda, os dois espelhos M_1 e M_2 já se encontrassem em suas posições, e fosse feita a escolha retardada de remover o espelho em P no último nanossegundo? Novamente, os fótons responderiam até a escolha retardada e percorreriam um dos dois caminhos.

Ao contrário do que se possa pensar, não existe aí enigma ou paradoxo, desde que se compreenda que é isso que significa dizer que a luz é uma onda de possibilidade! Todo o caminho do objeto se mantém como uma possibilidade até uma observação torná-lo manifestado de forma retroativa. Sim, retroativamente – recuando no tempo.

O mesmo acontece com o universo: ele é manifestado retroativamente. Não existe universo manifestado – apenas universos-bebês de possibilidade – até que se cause o seu colapso, até um ser senciente aparecer em possibilidade em um dos possíveis universos-bebês e observar seu ambiente numa hierarquia entrelaçada. Aí, sim.

O experimento da escolha retardada no mundo macro

O experimento da escolha retardada ajudou muitos cientistas a mudarem de atitude para com o efeito do observador e a importância do princípio antrópico. Mas ainda há alguns teimosos que relutam em aceitar a mensagem da experiência porque ela se aplica ao mundo micro: "Esse experimento aplica-se apenas ao mundo micro. Vamos acreditar no potencial do observador quando você demonstrar a escolha retardada no mundo macro em que vivemos". Acontece que o experimento da escolha retardada no mundo macro foi realizado, e com sucesso, pelo físico e parapsicólogo Helmut Schmidt e seus colaboradores (1993).

Originalmente, Schmidt estava pesquisando a psicocinese, a movimentação da matéria com a intenção consciente. Ao longo dos anos, Schmidt teve algum sucesso nessa empreitada. Alguns desses experimentos envolviam geradores de números aleatórios, máquinas que produzem sequências aleatórias de zeros e uns, usando a decadência de elementos radiativos. Algumas pessoas, com o poder da intenção, conseguem influenciar o comportamento dessas máquinas, fazendo com que produzam mais zeros ou uns segundo sua intenção, embora apenas até certo ponto, naturalmente. Já que se falou disso, as pessoas com tamanho poder de intenção costumam ser chamadas psíquicas, mas que ninguém se deixe influenciar negativamente por essa palavra. Do ponto de vista quântico, todos têm esse poder; só que não o praticam o suficiente para torná-lo eficaz.

O experimento realizado por Schmidt, em 1993, foi revolucionário, pois ele combinou os experimentos com geradores de números aleatórios e o experimento da escolha retardada. Nesse experimento, a desintegração radioativa se deu sem que qualquer observador a visse. A detecção do produto da desintegração por contadores eletrônicos, a geração computadorizada de sequências de números aleatórios e o registro da informação em disquetes foram realizados sem que a informação fosse vista por olhos humanos. Tudo isso foi feito meses antes de os paranormais entrarem em cena. O computador imprimiu a sequência de números gerados pelo gerador de números aleatórios, mas, com o máximo cuidado para que ninguém visse não apenas os resultados, como o próprio papel impresso, este foi lacrado e enviado para um observador independente.

O observador independente manteve os selos intactos. Alguns meses após receber o envelope lacrado contendo o impresso, essa pessoa instruiu o psíquico a tentar influenciar os números aleatórios gerados anteriormente em uma direção específica e escolhida ao acaso (para produzir mais uns ou mais zeros). O psíquico tentou influenciar a sequência aleatória de números na direção proposta. Só depois disso é que o observador independente abriu o lacre do envelope para conferir o impresso e ver se havia um desvio na direção proposta. Se os esforços do psíquico não tivessem causado efeito, o impresso mostraria números aleatórios.

Foi encontrado um desvio psicocinético estatisticamente significativo em quatro, dentre cinco experimentos independentes, cada um com um participante independente diferente. (No quinto caso, os resultados foram ambíguos.) De algum modo, até com intenção retardada, os psíquicos conseguiram influenciar retroativamente um impresso macroscópico de dados que, segundo a sabedoria convencional, fora produzido meses antes. A conclusão é inevitável. Não "há" nada no universo manifestado até um observador ver algo. Todas as coisas permanecem como possibilidades, até coisas macroscópicas, enquanto a consciência não escolher uma dentre essas possibilidades e ocorrer um evento de colapso.

De volta à hierarquia entrelaçada: uma resposta a "o que é a vida?"

A lição do experimento da escolha retardada é profunda. Ela soluciona o problema da mensuração da cosmologia quântica – como o universo de possibilidades pode se concretizar, embora não houvesse um ser senciente presente para observar o Big Bang. O universo permanece como uma superposição de universos-bebês que evoluem em possibilidade até que, em um dos universos possíveis, surja a possibilidade da senciência. Então, Deus/consciência quântica causa o colapso das possibilidades, e o primeiro ser senciente desenvolvido observa-se como algo separado de seu ambiente, com o que o universo se manifesta retroativamente, voltando no tempo a partir do momento do colapso, até o Big Bang.

Assim, é fato que os seres vivos estão aqui por causa do universo e de seu propósito, mas também é fato que o universo está aqui por causa deles, de seu poder de causação descendente em sua natureza divina. Há uma circularidade aqui, uma ruptura da lógica – o colapso quântico manifesta não apenas o observado, como também o observador. Este co-surgimento dependente decorre especialmente da circularidade da cadeia lógica, como discutido na seção seguinte.

Deve-se, ainda, fazer a pergunta quintessencial: o que qualifica um ser biológico para ser um observador? Será que os seres humanos são os únicos observadores do universo? Será que o universo de possibilidades aguarda no limbo enquanto o primeiro observador humano não surge no cenário das possibilidades? Este cenário confirmaria a ideia bíblica criacionista de que Deus criou o universo há uns 6 mil anos. Quase.

Vista sob esse prisma, a ideia criacionista não é insensata, tampouco não científica, como se costuma presumir. A física quântica mostra isso. Mas os biólogos não precisam se preocupar. A ideia conflita com as evidências fósseis. Todavia, será que os fósseis não teriam sido criados retroativamente desde o tempo do colapso, quando Adão (em sua consciência-Deus) *olhou* pela primeira vez? Infelizmente para os aficionados pela *Bíblia* e para os criacionistas, essa ideia também contradiz os dados fósseis. A manifestação retroativa dos fósseis explicaria apenas os fósseis da linhagem humana. Os registros fósseis são muito mais variados; contêm muitas outras linhagens além da humana: os reinos das plantas e dos fungos; muitos filos do reino animal além do filo cordado, do qual os humanos fazem parte; e assim por diante. Algumas dessas linhagens estão inclusive extintas.

Não, a lição combinada da cosmologia quântica, do princípio antrópico, do experimento da escolha retardada e dos dados fósseis é clara. A própria vida, na forma da primeira célula viva, é o primeiro observador. Percebendo isto, também se resolve o problema de como distinguir entre vida e não vida, de maneira distinta.

Deste modo, segue que não é necessário alegar que a mensuração quântica em hierarquia entrelaçada só pode acontecer no cérebro. O conceito de autorreferência em hierarquia entrelaçada permite distinguir entre vida e não vida, e abre para todos uma definição concreta de vida.

O biólogo Charles Birch (1999) escreveu que, "neste momento, a biologia espera seu Einstein para responder à pergunta: o que é a vida?". É possível dizer a Charles que a espera terminou. A física quântica veio socorrê-lo. Se for atribuída a um sistema vivo a capacidade de observação em virtude da mensuração quântica em hierarquia entrelaçada, acabou a consternação dos biólogos sobre a definição da vida e sobre a diferença entre vida e não vida.

O biólogo Humberto Maturana (1970) aproximou-se dessa posição ao caracterizar a vida como a capacidade de cognição. A cognição exige um cognitor, ou conhecedor; o pensamento exige um pensador; a percepção exige um percebedor; e assim se volta novamente ao observador.

O observador e a circularidade

Observe-se a circularidade causal do papel do observador na mensuração quântica. O observador, o sujeito, escolhe o estado manifestado do(s) objeto(s) em colapso; mas, sem os objetos em colapso, inclusive o observador, a experiência do sujeito também não tem lugar. Essa lógica circular do surgimento dependente de sujeito e objeto(s) é chamada *hierarquia entrelaçada*, ou *emaranhada*.

Como discutido no Capítulo 5, a ideia da hierarquia entrelaçada e de como ela conduz à autorreferência, ou à divisão sujeito-objeto do mundo em manifestação, foi elucidada pelo pesquisador de inteligência artificial Doug Hofstadter (1980). Então, como surge a autorreferência na célula viva? A resposta: por meio da mensuração quântica em hierarquia entrelaçada em sua criação. E, por intermédio desse fato, ocorrido na primeira célula viva, o próprio universo tornou-se autorreferente. O próprio universo foi capaz de se dividir em duas partes, das quais uma (a biota) observa a outra. A vida introduz a capacidade de observação no universo.

Coincidências na origem da vida

Se o problema biológico da origem da vida está ligado ao princípio antrópico do universo, é razoável esperar que, tal como o princípio antrópico, a origem da vida deve envolver coincidências inacreditáveis e evidências de ajustes finos. Com efeito, um exame dessa delicada situação demonstra claramente isso, de acordo com os itens abaixo.

- Como disse Paul Davies (1999), a origem da vida exige, pelo menos, uma aleatoriedade quase perfeita e uma especificidade quase perfeita, uma combinação que demanda ajuste fino.
- A probabilidade do surgimento ao acaso das proteínas é extremamente pequena; a probabilidade do surgimento espontâneo dos ácidos nucléicos também é minúscula. Mas, como as probabilidades se multiplicam, a probabilidade de ambos

surgirem juntos, ácidos nucléicos e proteínas, é praticamente igual a zero. Se, além disso, alguém pensar na probabilidade do aparecimento ao acaso da parede celular, não poderá ignorar a enormidade da coincidência envolvida. A enormidade permanece, mesmo que se leve em conta a ideia de um ácido nucléico primitivo e relativamente simples, e de moléculas de proteína confinadas por uma parede celular primitiva.

- Por que apenas vinte aminoácidos são usados na construção da vida? Por que não mais e por que não menos? Esta especificidade reflete extremo ajuste fino.
- O mesmo comentário aplica-se ao código genético. Por que não algum outro código usando uma combinação diferente de trios de pares de base?
- Das moléculas que ocorrem na natureza em forma tanto com orientação espacial esquerda quanto direita, a vida se vale apenas de moléculas de orientação esquerda. Por quê?
- Na verdade, a maioria dos biólogos concorda que a disposição do DNA é quase ideal, indicando, mais uma vez, extremo ajuste fino. Um pequeno desvio dessa estrutura ideal e a vida talvez nem existisse!

É possível dar muitos outros exemplos, mas seria necessário entrar em detalhes muito técnicos. A conclusão é a seguinte: a situação da origem da vida talvez não seja muito diferente da situação do universo. Explicações puramente materiais funcionam quando os parâmetros envolvidos têm muita folga, mas quando os parâmetros são bem específicos e finamente ajustados, fica implícito a intencionalidade.

capítulo 8

um desenhista precisa de matrizes

Para o biólogo convencional, qualquer menção a desígnio suscita o espectro de um Deus bíblico; logo, não é politicamente correto. A física quântica faz com que a menção a desígnio restaure a correção política. A aplicação da física quântica ao problema da origem da vida, tal como apresentado no capítulo anterior, mostra que o modelo da criação apresentado no Gênesis está errado; dentre outras coisas, aproxima-se em demasia da física clássica. No Gênesis, Deus criou antes a matéria inanimada, e depois criou a vida. Mas o Deus quântico cria a vida e o universo de uma só vez: todo o universo material aguarda em possibilidade até a primeira manifestação da vida, e o circuito de mensuração quântica autorreferencial se completa por meio da experiência da primeira vida.

A mensuração quântica em hierarquia entrelaçada na célula viva exige tanto DNA quanto proteína (e, se o leitor pensar bem, todos os outros ingredientes básicos da célula). Assim, tudo deve permanecer como possibilidade até surgir toda essa combinação celular.

Teria a vida hierárquica entrelaçada se originado em estágios, como proposto por alguns teóricos da origem da vida? Se foi em estágios, quando a primeira célula primitiva causou o colapso do universo e de si mesma, todos os estágios anteriores da produção da vida sofreriam colapso de forma retroativa. É possível perguntar: há evidências de estágios? O registro fóssil da vida primitiva é bastante interessante. As primeiras bactérias procariontes surgiram há uns 3,8 bilhões de anos; as algas azul-esverdeadas, células procariontes que existem tanto isoladamente como em conglomerados, começaram a aparecer há cerca de 1 bilhão de anos. Após outro bilhão de anos, as primeiras células eucariontes apareceram no registro fóssil. Nada, nesses registros, indica que estágios complexos precederam a primeira célula procarionte.

A verdade é que o cenário por etapas é fruto de uma postura newtoniana que não consegue enxergar além da continuidade. Deus é consciência quântica; Deus trabalha com criatividade, e o conceito operacional é o salto quântico descontínuo. Poderia ser feita uma paráfrase do Gênesis com "Deus disse 'Que haja vida!', e a vida se fez", e estar-se-ia quase descrevendo um salto quântico – exceto por dois pontos. Primeiro, mesmo os atos criativos são precedidos por um processo; segundo, mesmo se for dito que a vida é o produto de um ato criativo, será necessário lidar com a questão da pequena probabilidade.

O modo efetivo de lidar com a questão da pequena probabilidade, a julgar pelas próprias experiências criativas humanas, é contar com uma matriz. As matrizes de Deus para a criação da vida são chamadas campos morfogenéticos.

Um desenhista usa matrizes: campos morfogenéticos

Ao se analisar a criação divina da vida, é mais fácil começar pela própria criatividade. Quando o indivíduo cria, está usando o poder de causação descendente de Deus por meio da observação consciente. E como se cria?

Pode-se pensar, por exemplo, em um arquiteto que projeta um edifício. O arquiteto começa com uma ideia extraída do domínio arquetípico. No segundo estágio, o arquiteto faz um projeto da ideia. Só então ele se dedicará efetivamente a criar o edifício físico, reunindo os ingredientes físicos.

A consciência quântica/Deus segue o mesmo procedimento na criação da vida. Ele começa com a possibilidade de uma ideia que pertence ao domínio supramental. Só então ocupa-se com o domínio das possibilidades relacionadas com a matriz da vida, o domínio chamado de corpo energético vital, enquanto analisa as possibilidades materiais de uma representação física que se ajuste às possibilidades vitais.

Agora, voltar-se-á ao início da vida. A probabilidade de se fazerem proteínas e DNA individualmente é minúscula; isso já se sabe. Sabe-se, igualmente, que reunir DNA e proteínas por meio de ciclos e hiperciclos de reações químicas também é altamente improvável – onde isso começa? Mas é preciso um processo contínuo para se chegar ao produto final? Será invocada a descontinuidade da criatividade para a conclusão do colapso quântico em hierarquia entrelaçada na primeira célula viva.

A grande ideia aqui é o relacionamento entre proteínas e DNA, que é entrelaçado. Um é necessário para fazer o outros; são cocriadores. O desenhista – a consciência quântica/Deus – identifica a situação de hierarquia entrelaçada da combinação proteína-DNA em possibilidade, pois ele tem a matriz de uma célula viva, também em possibilidade, para poder fazer comparações. A matriz codifica a informação de que, para criar uma célula viva capaz de se reproduzir, é preciso um sistema de replicação (representado fisicamente pelo DNA com genes como componentes), gerenciadores de manutenção (representados fisicamente pelas proteínas e enzimas) e uma parede celular para confinamento etc.

O matemático John Von Neumann (1966), trabalhando com frações de material programado chamadas autômatos celulares, deduziu teoricamente os papéis dos sistemas replicador e mantenedor na produção de um sistema efetivamente reprodutor, antes mesmo que Crick e Watson descobrissem esses papéis em laboratório.

Ao perceber que tanto o gerenciador de replicação como o de manutenção são orientados por programa, Von Neumann foi além dos darwinianos, que presumem quase universalmente que só o DNA é orientado por programa, que o único software vivo é o DNA de um organismo. Isso não é verdade. Proteínas, células, órgãos e organismos inteiros são idealizados de modo a realizar funções programadas intencionalmente, sob orientação consciente, com o auxílio dos campos morfogenéticos locais.

Entretanto, Von Neumann não percebeu a importância de se levar em conta a capacidade autorreferente dos seres vivos, e por isso não viu a relação hierárquica entrelaçada entre DNA e proteínas em sua formação. Além disso, ele não previu a necessidade de invocar consciência-Deus na origem da vida. Só porque se identificou a importância da autorreferência é que se pôde descobrir por que Deus é necessário para a criação da vida, e como Deus deve ter criado a primeira vida.

Caso se insista na causação descendente que emerge de um sistema auto-organizador em função do holismo, ou seja, porque o todo é maior que suas partes, presume-se implicitamente um princípio organizador além daquele que é inerente à matéria. O biólogo Michael Behe (1996) intuiu o desígnio inteligente, e introduziu o conceito de "complexidade irredutível". Com isto, ele se referiu a aspectos biológicos tão complexos que exigem implicitamente um desenhista inteligente – Deus – para projetá-las. Por que não tornar explícito o princípio organizador?

A hipótese da consciência quântica/Deus torna explícita a mágica. A mágica da vida vem da causação descendente e criativa de Deus, e, na verdade, não é mágica. É a mesma causação descendente do *insight* envolvido em qualquer evento criativo de colapso quântico. O *insight* manifesta simultaneamente a matriz do corpo vital de uma célula viva e sua representação física, ou seja: (1) proteínas para ativarem os programas da vida e sequências de aminoácidos dispostas em uma cadeia de polímeros para gerar as proteínas; (2) DNA com os diversos genes cujos pares de base podem se codificar para que as sequências de aminoácidos se reúnam e formem as diversas proteínas; (3) RNA para mediar a transferência de informações genéticas e para proporcionar gabaritos para a construção das sequências de aminoácidos; (4) citoplasma contendo os tijolos de proteína e os ácidos nucléicos e todos os outros materiais (como a molécula de trifosfato de adenosina [ATP], produtora de energia); e (5) uma parede celular para o confinamento de todos esses componentes. Esse *insight* criativo e suas representações vitais e físicas conduzem simultaneamente à escolha e ao colapso da primeira manifestação de vida – a célula viva. A hierarquia entrelaçada na criação da célula viva (que fica mais evidente na dupla DNA-proteína) assegura o colapso quântico autorreferencial em uma célula viva, e, ao mesmo tempo, permite que a célula se torne uma entidade individual, aparentemente separada de seu ambiente. A mágica na criação da vida é o salto quântico descontínuo do *insight* criativo e a formação simultânea de representações; ela nunca pode ser dividida numa evolução contínua, pedaço por pedaço, por demonstrações matemáticas ou mecânicas.

Paul Davies (1999) abalou-se pelo fato de o problema da criação da vida ser o problema de se criar, ao mesmo tempo, uma sequência aleatória de bases de nucleotídeos que também são específicos e significativos por sua capacidade de codificar proteínas. Para a consciência criativa não local, este processo não ocorre passo a passo. As proteínas fazem parte do fenótipo da célula, as características observadas no nível macro dos genes. Enquanto processa inconscientemente as possibilidades, a consciência quântica processa os fenótipos (inclusive as proteínas) em *potentia*, ou seja, dentro do plano de possibilidades quânticas. Quando se encontra uma correspondência entre as matrizes da vida no domínio do corpo vital e a célula (inclusive as proteínas) que os representa no domínio físico, faz-se uma escolha. O colapso da célula (inclusive as proteínas) causa automaticamente o colapso dos genes que devem preceder causalmente as proteínas. Todos os componentes da célula permanecem em possibilidade até a consciência decidir torná-los concretos. No processo de individuação, a consciência se identifica com a organização autopoiética, a célula viva.

Esta identificação da consciência com a célula viva é o início de um *self* em desenvolvimento. A evolução da vida também é a evolução deste *self*, ou individualidade. Para uma célula procarionte primitiva, é a hierarquia entrelaçada (como na combinação DNA-proteína) na criação da célula que dá origem ao *self*. E cada processo de reprodução (neste caso, a mera divisão celular) envolve, mais uma vez, a criação da dupla DNA-proteína por hierarquia entrelaçada, e assim uma nova identidade da consciência com uma nova célula. Pode-se chamar essa repetição de ciclo da vida.

Com a evolução dos organismos mais complexos, o ciclo da vida consiste – metaforicamente – em uma bolota que se torna um carvalho que produz mais bolotas que produzem mais carvalhos. Bolota ou carvalho, qual surgiu primeiro? Esta circularidade é o lembrete da hierarquia entrelaçada na base da vida.

Criatividades mental e vital

A mágica da criatividade biológica confunde ainda mais o indivíduo do que sua criatividade mental ordinária, que já causa muita confusão. Muitas pessoas ainda têm dificuldades para aceitar a descontinuidade da criatividade mental ordinária – a criatividade como descoberta e invenção de novo significado. Mas a criatividade no plano vital envolve um grau ainda mais profundo de descontinuidade.

A criatividade mental envolve um *insight* descontínuo no movimento da mente. Requer um aparato de mensuração quântica em hierarquia entrelaçada – neste caso, o cérebro. Entretanto, quando se faz uma representação física (um produto no cenário externo) do *insight*, pode-se fazê-lo pouco a pouco, continuamente. Não há descontinuidade neste estágio de manifestação.

Na criatividade do plano vital, a consciência descobre descontinuamente (no domínio vital) a matriz vital, e, ao mesmo tempo, faz, no plano físico, uma representação física dele; a representação física atua também como o aparato de mensuração quântica para facilitar o colapso. Logo, a representação física precisa envolver uma hierarquia entrelaçada, e, portanto, sua criação também envolve uma descontinuidade.

A definição de vida

Finalmente, está-se apto a dar uma definição completa de vida:

> Um ser vivo consiste de aparatos de mensuração quântica em hierarquia entrelaçada, que são representações das matrizes vitais de funções biológicas, incluindo, mas não se limitando a, a manutenção e a reprodução. Tal ser é capaz de autorreferência porque, no processo do colapso quântico que a envolve, a consciência se identifica com o ser.

Para organismos complexos, esta definição tem uma vantagem adicional: ajuda a explicar não apenas a complexidade da vida, como a complexidade da morte. Nos organismos complexos, não só a vida, como também a morte, são mais complicadas. Além do nível básico da morte celular, comum a todos os organismos, um organismo complexo passa por níveis superiores de morte, correspondendo à cessação do funcionamento dos órgãos. Em outras palavras, existe a morte celular e existe a morte orgânica.

Animais com cérebro têm uma complicação adicional, o nível mais elevado da morte: a morte cerebral. Com efeito, para o ser humano, quando o cérebro de alguém expira, diz-se que essa pessoa está morta, ponto. O motivo é que, além de fazer representações das matrizes vitais, o cérebro faz representações da mente, uma facilidade "mais elevada" e sofisticada com a qual cada um pode se identificar de maneira mais completa. Assim, o cérebro para de poder fazer representações da mente, e o indivíduo é considerado "morto".

O desafio aos materialistas

No século 18, o biólogo Georg Stahl fez os seguintes desafios aos seguidores da biologia materialista, que, na época, também eram "mecanicistas" que analisavam a vida em termos puramente mecânicos:

1. é impossível fazer moléculas orgânicas a partir de moléculas inorgânicas;
2. a vida não é uma máquina física e mecânica, mas transmudante;
3. organismos vivos não podem ser máquinas, uma vez que sofrem.

Os biólogos se ajustaram rapidamente a esse desafio. Responderam concordando com o segundo ponto e encontrando uma base química, em vez de uma físico-mecânica, para a vida: a vida é a transmudação química de substâncias. Quanto ao primeiro ponto, eles exaltaram a síntese da molécula orgânica da uréia a partir de componentes inorgânicos e presumiram que a questão estava resolvida. Quando ao terceiro ponto, os biólogos o ignoraram em massa.

A teoria atual da vida oferece ao materialista os seguintes desafios:

1. é impossível produzir aparatos hierárquicos entrelaçados, essenciais para o início da vida, começando com sistemas hierárquicos simples. A mensuração quântica em hierarquia entrelaçada é o modo como um ser vivo adquire identidade consciente, ou seja, o estado de sujeito ou de observador;
2. a vida não é apenas transmudante, com uma base química, mas também representativa; ou seja, a máquina química torna-se *bio*química quando faz representações das matrizes sutis das funções biológicas;
3. organismos vivos, por serem dotados de sentimentos, não podem ser reduzidos a máquinas inanimadas.

Como se pôde perceber, mesmo no século 18, Stahl estava na pista certa; ele só não teve acesso aos conceitos modernos de que necessitaria para fazer vingarem seus desafios. Mesmo assim, ele acertou num critério para mostrar porque a vida deve ser diferente da não vida: o critério do sentimento.

A importância do sentimento será melhor analisada mais adiante (ver Capítulo 14).

Programas somáticos em uma célula viva

Afirmou-se antes que há programas não apenas nos genes (o código genético e os programas que controlam os genes reguladores), como também na parte somática da célula. Em contraste a isso, os biólogos tradicionalistas sempre tenderam a presumir que os genes têm todos os programas para o funcionamento da célula. O trabalho do biólogo celular Bruce Lipton (2005, p. 92) apoiou esta afirmação. Disse ele:

> Assim como Copérnico trabalhou como astrônomo tendo a Terra como foco, minha formação como biólogo focado no núcleo fez com que eu levasse um susto ao perceber que o núcleo, que contém os genes, não programa a célula. Os dados entram na célula/computador pelos receptores da membrana [da célula], proteínas especiais que estão embrenhadas na membrana, representando o "teclado" da célula. Os receptores acionam as proteínas que agem na membrana e que equivalem à CPU (unidade de processamento central) da célula/computador. Essas proteínas-CPU convertem informações ambientais para a linguagem comportamental da biologia.

Embora movendo-se na direção certa, o modelo de Lipton para os programas somáticos não deveria ser levado muito a sério, pois suas explicações ainda são materialistas. Além disso, Lipton acreditava que, mesmo na singela célula eucarionte, as organelas já expressam a maior parte das funções biológicas. O modo certo de se pensar, em minha opinião, é que, em organismos avançados, os órgãos são representações do software ou expressões de matrizes vitais e, eventualmente, de funções biológicas.

PARTE 3

EVOLUÇÃO CRIATIVA

capítulo 9

a evolução e o futuro do darwinismo

Como a maioria dos físicos, tenho grande respeito por Newton. Mas quando escrevo sobre a física newtoniana, não me sinto compelido a dizer coisas agradáveis sobre ele ou suas contribuições teóricas. O mesmo é válido, de modo geral, para a maior parte dos físicos. O tratamento que os biólogos dispensam a Darwin é completamente diferente. Praticamente toda referência popular a Darwin e sua teoria é acompanhada de superlativos. A biologia tem sido guiada pela teoria de darwinista há mais de 150 anos e, por isso, não deve surpreender o fato de os biólogos reverenciarem Charles Darwin. Mas por que a veneração compulsória?

Considera-se, aqui, que essa atitude tem mais a ver com a política da evolução do que com qualquer outra coisa. Como regra, os biólogos tentam convencer o público em geral da importância de Darwin e sua teoria, sempre que têm a oportunidade. Esta tática é bastante inofensiva. Mas essa mesma atitude movida pela política promove outra atitude que não é tão inofensiva: quando a questão envolve críticas sérias ao mérito científico das ideias de Darwin, e especialmente quando se propõe uma revisão ou revolução importante, os biólogos fogem assustados.

Uma pista para compreender seu medo pode ser encontrada em um comentário revelador do biólogo Julian Huxley, num artigo publicado em 1960: "A primeira observação a se fazer sobre a teoria de Darwin é que ela não é mais uma teoria, mas um fato". Um fato baseado em dados à prova d'água? Não, nem naquela época, nem agora. A principal fonte de dados sobre a evolução acha-se nos registros fósseis, e estes têm lacunas. A situação melhorou um pouco desde a década de 1960, mas não muito. No comentário de Huxley, "fato" significa crença, um dogma. Um dogma não pode ser revisado ou modificado com impunidade; um dogma só pode ser interpretado. Na teoria de Darwin, encontra-se uma gama de interpretações. Assim, os biólogos que ousam desafiar a teoria ficam assustados: eles estão enfrentando um dogma.

Como as coisas chegaram a esse ponto? Como uma teoria científica que deveria ser justificada (ou contrariada) apenas no contexto de dados experimentais ou em termos de consistências internas assume uma importância que beira o dogma religioso? Essa questão será examinada neste capítulo, colocando a teoria num contexto histórico e, inclusive, revisitando alguns aspectos já discutidos, como modo de estabelecer uma perspectiva para os próximos três capítulos, que propõem uma nova direção para o futuro.

O princípio

Charles Darwin não se propôs a promover um dogma antirreligioso. Ele era um cientista imensamente criativo, cuja maior questão era a seguinte: como os organismos conseguem se adaptar tão bem a seu ambiente? Na verdade, Darwin começou como estudante de teologia, e, por isso, deveria estar familiarizado com a teoria bíblica que diz que Deus criou toda forma de vida de uma só vez, aproximadamente em 4000 a.C. Mas seu interesse pela ciência deve ter feito com que percebesse que o tempo geológico se estende bem além de 6 mil anos. Ao longo desse imenso tempo geológico, o ambiente da Terra esteve sujeito a imensas transformações. Para se manterem adaptados ao ambiente, os organismos também devem ter passado por imensas mudanças. Em outras palavras, os organismos devem se desenvolver – foi o que Darwin intuiu.

Como um verdadeiro cientista, Darwin passou a colecionar dados, e, com base nesses dados, convenceu-se de que os ancestrais são a base de toda a evolução. Uma espécie se origina de alguma outra espécie, que se originou de outra espécie antes dela. A introdução desse conceito assinalou, como disse o biólogo Ernst Mayr, a primeira revolução darwiniana.

Mas a teologia cristã não tem escopo para esse modo de pensar. Darwin desiludiu-se com a teologia cristã e começou a procurar um motivo materialista para a evolução.

Para Darwin, são dois os temas centrais da evolução: as espécies mudam e as espécies se adaptam ao seu ambiente. Seu *insight* foi que a mudança de uma espécie dá-se pelo acúmulo de pequenas variações aleatórias em algum componente hereditário dos organismos, ainda desconhecido. Esta foi uma ideia bastante original e engenhosa. Vale lembrar que o principal componente hereditário da vida, os genes, ainda não tinham sido descobertos. Uma teoria hereditária existia, ou quase, mas baseava-se na ideia de herança calcada no uso ou na falta de uso das características adquiridas dos organismos (uma ideia creditada a Lamarck). Com efeito, o próprio Darwin, no último parágrafo de *A origem das espécies*, parece ter incorporado em parte a ideia lamarckiana de hereditariedade, pois a frase "uso e falta de uso" aparece em sua explicação de variabilidade. Mas, por toda a obra, ele deixou a questão da hereditariedade como uma caixa-preta (o que não é uma má estratégia quando se dá início a um novo tipo de ciência). Depois, Darwin tentou desenvolver, sem sucesso, uma teoria da hereditariedade. Mais tarde, como se sabe, o problema foi resolvido pelo botânico Gregor Mendel e sua descoberta do gene.

Mas, e o que dizer da adaptação? A ideia da seleção natural pode ter chegado a Darwin, em parte, com sua própria observação do acasalamento animal – os criadores escolhem a característica que desejam reforçar. Darwin também percebeu que os organismos produzem uma prole maior do que o número de sobreviventes. O naturalista Edward Blyth comentou que a natureza tende a eliminar os indivíduos inaptos para ajudar a sobrevivência da espécie como um todo. Mas pesquisadores da criatividade que estudaram o trabalho de Darwin também se encantaram (ver Gruber, 1981) com a intensidade emocional sentida por Darwin ao ler o trabalho de Malthus sobre o excesso de população e a competição pela sobrevivência. Se a teologia não trata da questão científica da adaptação, por que não tentar o materialismo?

Assim teve origem a ideia da seleção natural: a natureza inanimada e objetiva seleciona as variações que se adaptam ao ambiente. Além disso, enquanto Blyth via a seleção natural como um mecanismo de homeostase da espécie, Darwin via a adaptação ao ambiente como parte de um processo mais geral de mudança no mundo vivo – a evolução.

Darwin apresentou uma teoria do mecanismo da evolução em dois segmentos: (1) a variação (motivada pelo acaso) no componente hereditário dos seres vivos e (2) a seleção natural (motivada pela necessidade de sobrevivência), dentre essas variações, dos mais aptos a sobreviver (a luta pela existência). Novamente, para citar Ernst Mayr, essa ideia deu início à segunda revolução darwiniana no pensamento biológico.

Apesar de seu poder revolucionário, os mecanismos propostos têm seus problemas. A generalidade da ideia da seleção natural torna-a muito difícil de falsificar, um problema ao qual se voltará mais adiante. Além disso, é claro, o modo com que Darwin introduziu o conceito de seleção natural contém uma tautologia, como se observou no Capítulo 6: quem é o mais apto? Aquele que sobrevive. Quem sobrevive? Aquele que é mais apto. Só muito recentemente é que se aprendeu a definir *apto*, de modo a salvar Darwin da tautologia (ver Capítulo 6).

Darwin também sabia muito bem que seu mecanismo gradual talvez não fosse adequado para explicar saltos gigantescos de evolução, como o aparecimento do olho, pois este só poderia se desenvolver de forma radical, tudo ou nada. Mesmo assim, ele se manteve aferrado às suas armas, o que, reitera-se, pode ter acontecido por ele não ter percebido alternativas ao gradualismo.

Finalmente, Darwin respeitava o caráter proposital dos seres biológicos e se preocupava com o fato de ser correto excluir completamente a intencionalidade da biologia, o que sua teoria da evolução fazia. No final da vida, ele escreveu, lamentando-se: "Minha teologia é uma simples confusão [...] Não consigo ver o universo como o resultado de um acaso cego, mas não vejo evidências de um desígnio benévolo nos detalhes". Ele escreveu também:

> [...] não consigo ver as coisas da forma simples como os outros o fazem [...] com evidências de desígnio e de beneficência à nossa volta. Para mim, parece que há misérias demais pelo mundo. Não consigo me convencer de que um Deus benéfico e onipotente poderia ter criado intencionalmente a *Ichneumonidae* com a intenção expressa de esta se alimentar dos corpos vivos das lagartas, ou que gatos poderiam maltratar ratos.

Nunca ocorreu a Darwin que era preciso uma evolução da consciência para se chegar ao comportamento ético e virtuoso que, às vezes, é visto nos humanos, e que tal evolução nunca poderia provir da matéria motivada pelo acaso e pela necessidade.

Em suma, a teoria de Darwin sobre a evolução da vida é uma pesquisa muito bem-feita dentro de um campo em desenvolvimento, e nada mais. Pode-se perceber que Darwin estava adotando a metafísica materialista com relutância, pois ele não conseguia ver outra maneira para explicar a adaptação. Mas as pessoas começaram a pensar que a ideologia era o importante, e a ciência e os dados eram secundários. Essa postura levou intérpretes e seguidores de Darwin a complicar ainda mais a situação.

Uma fonte importante de dificuldade é que os materialistas viram na teoria de Darwin o equivalente ao paradigma newtoniano da física mecanicista e determinista. Com suas leis do movimento, Newton estabeleceu aquilo que define a estase em um sistema físico: o estado de repouso ou de movimento uniforme. Ele também estabeleceu, e este dado é muito importante, como um sistema físico passa por mudanças – pela ação de uma força externa. O paralelo entre a teoria de Darwin e a de Newton é óbvio. Segundo a teoria de Darwin, a espécie define o estado de homeostase na biologia. E a ação dúplice de variação e seleção natural, de acaso e necessidade de sobrevivência, define o mecanismo de mudança entre uma espécie e outra, ou especiação.

Os paralelos, porém, não são completamente satisfatórios, e a discrepância tem sido tema de certa controvérsia. Quando se aplicam as leis de Newton ao movimento dos corpos, os próprios corpos, enquanto se movem, não mudam. Mas as espécies não permanecem completamente alheias às forças da mudança, ao mecanismo de variação e seleção. É uma questão difícil da filosofia: decidir se uma homeostase específica de uma espécie em particular pode ser considerada encerrada e uma nova espécie iniciada, pois uma espécie está sempre mudando em virtude das variações no material hereditário. A história do darwinismo e da biologia está repleta de tais debates.

Além de tais diferenças, os pontos em comum entre Newton e Darwin moldaram boa parte dos hábitos intelectuais da biologia como disciplina. Logo, como disciplina, a biologia tem a notável tendência a suprimir ideias de descontinuidade. A mudança é local na física newtoniana, guiada mediante interações na vizinhança imediata por meio da troca de energia via sinais locais. Assim, a não localidade também é tabu na teoria biológica. Finalmente, como na física newtoniana, a biologia de Darwin também se destinava a ser determinista. Se um tipo newtoniano de mecanismo determinista se estendesse a sistemas vivos, tal como a teoria de Darwin parecia ter estabelecido, então todo o mundo natural, vivo e não vivo, seria determinista.

No século 18, o físico Pierre-Simon de Laplace escreveu um livro sobre mecânica celeste sem fazer qualquer menção a Deus, praticamente uma heresia. Por isso, Laplace foi convocado pelo imperador Napoleão, que imediatamente o questionou: "Senhor Laplace, você não mencionou Deus em seu livro". (Por falar nisso, até Newton mencionou Deus!) À pergunta do imperador, a famosa resposta de Laplace foi a seguinte: "Sua majestade, não precisei dessa hipótese específica". Isso resolveu o problema do movimento do universo não vivo. A obra de Darwin removeu Deus também do universo vivo.

Importa lembrar as visões daquele período. A filosofia dominante na época de Darwin era o modernismo, uma abordagem da realidade em dois níveis. O nível externo da matéria era tido como domínio da ciência; a mente interna era domínio do livre-arbítrio humano e da intervenção de Deus (causação descendente). Esta separação foi o armistício cartesiano entre ciência e teologia, que permitiu à ciência livrar-se do jugo do dogma religioso.

No pensamento de Descartes, animais eram máquinas e determinados (na verdade, uma conclusão exigida pelas crenças cristãs), mas os humanos eram dotados de livre-arbítrio e estavam além dos mecanismos. Ao propor ancestrais animais para os seres humanos, Darwin deu mais um passo e propôs demolir a ideia cartesiana de livre-arbítrio humano, pronunciando, em vez disso, que os seres humanos também eram determinados. Se os humanos são seres determinados, então não há lugar para que seu livre-arbítrio responda à causação descendente de Deus, não há espaço para a intervenção de Deus. Deus torna-se impotente.

Nessa perspectiva, é vital que os organismos, inclusive o organismo humano, sejam máquinas determinadas. Logo, começou o ataque ideológico em três frentes. A primeira frente atacou o propósito na biologia, inclusive na evolução biológica. Darwin estava aberto a aceitar a intencionalidade, e dados a favor dela pareciam bastante evidentes. Contudo, *determinismo* significa determinado por causas materiais e iniciais. Propósito tem um ar de causas finais (que, às vezes, são chamadas *teleologia*); tais causas não são compatíveis com o determinismo materialista. E daí decorre a cruzada. A segunda frente foi dirigida contra o lamarckismo, e, por associação, contra ideias organicistas em geral. Tais ideias dão importância ao organismo e abrem a biologia para a causação no nível do organismo, como a autonomia e o livre-arbítrio, que não podem ser reduzidas à causação ascendente do materialismo. A terceira frente vai além do darwinismo e da evolução, e questiona a natureza da própria vida, daquilo que está evoluindo. Se o materialismo quer ser um sucesso absoluto, é imperativo que a própria vida deva consistir de um epifenômeno da matéria e de mecanismos sem qualquer referência ao que for não físico, ou, mais especificamente, a qualquer coisa que pertença ao domínio da energia vital.

Essas três frentes de ataque tornaram-se as cruzadas de longa duração do darwinismo (que, cada vez mais, tornou-se sinônimo de evolução) contra a teleologia e a intencionalidade, contra o lamarckismo e as teorias organicistas, e contra o vitalismo. Todas essas cruzadas tiveram motivação ideológica e continuam assim; daí decorre o rancor que se vê até hoje quando esses assuntos são tratados, um tom de discussão que assusta os biólogos radicais. No texto a seguir, será discutida cada uma dessas frentes em separado.

A cruzada contra o lamarckismo

A cruzada contra o lamarckismo desenvolveu-se em três estágios principais. No estágio inicial, na década de 1880, o biólogo August Weismann (1893) foi o primeiro a sugerir de maneira concreta que a informação só poderia fluir em um sentido, do (micro)material hereditário, que ele chamou *linha do germe*, ao soma, mas não no sentido contrário. No segundo estágio, quando o neodarwinismo (uma nova síntese integrando genética e biologia populacional com o darwinismo) foi formulado, a doutrina de Weismann foi reafirmada, usando-se o conceito do gene. Depois, na década de 1950, quando se descobriu a estrutura do DNA, Francis Crick elevou a ideia de Weismann a "dogma central da biologia molecular", e agora baseou-a na linguagem das moléculas: a informação pode fluir do DNA para a proteína, e não o contrário.

Aqui se pergunta rapidamente por que é tão necessário afirmar essa ideia do fluxo unidirecional da informação desde o DNA para a proteína, e fazer disso um dogma. Veja-se que o reducionismo é um aspecto fundamental do materialismo: micro forma macro, e a causalidade sobe a escada, indo do micro ao macro. Assim, o fluxo *causal* da informação é ascendente. Então, descobriu-se o dogma ainda mais profundo da causação ascendente. Assim, o genótipo (micro) afeta o fenótipo (macro); este arranjo é equivalente ao reducionismo e à causação ascendente. Mas, se as características do fenótipo (principalmente resultantes de proteínas) pudessem afetar os genes, isso seria o nível macro afetando o nível micro, algo completamente contra a base do reducionismo.

O que os materialistas deixaram de perceber, naturalmente, é a ideia de que os genes não precisam ser a única maneira para que a informação passe de geração em geração. Herda-se mais do que genes da geração anterior, citoplasma do óvulo num extremo e cultura no outro, os dois exemplos mais extremos que até um materialista permitiria. Aceitar esta definição mais ampla de herança pode abrir novas possibilidades para um neolamarckismo que os próprios biólogos começaram a investigar (Jablonka & Lamb, 2005). Quando se faz biologia sob a primazia da consciência, quando se permite à vida a vantagem dos campos morfogenéticos do corpo vital, abre-se um novo caminho para que o lamarckismo possa operar. Tudo isso será assunto do Capítulo 20.

A cruzada contra o vitalismo

A cruzada contra o vitalismo é ainda mais importante para os materialistas do que a cruzada contra o lamarckismo, pois o vitalismo é uma ameaça ao pilar mais sólido da filosofia materialista – a primazia da matéria. Se a vida exige uma substância vital para que possa operar, então onde está a supremacia da matéria?

Para os darwinistas e biólogos evolucionistas, o vitalismo apresenta uma ameaça adicional, pois ele pode justificar um impulso evolucionário rumo a manifestações de intencionalidade cada vez mais complexas. Os darwinistas sabem muito bem que a flecha biológica do tempo, a progressão da evolução rumo a formas mais e mais complexas de vida, precisa ser reconhecida. Se existem dados, juntamente com uma teoria para explicar os dados, a situação poderia ser embaraçosa e difícil demais para se afastar com racionalizações. Logo, os biólogos convencionais sempre se opuseram ao vitalismo.

Inicialmente, a oposição se baseou em uma abordagem de dois níveis. Primeiro, o vitalismo foi visto como dualismo. Surgiu a questão: como uma substância vital, dupla e não material pode interagir com uma substância material? Esta pergunta deixou os vitalistas na defensiva. Segundo, qualquer coisa vital que se possa sentir é tida como parte da experiência subjetiva interior. Foi postulada a ideia do epifenomenalismo: todas as experiências internas são epifenômenos da matéria, do corpo.

E, naturalmente, quando a biologia molecular estava firmemente estabelecida e o funcionamento da vida da célula começava a ser elucidado em detalhes imprevistos, o vitalismo simplesmente se esvaeceu. Com o tempo, tornou-se prerrogativa de todo biólogo negar qualquer tendência vitalista.

Entretanto, como se mencionou antes, o vitalismo experimentou uma espécie de retorno na década de 1980 com a introdução, por Rupert Sheldrake (1981), da ideia dos campos morfogenéticos não locais e não físicos. A morfogênese é uma das fraquezas do corpo de literatura materialista. A objeção do dualismo poderia ser aventada, mas a física quântica pode remover esta objeção, como discutido no Capítulo 4.

Darwinismo e intencionalidade

Já se falou, até certo ponto, da intencionalidade com relação a comportamentos orientados por lei e por programa (ver Capítulo 4). Aqui, será mostrado o contexto mais amplo para essa discussão.

Foi dito antes que o propósito fica evidente em sistemas biológicos. Suponha-se que uma pessoa precise explicar o fígado para uma criança. Ela diz que o fígado ajuda a manter o corpo através do metabolismo. Esta é uma declaração propositada; fala-se da função do fígado – manutenção – de maneira intencional. Sistemas biológicos como órgãos são órgãos dotados de propósito, e, naturalmente, falar deles sem se referir à sua função intencional não é muito útil.

Um materialista diria que está havendo muita precipitação ao se concluir, de tais declarações, que a intencionalidade é um atributo compulsório da biologia. Suponha-se que se possa expressar a mesma sentença sem uma linguagem propositada. Por exemplo, pode-se dizer que o fígado segrega bile que ajuda a digerir o alimento que se come. Esta declaração evita o tom intencional. Os materialistas alegam que é possível fazer declarações biológicas sobre órgãos sem tocar em intenção, assim como fazemos proposições na física. Além disso, os materialistas argumentam que é o uso da linguagem propositada que confunde sobre a importância da intencionalidade e da teleologia na biologia. A intencionalidade não é real, apenas uma aparência; é teleonomia, e não teleologia.

Contudo, os biólogos materialistas não conseguem mais usar o exemplo da física, pois não é mais correto dizer que a física pode ser expressa em uma linguagem desprovida de propósito. Veja-se o princípio antrópico – o universo é construído de modo a tornar possível a vida. Essa é uma afirmação dotada de propósito. Quando um físico quântico diz que a matemática quântica gera superposições de possibilidades (ondas de possibilidades) para que a consciência escolha dentre elas, ele também está fazendo uma afirmação dotada de propósito. No novo paradigma, a ciência dentro da primazia da consciência, pode-se esperar a intencionalidade, mesmo na linguagem da física.

Na verdade, porém, não é uma questão de linguagem. É uma questão ligada às crenças acerca da biologia. Se houver crença em que seres biológicos, inclusive órgãos e organismos, são controlados por programas do DNA, então todo o comportamento propositai de órgãos e organismos seria apenas uma aparência. Quando há intencionalidade aparente, os biólogos usam a palavra *teleonomia*. Quanto à origem dos programas do DNA, se alguém acreditar que surgiram por mero acaso e evoluíram graças ao acaso e à necessidade, terá eliminado a teleologia e a intencionalidade da biologia. Será mesmo?

Importa lembrar estas três coisas: (1) os programas de DNA (o código para a construção de proteínas e as regras dos genes para a construção das formas) não poderiam ter surgido por acaso (ver Capítulo 6); (2) a criação de formas funcionais envolve a não localidade, e, portanto, não poderia ser realizada apenas por programas de DNA (ver Capítulo 4); (3) a teoria de Darwin, embora idealizada para eliminar o propósito, está envolvida por um contexto de sobrevivência dotado de propósito.

É preciso encarar os fatos: a intencionalidade não pode ser eliminada da biologia. Se for considerado o evidente caráter propositado dos órgãos como parte de nossa biofilosofia, a natureza orientada por programa dos seres biológicos será aceita desde o início. Então, naturalmente, tenta-se compreender sua natureza orientada por programa com a ajuda do conceito de um programador e de matrizes dos programas (ver Capítulo 4).

Agora, volta-se ao motivo para o ataque contra a intencionalidade, ou seja, que, na teoria de Darwin, a evolução não é dirigida a metas, não é dotada de propósito. Se a evolução for propositada, então o darwinismo está errado. No entanto, as evidências sugerem que a evolução se dá na direção da complexidade crescente, resultando em uma hierarquia da existência – um resultado claramente direcionado para metas. É necessário algum tipo de ajuste.

Recentemente, biólogos e biofilósofos mudaram seu foco, corrigindo o uso de linguagem propositada na biologia e adotando parte da indiscutível evidência da intencionalidade na evolução, de modo a torná-la parte do darwinismo. Essa evidência não é difícil de encontrar. Os seres humanos têm, no mínimo, a capacidade autopercepção-consciente – eles sabem que estão conscientes. Eles também têm a capacidade de processar significado e propósito – basta ver esta discussão. Ocasionalmente, possuem arroubos de altruísmo, e alguns até tentam viver de maneira ética. De onde vêm esses atributos? Para o materialista, a fonte precisa ser a evolução darwiniana – de onde mais?

Assim, os seguidores de Darwin têm se ocupado desenvolvendo teorias plausíveis sobre o modo como a ética pode ter surgido no comportamento dos seres, sobre como estes teriam desenvolvido a autopercepção-consciente e a capacidade de processamento de significado, e assim por diante. Eles seguiram etapas interessantes. A primeira etapa: invocar a ideia do gene egoísta para justificar a ética como consequência do determinismo genético (Dawkins, 1976; Ridley, 1996). O próximo passo, ainda mais ambicioso: justificar o processamento de significado, a consciência do *self* e até a apreciação da beleza, como adaptações darwinianas (Dennett, 1995). A etapa final, e mais interessante: afirmar que a própria evolução adaptativa darwiniana acarreta a capacidade de desenvolvimento, a capacidade de o ser evoluir de forma canalizada (ou seja, seguindo uma direção preferencial, como se percorresse um canal) na direção de uma complexidade crescente (Kirschner & Gerhart, 2005).

Todas essas manobras estão bem alinhadas com uma tendência geral que tem caracterizado os darwinistas desde o início. Na Idade Média, quando a teoria geocêntrica de Ptolomeu começou a se mostrar dissonante com os dados acumulados de observação astronômica, os seguidores do paradigma ptolemaico dedicaram-se a inventar uma série aparentemente interminável de ciclos e epiciclos (círculos dentro de círculos) para justificar o movimento dos corpos celestes ao redor da Terra, ajustes que lhes permitiram continuar a justificar o antigo paradigma. O mesmo aconteceu e continua a acontecer na biologia. A resposta dos darwinistas a qualquer discrepância nas observações é propor uma modificação adequada das ideias darwinianas – lembranças dos ciclos e epiciclos. O darwinismo é tão genérico que pode ser reinterpretado de modo a incorporar quaisquer dados que lhe sejam contraditórios. Ele não é falsificável.

Os "ciclos e epiciclos" da teoria de Darwin

Sem dúvida, a teoria de Darwin teve enorme influência sobre as pesquisas científicas realizadas posteriormente na biologia, e isso é uma das principais metas de uma teoria científica. Com o desenvolvimento da genética e da biologia populacional, fez-se uma síntese, muito necessária, entre as antigas ideias darwinianas e os novos desenvolvimentos. Essa síntese, chamada neodarwinismo, chegou a se tornar um dogma. Para muitos biólogos da atualidade, o darwinismo, ou melhor, o neodarwinismo, tornou-se sinônimo de evolução.

Pode-se dizer que a teoria de Darwin foi comprovada? É certo que alguns de seus aspectos o foram. A ideia de que a evolução acontece, que uma espécie se desenvolve a partir de espécies ancestrais, foi, acredita-se, estabelecida além de qualquer dúvida, para desconforto dos criacionistas e dos proponentes do desígnio inteligente, que pensam de outro modo. O componente hereditário dos organismos, sobre o qual Darwin teorizou, foi encontrado depois – o gene – e hoje se sabe muito a seu respeito. Além disso, há evidências abundantes de espécies plenamente adaptadas ao seu ambiente. Assim, tal como a evolução, a adaptação das espécies ao seu ambiente ocorreu, sem dúvida alguma.

Quanto à microevolução das bactérias, foram documentados alguns casos nos quais todo o perfil de um mecanismo darwiniano gradual de especiação – variação e seleção natural – parece estar em funcionamento, caso se defina especiação como isolamento reprodutivo, como hoje é moda fazer. Em poucos casos, como no do cavalo, um aspecto do darwinismo – a adaptação evolucionária a mudanças ambientais de forma continuada, por meio de mudanças graduais – foi comprovado até certo ponto.

Entretanto, pode-se dizer que o darwinismo foi falsificado? É claro que há muito espaço para discórdia. Parte da discórdia baseia-se em pequenas questões. Sabe-se, por exemplo, que os animais têm mobilidade, e por isso podem escolher seu próprio ambiente, ao menos em princípio. Quando os animais podem sair do ambiente no qual nasceram, faz sentido dizer que *precisam* se adaptar ao seu ambiente nativo específico? A questão fica mais intrigante se alguém pensar nas criaturas que migram sazonalmente de um ambiente para outro. Pergunta-se, por que nem toda espécie migra até descobrir o ambiente mais adequado para ela?

A adaptação suscita outras perguntas. Podem ser citados muitos exemplos de espécies com componentes não adaptados, inclusive aqueles que superam ou que ficam abaixo da meta adaptada ideal. Como isso é possível? Mais perturbadores ainda são os diversos casos de espécies que desenvolveram uma característica adaptada antes que a mudança ambiental ocorresse de fato. Como pode ser isso, se a mudança ambiental é o que impele a adaptação evolucionária?

Depois, há a questão da própria especiação. O título do livro seminal de Darwin é *A origem das espécies*. Mas "espécie", como já foi mencionado, é um conceito muito mal-definido se for presumido que a mudança deve acontecer de forma mais ou menos contínua. Sob tais mudanças, quando se pode dizer que aconteceu a especiação? Os darwinistas dizem que, quando o organismo que está em evolução, produz duas linhas que não podem se reproduzir uma com a outra, deve-se dizer que aconteceu a especiação. Mas, tendo em vista que a maioria dos organismos (exceto no nível micro das bactérias, por exemplo) existe em enorme variedade e com uma imensa gama genética, fica difícil imaginar que só o gradualismo darwiniano pode conduzir a tais ramos isolados em termos reprodutivos.

Naturalmente, na Parte 1, mencionaram-se diversas fontes mais sérias de insatisfação. Uma, muito importante, é a existência de lacunas fósseis. Um segundo dado importante é a flecha biológica do tempo. A evolução biológica se dá na direção da complexidade crescente. No darwinismo, não há espaço para lacunas fósseis, nem espaço para a evolução na complexidade.

Assim, pode-se dizer, com autoridade, que a teoria de Darwin é falsa, pelo menos em parte? Infelizmente, não é simples assim, uma vez que a estrutura da teoria está sendo ajustada continuamente – vale lembrar os epiciclos ptolemaicos –, embora não sem problemas.

Primeiro, analisem-se dois pequenos exemplos. O darwinismo professa o gradualismo, lentos índices de evolução que se acumulam durante longos períodos de tempo. Entretanto, quando se descobriu que algumas bactérias desenvolviam resistência a inseticidas, os darwinistas não pestanejaram antes de sugerir que a velocidade de mutação se acelera nesses casos. Mas o que falar das espécies que exibem espantosa estabilidade, mal se alterando ao longo de eras geológicas? Será que, para elas, a velocidade de variação chega a zero?

Para explicar por que algumas espécies desenvolvem uma característica adaptada antes mesmo que a mudança ambiental o exija, os darwinistas inventaram o conceito de pré-adaptação. A característica desenvolveu-se por acaso; depois, o ambiente mudou fortuitamente e a característica se adaptou. Nada demais! Mas tente alguém racionalizar o surgimento de uma característica macroscópica pré-adaptada que exigiria muitas centenas de variações contributivas aleatórias, todas ocorrendo sem qualquer pressão por parte da seleção ambiental. Se ele não for um crente, com certeza este salto irá embaralhar sua mente.

Além desses exemplos, foram postulados quatro acréscimos importantes ao escopo original do darwinismo para fazer com que a teoria se ajustasse a situações de crise. O primeiro é a ideia do *isolamento geográfico*. Quando Eldredge & Gould (1972) sugeriram, com base em amplos dados fósseis, que havia dois ritmos de evolução, não apenas um ritmo gradual como também um ritmo rápido, a resposta conservadora foi recorrer a uma ideia chamada isolamento geográfico (Mayr, 1942). Em função de mudanças geológicas, um pequeno segmento de uma espécie poderá ficar isolado. Graças aos cruzamentos entre membros do mesmo grupo familiar, a população isolada poderá sofrer rápidas mudanças evolucionárias. Mais tarde, caso os dois grupos se reúnam, mas seus membros não consigam mais cruzar entre si, tem-se a impressão de que uma nova espécie surgiu de uma hora para outra. Desse modo, o isolamento geográfico é usado para explicar o ritmo rápido da evolução.

Antes de toda essa discussão acerca da evolução rápida, o isolamento geográfico também foi usado para justificar a incapacidade da teoria de Darwin em explicar o conceito de espécie e de especiação – a mudança de uma espécie em outra.

O segundo acréscimo é a ideia de *genes neutros* e o conceito relacionado de *desvio genético*, que os darwinistas usam para explicar por que algumas espécies são mal-adaptadas (para melhor ou para pior) ao seu ambiente. Originalmente propostos por Kimura e outros (ver Kimura, 1983) para explicar o ritmo rápido da evolução, os genes neutros são "seletivamente neutros", e, por isso, podem se acumular sem ser eliminados pela seleção natural (ver também Capítulo 10). Kimura propôs que, quando um número suficiente de genes neutros se acumula para formar uma nova característica, a seleção natural pode adaptar a característica para melhorar sua capacidade de sobrevivência, explicando assim a macroevolução.

Os darwinistas foram contrários à ideia até perceberem que o acúmulo de genes neutros poderia dar origem a um desvio genético que afasta o grupo da adaptação, justificando a má adaptação. Ernst Mayr (1980) viu a evolução como algo que começa em pequenas populações:

> Favorecendo cada geração certos indivíduos em virtude de algumas propriedades, a seleção natural escolhe automaticamente todos os seus outros genes, inclusive muitos que são quase neutros ou até levemente deletérios. Quando essa seleção acontece em grupos genéticos muito pequenos, desvios um tanto pronunciados do genótipo ideal podem ocasionalmente sobreviver, devido a erros de amostragem.

Desse modo, o desvio genético tornou-se parte integral do darwinismo estendido, dando-lhe, ao mesmo tempo, mais flexibilidade e dificuldade para que seja falsificado. Comentou o biólogo Colin Patterson (citado em Hitching, 1982, p. 63):

> A evolução darwiniana, pela seleção natural, prevê que os organismos são como são porque todos os seus genes foram e são submetidos à seleção; aqueles que reduzem o sucesso do organismo são eliminados, e

> aqueles que o incrementam são favorecidos. Isto é uma teoria científica, pois essas predições podem ser testadas. A evolução "não darwiniana" ou aleatória [por meio do desvio genético] prevê que algumas características dos organismos não são adaptativas, tendo valor de sobrevivência neutro ou levemente negativo, e que os genes que controlam tais características flutuam aleatoriamente na população, ou se fixaram porque, em algum momento no passado, a população passou por um gargalo e se reduziu muito. Quando se combinam essas duas teorias, como explicação geral para a mudança evolucionária, então a teoria geral não pode mais ser testada. Veja-se a seleção natural: por mais que haja casos que não se ajustem à análise da seleção natural, a teoria não é ameaçada, uma vez que sempre se pode dizer que essas lacunas na teoria da seleção são explicáveis pelo desvio genético. E, por mais que se mostre que o número de supostos desvios genéticos se deve, afinal, à seleção natural, a teoria do [gene] neutro não é ameaçada, pois ela nunca teve a pretensão de explicar toda a evolução.

O terceiro acréscimo importante foi a ideia do *determinismo genético*, inicialmente sugerido por William Hamilton (1964) e popularizado por Richard Dawkins (1976). Determinismo genético é a ideia de que tudo o que existe em um sistema biológico, seja uma célula, seja um tecido, um órgão ou um organismo, é completamente determinado pelos genes. Esse conceito foi inventado para salvar o darwinismo de uma falha muito importante: as variações aleatórias ocorrem no nível do gene (micro), mas a seleção natural ocorre no nível do fenótipo (macro). Na ausência de uma conexão reta e unívoca entre os genes e o fenótipo no nível macro, a teoria toda fica dúbia. Com o determinismo genético, quando a natureza seleciona no nível do fenótipo, a seleção inclui automaticamente as variações genéticas relevantes.

Já se mencionou antes que o determinismo genético é uma forma de reducionismo, mas aqui deseja-se enfatizar que esse reducionismo é ainda mais ambicioso do que o reducionismo da física e da química. Se a biologia molecular fosse absolutamente idêntica à bioquímica, deveria ser esperado que os aspectos macro de uma célula ou órgão (por exemplo) fossem determinados pela dinâmica dos componentes micro da célula ou órgão. Mas que tipo de aspecto? Só os aspectos orientados por lei, não os aspectos orientados por programa. Sistemas biológicos, além dos aspectos orientados por lei, têm um nível mais elevado de operação, aqui chamado comportamento orientado por programa, no qual eles realizam funções intencionais que sugerem significado.

Os darwinistas afirmam que, apesar das funções intencionais, toda característica macroscópica e suas funções são o resultado cumulativo de lenta evolução, por meio do acaso e da necessidade. No entanto, os biólogos materialistas acreditam que a teoria de Darwin, o mecanismo evolucionário de acaso e necessidade, também pode ser atribuído a leis materiais. Não há nisso uma inconsistência lógica? Se tudo pode ser atribuído a comportamento orientado por lei, como um comportamento orientado por programa, que pertence a uma categoria lógica diferente, pode surgir? O determinismo genético, além de implicar o determinismo físico (newtoniano), propõe-se a salvar o darwinismo dessa inconsistência lógica, afirmando que os aspectos orientados por programa do sistema, em nível somático, também são determinados pelos genes do sistema, os programas genéticos.

Normalmente, os programas requerem um programador. O darwinismo nega isso. Com efeito, o darwinismo é o apogeu da ciência materialista: programas genéticos são o resultado do acaso e da necessidade, especialmente da seleção natural. Não há necessidade de programador. Desse modo, os biólogos podem afirmar que toda declaração teleológica de propósito na biologia é, em última análise, teleonômica, proposital apenas na aparência. No nível macro, não existe comportamento orientados por programa.

Esse é um arranjo muito interessante. O determinismo genético livra o darwinismo de precisar explicar a conexão micro-macro; o darwinismo ajuda o determinismo genético a atuar como um determinismo realmente versátil, estendendo-se bem além do escopo do determinismo newtoniano.

O determinismo genético, aliado ao darwinismo, torna-se uma grande caixa-preta na qual podem ser escondidos todos os problemas inexplicáveis da biologia. Essa caixa foi chamada, de maneira bem apropriada, de "caixa-preta de Darwin" por Michael Behe, pois é, com efeito, o resultado combinado do determinismo newtoniano e do darwinismo.

Finalmente, o quarto acréscimo lida com o incômodo problema da flecha biológica do tempo. Por um bom tempo, os biólogos ignoraram o problema, afirmando que a evolução não precisa necessariamente acontecer na direção da complexidade crescente. Nos últimos tempos, porém, a música mudou, pois alguns biólogos passaram a ver no determinismo genético uma janela de oportunidade para explicar a flecha biológica do tempo. Se os comportamentos orientados por programa dos organismos biológicos surgiram graças à adaptação darwiniana, e se todos podem ter se originado nos genes, então por que não postular um gene (ou genes) que programe o organismo para desenvolver a própria complexidade?

Esses darwinistas recentes propuseram mais uma modificação na ideia original, sugerindo que a evolução torna-se "canalizada" em uma determinada direção porque os organismos se adaptam, desenvolvendo a *capacidade de evoluir* – eles aprendem a evoluir (Kirschner & Gerhart, 2005). Um conceito relacionado a isso é o "evo-devo" [*evolutionary developmental biology*], que diz que evolução e desenvolvimento andam juntos, ambos guiados pela biologia dos genes (Carroll, 2005). A canalização do desenvolvimento da forma está razoavelmente bem-identificada, exceto pelo fato de trabalhos anteriores atribuírem esse fenômeno a campos morfogenéticos. Suponha-se, em vez disso, que alguém diga que os canais de desenvolvimento se devem apenas aos genes; não seria sensato dizer que a evolução usa esses mesmos canais por meio de adaptação?

A dura verdade é que, a menos que a pessoa seja um crente inabalável, esses vários epiciclos do darwinismo não satisfazem. Mesmo Ernest Mayr, arquiteto da síntese neodarwinista, manifestou suas dúvidas. A disputa entre os mais famosos divulgadores recentes da biologia, Stephen Jay Gould e Richard Dawkins, é bem conhecida. As escolas "dialétic", de Richard Lewontin, e "organísmica", de Brian Goodwin, continuam a enfatizar a falta de tratamento apropriado do ambiente na teoria da evolução. Biólogos que têm a coragem de calcular probabilidades podem se convencer mais facilmente das inadequações do darwinismo, apesar dos "ciclos e epiciclos", como fizeram alguns (ver Shapiro, 1987; Behe, 1996). Outros tentam escapar dos limites autoimpostos pela teoria biológica do darwinismo e do determinismo genético, com ideias holísticas muito mais amplas, vendo a própria Terra como sistema vivo.

Crê-se que o motivo pelo qual a maioria dos biólogos não se anima muito com o darwinismo hoje é que, em parte, sentem-se hesitantes em se dedicar à política, e, em parte, porque falta uma alternativa digna de crédito. O livro de Behe (1996) é muito bem-redigido enquanto ele critica o darwinismo. Mas, quando ele apresenta sua própria alternativa, o desígnio inteligente, o livro fica fraco. Uma ideia viável – a da "complexidade irredutível" – não cria um novo paradigma.

A física quântica e o pensamento da primazia da consciência, juntos, apresentam o primeiro desafio paradigmático completo à biologia materialista e ao darwinismo. Essa nova abordagem, como será visto nos capítulos 11 e 12, pode tratar e integrar todas as ideias divergentes que os biólogos têm lançado para, *de fato*, esclarecer os dados anômalos sobre a evolução. Já se mencionaram algumas dessas ideias. No próximo capítulo, pretende-se falar delas e de outras, de maneira abrangente. Antes, porém, é preciso dar uma última olhada num problema: o darwinismo foi mesmo falsificado?

A questão da falsificação e a defesa de uma mudança de paradigma

Quando se disse que a teoria de Darwin é excessivamente geral para deixar todos à vontade, quis-se dizer o seguinte: ela é fugidia demais; ela permite que alguém use suas falhas para explicar dados. Esse aspecto escorregadio, aliado ao fato de que nunca se viu, e nunca se poderá esperar ver, um caso concreto de macroevolução em laboratório, torna a teoria de Darwin muito difícil de se falsificar.

O filósofo Karl Popper se aborrecia tanto com a situação da biologia que chegou a propor que toda boa teoria científica deveria, por definição, ser falsificável. Quer dizer, em vez de usar o critério convencional da possibilidade de comprovação para a aceitação de uma teoria científica, ele disse que deveria ser usado o critério da falsificabilidade. A teoria de Darwin não é falsificável; portanto, não é uma teoria aceitável da ciência, segundo Popper. Sua ideia não encontrou adesões, mas todo cético com relação a Darwin simpatizaria com suas posições!

Assim, aonde isso leva? Qualquer teoria científica que passe pelo teste do tempo tem, pelo menos, *algum* dado a seu favor. Isso é válido para a teoria de Darwin; era válido para a teoria de Ptolomeu. Assim, alguns aspectos da teoria científica, já comprovados, permanecem válidos.

Mas o que acontece quando se acumulam dados que exigem desculpas seguidas e extensões da teoria – os já famosos "ciclos e epiciclos"? Ocorre que se chega a um critério mais prático do que a verificabilidade ou falsificabilidade: é, textualmente, a utilidade. Reconhece-se que a teoria não tem mais nenhum poder de orientação; não tem mais utilidade. É nesse momento que as pessoas começam ardentemente a procurar uma nova e útil teoria para substituí-la. Tem lugar uma mudança de paradigma.

Os biólogos precisam se acostumar com o fato de que o darwinismo não orienta mais as pesquisas na biologia – exceto em pesquisas feitas pelos poucos biólogos que procuram um substituto para essa teoria. A pesquisa sobre a evolução é popular entre filósofos sem muitas ideias, é claro, e alimenta o contínuo combate político entre ciência e religião, mas pouquíssimos estudantes universitários estudam biologia tendo em vista a pesquisa sobre a evolução, a menos que seja um não crente e tenha a intenção de destronar o darwinismo.

Ademais, é possível racionalizar e descartar quaisquer dados desfavoráveis, mas não se pode fazer o mesmo com as inconsistências lógicas que também se acumulam em um paradigma envelhecido. Quando isso acontece, o antigo paradigma precisa ser abandonado.

Chegou a hora de o darwinismo ir embora. Já foram discutidas suas inconsistências lógicas. Ei-las enumeradas novamente.

- Moléculas e sistemas físicos não vivos não lutam pela sobrevivência. Não possuem um *self*, nem uma integridade para preservar com a sobrevivência. O conceito de sobrevivência é dotado de propósito, é orientado por programa. A capacidade de sobrevivência não é um critério lógico para se usar em uma teoria científica que se propõe a fundamentar-se no materialismo – a primazia da matéria e a primazia da causa.
- A inconsistência lógica acima fica muito óbvia quando, em uma das extensões posteriores da teoria de Darwin, propõe-se que o comportamento orientado por programa dos seres biológicos é, em si, um comportamento adaptado. Torna-se uma circularidade da lógica: a teoria de Darwin da adaptação exige como critério a capacidade de sobrevivência, mas a capacidade de sobrevivência requer a adaptação darwiniana.
- Alguns dos chamados comportamentos evolucionários adaptativos, a autopercepção-consciente e a capacidade de processar significado, não podem sequer ser processados pela matéria. Assim, se alguém insistir em afirmar que esse tipo de comportamento, inclusive a capacidade de evoluir, provém da adaptação evolucionária, estará cortando o próprio galho – a supremacia material da existência – sobre o qual está sentado.

Os biofísicos já descobriram a base física e sem paradoxos da teoria de Darwin. Em vez da sobrevivência, deve-se usar a capacidade de replicação ou fecundidade como critério de adaptação a um ambiente. Como não apenas moléculas vivas, mas também não vivas, podem se reproduzir, conforme já se descobriu, a capacidade de reprodução é um conceito físico. Assim, pode-se definir o darwinismo – também é possível chamá-lo neodarwinismo – desta maneira: as espécies mais fecundas, ou que se reproduzem melhor, são as mais aptas a se adaptar a mudanças ambientais. Esta redefinição torna o darwinismo livre de tautologia e saudável em termos lógicos. Ela também dá ao darwinismo a base física pela qual procuram os biólogos há tanto tempo.

Agora, a teoria de Darwin não fica mais escorregadia e sujeita a desculpas e prolongamentos fantasiosos. Será que o darwinismo, definido desta maneira, concorda com todos os dados experimentais? Não. Mesmo uma análise superficial mostra que a fecundidade é um critério útil para a adaptação evolucionária, mas nem é necessário, nem suficiente para a capacidade de adaptação e sobrevivência de uma espécie.

Assim, a teoria de Darwin, tomada em sua totalidade, é falsificada. Mas há aspectos da teoria que são bons e comprovados. A evolução acontece; a adaptação acontece. Logo, criacionistas e proponentes do desígnio inteligente estão errados ao descartar o darwinismo sem mais nem menos. A falsificação pode ser um teste crucial, como sugeriu Karl Popper, mas uma boa teoria não precisa ser completamente rejeitada, enfatizando-se apenas seus aspectos negativos.

A mudança de paradigma desenvolvida neste livro está alinhada com todas as mudanças de paradigma anteriores da ciência. A velha biologia – darwinismo e biologia molecular – fica preservada como caso limítrofe, um caso no qual a teoria se aplica sempre que se encontram certas condições limitadoras.

Dito isso, deve-se também admitir que, para fazer com que as pesquisas sobre a evolução tenham novamente utilidade para a biologia convencional, todos devem se unir para provocar uma mudança de paradigma. A próxima mudança de paradigma será parecida com a mudança da antiga ciência grega de Ptolomeu e Aristóteles para as visões modernas de Copérnico, Galileu e Newton. É menos como a transferência de liderança, relativamente benigna, da física newtoniana para a relatividade eisteiniana ou, mesmo, da física newtoniana para a física quântica.

Naturalmente, as apostas são altas, e a política não pode ser evitada. A oposição organísmica e holística na biologia atua como um partido fiel e civilizado de oposição. Os biólogos organísmicos tentaram modificar a biologia, levando-a para o holismo, mantendo intacta a ideia do materialismo, ou primazia da matéria. Deste modo, também fracassaram em sua procura por um paradigma útil para uma nova biologia. O holismo também não vai muito longe; é preciso uma ideia mais radical. É preciso de recuar e reviver alguns dos debates históricos havidos entre os causalistas e os teleologistas, entre aqueles que apóiam o condicionamento adaptativo e os adeptos da criatividade biológica, entre os patronos da causação ascendente e os da causação descendente. É preciso desenvolver uma biologia dentro da primazia da consciência, apesar da política.

De certo modo, essa mudança de paradigma e a política suja a ela associada já estão acontecendo como parte do movimento da consciência. Prova disso é a intensidade crescente com que a ideia de desígnio inteligente está sendo combatida por materialistas do mundo todo, não apenas por biólogos. Em um quadrinho da tira *Doonesbury*, um dos personagens disse: "Caramba! Esses irritantes fatos científicos não se alinham com minhas crenças". Normalmente, os darwinistas usam esse tipo de frase ao retratar criacionistas e partidários do desígnio inteligente. Mas, se o leitor for um crente, poderá compreender, ao ler este capítulo, que essa frase também se aplica perfeitamente ao darwinismo. Os dois lados carecem de credibilidade para explicar *todos* esses "irritantes fatos científicos".

O filósofo materialista Daniel Dennett (1995) escreveu um livro chamado *Darwin's dangerous idea*. A ideia de Darwin era perigosa, mas não do modo como Dennett tinha em mente. Era perigosa porque permitiu que os materialistas se apossassem de uma falsa metafísica e a perpetuassem por muito tempo, mais do que deviam. Nas cinco décadas desde a descoberta do DNA, o campo da biologia, a ciência da vida, tem sido guiado principalmente por uma filosofia que se aplica (e, mesmo assim, de forma aproximada) apenas aos não vivos. Não está na hora de o materialismo sair da biologia?

capítulo 10

ideias pós-darwinistas e a jornada rumo ao novo paradigma

É preciso admitir que, até surgir a física quântica, a ideia da criatividade biológica não poderia ter se transformado em uma teoria sólida. Nesse sentido, o pragmatismo exibido pela liderança da biologia na defesa do darwinismo não é totalmente injustificado. Contudo, esse sedutor pragmatismo levou biólogos e até o público a pensar que evolução e darwinismo seriam sinônimos. Isso não é modo de se fazer ciência, elevar uma teoria que, na melhor hipótese, foi apenas parcialmente comprovada, em nível de evangelho. Felizmente, o ceticismo científico começou lentamente a quebrar o feitiço do darwinismo pragmático e a abrir as mentes para outros modos de ver a evolução.

Neste capítulo, traça-se uma breve história do pensamento dos biólogos acerca de ideias que foram precursoras da ideia da criatividade biológica, à moda da física quântica. Além disso, fala-se das discussões em torno dessas ideias e de como essas discussões podem ser assentadas, usando-se a ideia da criatividade biológica, que proporcionará o contexto para o próximo capítulo.

Também se tentará transmitir uma noção de como essas discussões foram tratadas pela comunidade biológica convencional – não por meio dos canais normais de dados científicos, nem por revoluções na formação de teorias, mas por meio do realismo político. O darwinismo sempre foi uma posição intermediária: como nenhuma outra teoria foi tão compulsória, por que mexer num time que está ganhando? Há sempre a ameaça da política por trás de tudo, tanto dentro da disciplina como na permanente discussão com os adeptos do Gênese bíblico, e esta ameaça parece ter impedido uma avaliação mais honesta da situação.

Dentro do meio político, podem ser observados alguns sinais promissores de pensamento pós-darwinista – eles constituem o foco deste capítulo. Uma linha de pensamento antidarwinista foi bem divulgada: o novo lamarckismo. Reservou-se parte da história dessa ideia para um capítulo posterior, no qual será abordado o pensamento do novo paradigma sobre o lamarckismo (Capítulo 20).

Uma segunda linha importante do pensamento pós-darwinista focaliza o gradualismo. Os biólogos sempre souberam que o gradualismo não é adequado para explicar o surgimento de características macroscópicas ou, mesmo, da especiação. A ideia de dois ritmos de evolução também começou a despontar. Ideias antidarwinistas como "monstros esperançosos" e "genes neutros" foram lançadas, e esta última chegou a ser adotada, com vantagens, pelos darwinistas.

Diversos outros temas começaram a surgir. Um deles é o reconhecimento da importância, para a evolução, das catástrofes que levaram à extinção de espécies em larga escala. Ninguém pode negar essas extinções, por mais que possam ser contrárias ao darwinismo. Muitos biólogos perceberam ainda que houve um aumento no ritmo da evolução após esses eventos de extinção. E não se pode esquecer o ponto de vista organísmico quando se insere a criatividade na evolução. Haveria padrões ou leis da forma que orientariam a modelagem final da criatividade na evolução? Finalmente, respondendo a um dos mais gritantes casos de impotência do darwinismo, a evolução dos eucariontes a partir dos primeiros procariontes, a bióloga Lynn Margulis (Margulis & Sagan, 1986) sugeriu um mecanismo de cooperação, em contraste com a competição do darwinismo. No mesmo sentido, James Lovelock (1982) imaginou uma cooperação em grande escala na forma de uma consciência planetária – Gaia – que tem importantes consequências para a evolução. Na próxima seção, embarcar-se-á em um giro por algumas dessas ideias "pós-darwinistas".

Monstros esperançosos

O biólogo Richard Goldschmidt foi um refugiado da Alemanha de Hitler que se estabeleceu na Universidade da Califórnia, em Berkeley, para dar prosseguimento ao seu trabalho. Sua ideia mais famosa, a de "monstros esperançosos", foi proposta em 1940 (ver Goldschmidt, 1952), uma época em que a síntese neodarwinista estava sendo esboçada. Goldschmidt foi um dos poucos biólogos que, mesmo aceitando a possibilidade de o darwinismo explicar a microevolução, tinha sérias dúvidas quanto à capacidade dessa teoria para explicar a macroevolução e, portanto, tinha dúvidas sobre a viabilidade do neodarwinismo. Em um desafio bastante mencionado aos neodarwinistas, ele disse:

> Posso desafiar os adeptos da visão estritamente darwiniana [...] a tentarem explicar a evolução das seguintes características, mediante acúmulo e seleção de pequenas mutações: os pelos dos mamíferos, as penas das aves, a segmentação de artrópodes e vertebrados, a transformação dos arcos das guelras na filogenia, inclusive os arcos, músculos e nervos aórticos; além disso, os dentes, as cascas dos moluscos, os ecto-esqueletos, olhos compostos, circulação sanguínea, alternância de gerações, estatocistos, sistemas ambulacros dos equinodermos, pedicelária destes últimos, cnidocistos, sistemas de veneno das cobras, ossos das baleias e, finalmente, diferenças químicas como hemoglobina *versus* hemocianina etc. Poderia dar exemplos correspondentes nas plantas.

Não há motivo de preocupação: não sendo biólogo, talvez o leitor não esteja familiarizado com alguns dos termos biológicos mencionados acima (este autor mesmo teve de conferir diversos deles no dicionário). Basta perceber que, mesmo hoje, os darwinistas se desdobram para explicar tais aspectos da macroevolução, um ponto sobre o qual Michael Behe (1996) entrou em detalhes com relação a algumas características similares.

Sendo um homem corajoso, Goldschmidt propôs que tais mudanças macroevolucionárias acontecem subitamente, através de mutações "monstruosas". Talvez o leitor tenha visto em feiras agrícolas exibições de tais mutações em nível de fenótipo, como as ovelhas com duas cabeças ou coisas do gênero. Naturalmente, é raro que tais mutações sobrevivam, mas é possível, em umas poucas ocasiões, como argumentou Goldschmidt, que sobrevivam, e que essa sobrevivência leve à macroevolução e a novas espécies. A essas monstruosidades sobreviventes, com variações genéticas simultâneas, Goldschmidt deu o evocativo nome de "monstros esperançosos".

Dizem os darwinistas, de tempos em tempos, que essa ideia é ridícula, e Goldschmidt mal é mencionado em notas de rodapé, se tanto, nos atuais livros de biologia. Mas ele se tornou bastante famoso na pequena comunidade antidarwinista. Em 1975, por exemplo, o biólogo Guy Bush, da Universidade do Texas, endossou o trabalho de Goldschmidt com estes dizeres: "O 'monstro esperançoso' de Goldschmidt, uma mutação que, em um único passo genético, permite ao mesmo tempo a ocupação de um novo nicho e o desenvolvimento de isolamento reprodutivo, não parece mais totalmente inaceitável".

A ideia é ridícula se vista do ponto de vista preconceituoso da física clássica, com sua continuidade. Mas analise-se a ideia do ponto de vista quântico, e os monstros esperançosos tornar-se-ão uma ideia muito esperançosa. A física quântica leva o indivíduo à "ridícula" ideia de que saltos quânticos descontínuos permitem que os elétrons viajem até um destino final sem passar pelo espaço intermediário. Como o movimento dos elétrons, mutações genéticas também são eventos quânticos; afinal de contas, são possibilidades. O que impede essas possibilidades de se acumularem sem o darwiniano escrutínio seletivo da natureza? Só um clássico caso de congelamento da imaginação. Se o leitor conseguir descongelar o olho de sua mente, a ideia de monstros esperançosos pode se tornar plausível. Então, poder-se-á apreciar o valor da avançada intuição de Goldschmidt, um *insight* bem a frente de sua época.

Genes neutros

No final da década de 1960, e início da década de 1970, surgiu outra ideia na literatura biológica, que pode ser vista como precursora do pensamento quântico (Kimura, 1983): a ideia de mutações de genes "neutros". É importante lembrar que muitas mutações genéticas não são nem nocivas, nem benéficas. Agora, é preciso ter em mente que a seleção natural elimina as mutações nocivas e seleciona as mutações benéficas. Mas, se uma mutação for seletivamente neutra – nem benéfica, nem nociva –, a seleção natural não agirá sobre ela. Será que tais variações no *pool* genético fazem diferença na forma como uma espécie evolui?

É preciso pensar em algumas possibilidades. Tal variação tem uma chance de um em dois de sobreviver até a geração seguinte; com dois progenitores contribuindo com genes, isso é óbvio. Os cálculos mostram que existe apenas uma chance em mil de que tal variação sobreviva até a milésima geração.

Mas a teoria das probabilidades é aberta o suficiente para sugerir que, apenas pelo acaso, um pequeno número de tais variações neutras possa se estabelecer em uma população, malgrado as chances. A teoria das probabilidades também mostra que, no caso de grandes populações, a presença de genes neutros é pouco provável; grandes populações tendem a chegar a um equilíbrio nas frequências dos genótipos. Os biólogos chamaram isso *equilíbrio Hardy-Weinberg*.

Mas as estimativas de probabilidade deixam a situação bem aberta para pequenas populações, nas quais, portanto, pode ocorrer um desvio genético para longe do equilíbrio Hardy-Weinberg. Os darwinistas têm usado a ideia de desvio genético como saída para muitas situações embaraçosas, como se discutiu no capítulo anterior.

Entretanto, estimativas de probabilidade também admitem outra possibilidade, o cenário que torna a hipótese do gene neutro um precursor do pensamento quântico. Parece possível que variações neutras possam ficar dormentes em diversos indivíduos de uma população. Também parece possível que, de tempos em tempos, tais variações neutras possam convergir na reprodução sexual de um novo indivíduo no qual elas estão ativadas, no sentido de que podem produzir uma característica de adaptação. Em outras palavras, de repente, genes que antes não se expressavam podem se expressar, explicando, assim, a súbita aparição de um "monstro esperançoso" com uma nova característica.

Nesta reconstrução de eventos, a evolução do pescoço da girafa, discutida anteriormente, pode ser interpretada da seguinte maneira. Suponha-se que, ao longo de milhares de gerações, uma série de mutações neutras se acumule, mutações com o potencial de produzir arcos bronquiais mais fortes, músculos maiores e coração maior. Mas, na ausência de um pescoço longo, tais mutações não têm muita utilidade e causam poucos problemas e, por isso, podem ficar fixas em uma população, com pequena probabilidade. Agora, suponha-se que essas mutações convirjam em uns poucos descendentes, nos quais há ainda a nova e vital mutação responsável pelo pescoço longo. De repente, o sistema de apoio para o pescoço se expressa de forma sincrônica com o pescoço longo. Esta interpretação dá a credibilidade necessária para a explicação evolucionária do pescoço da girafa.

Mas será que isso é realmente mais crível do que o cenário darwinista habitual? Será realmente possível que os genes para um coração ou para músculos maiores passem despercebidos de forma seletiva?

Analise-se a ideia sob o pensamento quântico: mutações genéticas são meras possibilidades, e não experiências concretas, até o evento de colapso. A natureza, no estado inconsciente presumido pelo darwinismo, não pode selecionar dentre diversas possibilidades. Desse modo, possíveis mutações genéticas podem se acumular sem ser selecionadas até chegar sua hora, como no cenário acima.

Na literatura sobre a criatividade, essa parte do processo criativo é chamada *processamento inconsciente*, algo que não é permitido no pensamento clássico, mas é completamente *kosher* no pensamento quântico. Esta ideia de natureza inconsciente é discutida mais a fundo no Capítulo 12.

Catástrofes e extinção

O darwinismo faz uma suposição implícita importante: para que a evolução seja gradual e contínua, o ambiente cuja seleção impulsione a evolução também deve mudar de maneira gradual e contínua. Esta hipótese recebe o incômodo nome de *uniformitarianismo*.

Infelizmente, dados geológicos indicam claramente que o ambiente tem sido qualquer coisa, menos uniforme. A Terra passou por um bom número de convulsões significativas. Segundo o historiador natural Norman Newell, essas convulsões significativas ocorreram no início e no final do período cambriano, bem como no final do devoniano, do permiano, do triássico e do cretáceo. Na verdade, elas ajudam a definir os limites da escala de tempo geológico.

Se o ambiente na Terra passa por tais eventos catastróficos, como se pode esperar que a evolução dos organismos seja contínua, ou se afirmar que a extinção de uma espécie se deva aos seus desajustes ou dificuldades de adaptação? Com efeito, esses eventos catastróficos têm sido identificados como épocas de extinção em massa, seguidas de imensas explosões de nova vida.

Na extinção massiva que ocorreu no final do período permiano, há 225 milhões de anos, 96% das espécies existentes foram extintas. Será que as espécies restantes, 4%, sobreviveram porque eram mais aptas? "São poucas as defesas contra uma catástrofe de tal magnitude", disse Gould, comentando sobre essa catástrofe, "e os sobreviventes podem simplesmente estar entre esses 4% com mais sorte [...] nossa atual gama de desenhos biológicos importantes pode não representar um conjunto de melhores adaptações, mas de afortunados sobreviventes". E Newell (citado em Hitching, 1982, p. 136) disse o seguinte:

> [...] o registro fóssil da vida não é uma mera cronologia de organismos desenvolvendo-se uniformemente. O registro, na maior parte, assinala mudanças ambientais erráticas, geralmente bruscas, índices variáveis de

> evolução, extermínio e repovoamento [...] A extinção em massa, a migração rápida e a consequente desagregação do equilíbrio biológico, tanto em escala local como mundial, têm acompanhado mudanças ambientais contínuas.

Esse tipo de reconstrução realista do registro fóssil levou a muitas alternativas não darwinianas à teoria da evolução. Hitching (1982, p. 43) construiu uma versão genérica dessas teorias para a evolução dos animais terrestres:

> Após um desastre (provavelmente global), um grande número de criaturas anfíbias foi jogado às praias e ficou isolado. Muitas morreram de fome ou por conta de ferimentos, mas muitas sobreviveram, e, entre as mães, o efeito múltiplo de dieta alterada, estresse, exposição prolongada a um novo clima e imunidade adquirida a doenças virais levou a uma intensa pressão genética sobre seus bebês ainda no útero. Mudanças cromossômicas levaram a monstros esperançosos aos milhares, emergindo de ovos recém-chocados. Muitos nasceram mortos ou impotentes, ou não conseguiram fazer diferença porque a mudança cromossômica "degenerou". Em alguns casos, porém, graças a um cruzamento do tipo "harém" em populações isoladas, a mudança cromossômica se perpetuou. Após umas poucas gerações, diversas variedades de "monstros" tornaram-se viáveis: novas espécies que se proliferaram sobre um planeta quase despovoado.

É possível ver que há certa credibilidade nesse tipo de cenário, especialmente se o leitor perceber que a única resposta que o gradualismo darwiniano pode dar à cacofonia de tais catástrofes "é a sobrevivência de quem tem mais sorte". Somando-se as ideias quânticas apresentadas até agora, a credibilidade aumenta de forma evidente. Não é nem o mais apto, nem o mais afortunado que se sai bem quando ocorre uma catástrofe maciça; é o mais criativo.

A verdade é que certos grupos de organismos entram em jogo subitamente, mantêm-se homeostáticos durante milhões de anos e, depois, subitamente, morrem. Em outras palavras, a evolução tem tanto épocas darwinianas como não darwinianas. Esta noção foi codificada ainda mais na ideia já mencionada dos ritmos lento e rápido da evolução.

Dois ritmos da evolução: equilíbrio pontuado

A ideia de dois ritmos de evolução também é chamada *equilíbrio pontuado*. O ritmo lento e darwiniano, de evolução contínua, é o equilíbrio, algo semelhante à prosa contínua de uma narrativa; a evolução de ritmo acelerado, "quântico", é como o conjunto de sinais de pontuação da narrativa.

Por acaso, os próprios biólogos têm usado a palavra *quântico* como adjetivo para a evolução em ritmo acelerado (Grant, 1977). Infelizmente, talvez por causa de pressão política, até os proponentes originais da ideia, Stephen Jay Gould e Niles Eldredge, procuraram contemporizar a visão quântica da situação e retornaram para a visão newtoniana. Para citar um exemplo, nos primeiros trabalhos de Gould (Gould, 1980) foi encontrada a palavra *descontinuidade* e a ideia de que, durante os dois ritmos, até os processos básicos de variação e de seleção "trabalham de formas diferentes". Contudo, os escritos posteriores de Gould e de Eldredge desapontam na medida em que esses autores se resignaram a aceitar a explicação de Ernst Mayr para os sinais de pontuação do ritmo acelerado, alegando que se devem simplesmente ao isolamento geográfico.

Se o leitor não acredita no darwinismo e não precisa se preocupar com a política, é capaz de perceber que o ritmo acelerado pode ser bem rápido mesmo: pode ser o sintoma de saltos quânticos instantâneos. Nesses saltos os "monstros esperançosos" de Goldschmidt ganham vida graças ao acúmulo de possibilidades quânticas das variações dos genes neutros de Kimura (ver Capítulo 11).

Biologia organísmica – ou o que modela a forma na criatividade biológica?

Há 100 mil espécies de borboletas e mariposas. O biólogo Frederick Nijhout, que as estudou a fundo, conseguiu resumir os cem milhares de formas em seis formas básicas. O que isto implica? Disse Nijhout (citado em Augros & Stanciu, 1988, p. 192-193):

> Na natureza, poucas coisas se igualam à beleza e à variedade dos padrões nas asas de borboletas e mariposas. Essa ordem de insetos – os lepidópteros – consiste em umas 100 mil espécies, e praticamente todas podem

> ser distinguidas das restantes simplesmente pelo padrão de cores de suas asas. O fenômeno é ainda mais notável se examinarmos como se formam os padrões, tal como se diz durante alguns anos, e descobrirmos que a resposta é, basicamente, bem simples... Os padrões de cores podem ser desenvolvidos, pelo menos em princípio, pelos mesmos tipos de processos que guiam o desenvolvimento de características morfológicas, pois todo desenvolvimento é, em última análise, o resultado de mudanças progressivas na expressão dos genes.

No Capítulo 4, foi dito que os biólogos "organísmicos" afirmam que deve haver processos que guiam o desenvolvimento de formas e funções macroscópicas – características morfológicas, padrões de cor, funções orgânicas e coisas assim – no nível do fenótipo, a começar com as expressões dos genes, ou seja, as proteínas. Afirmam, ainda, que tais leis ou processos devem ter um papel na evolução. Ideias organísmicas de evolução podem ser localizadas nos trabalhos de luminares do passado, como o Barão Cuvier e Hans Driesch, biólogos ativos na virada dos séculos 19 e 20, respectivamente.

Biólogos que pensam dessa forma encontraram diversos pontos fracos nos conceitos tradicionais da forma. No darwinismo, a forma se deve aos genes, e, portanto, em última análise, a forma é o produto do mero acaso. Esta abordagem, disse Driesch no começo do século 20, "explica como, jogando pedras, podemos construir casas de determinado estilo". O darwinismo se concentra integralmente nos genes. No entanto, como (até segundo o darwinismo) a seleção natural age sobre o fenótipo, a expressão dos genes, e não sobre o nível genético em si, a alegação dos biólogos organísmicos faz sentido. No darwinismo, a suposição dominante é que os genes têm a receita completa para construir a forma. Na teoria organísmica, os genes têm a receita para construir não a forma, mas as proteínas; a estrada que leva das proteínas às células e das células aos órgãos exige mais guias.

Um problema que ilustra a importância de se levar em conta a forma na evolução é o fenômeno da homologia, que costuma ser mencionado como prova importante da própria evolução. O termo se refere ao fato de que organismos de tipos muito diferentes possuem órgãos homólogos; ou seja, o mesmo padrão de forma parece ter evoluído para realizar muitas funções diferentes. Como exemplo, pode-se pensar na forma tetrápode dos vertebrados: as nadadeiras de uma baleia, as pernas de um camelo e as asas de uma ave são feitas da mesma maneira básica, embora sirvam a funções bem diferentes. Se a evolução fosse a adaptação mais apta do acúmulo gradual de formas geradas a partir de variações aleatórias, então se poderia esperar que as formas usadas para nadar, para correr e para voar difeririam muito umas das outras. Agravando o enigma, de fato, os complexos genéticos responsáveis pelos respectivos membros são muito diferentes, e, contudo, de algum modo, esses diferentes sistemas genéticos conseguiram produzir as mesmas formas básicas. Esta homologia é evidência convincente de que deve haver leis da forma ou processos que guiem a forma.

Inicialmente, esses princípios orientativos, ou campos morfogenéticos, que ajudam a gerar a forma, eram considerados locais. Conrad Waddington imaginou que operassem pela canalização da construção de forma. Mais recentemente, os darwinistas tentaram introduzir a ideia de que os canais para construção de forma devem ter surgido graças à adaptação evolucionária. Em 1981, Rupert Sheldrake acrescentou o conceito de campos morfogenéticos não locais, que só podem ser não físicos. Já foi mencionado, no Capítulo 4, como esse conceito revivifica a ideia do corpo vital, uma antiga "garrafa" que agora serve o novo "vinho" das matrizes das formas e funções.

Em um contexto totalmente diferente, o físico Ilya Prigogine, e depois os teóricos do caos, analisaram a evolução biológica como a evolução da ordem dentro do caos. Mencionaram-se antes essas ideias com relação à origem da vida (Capítulo 6). Nela, o maior problema é o seguinte: como produzir um comportamento orientado por programa de uma célula viva a partir do comportamento orientado por lei de átomos e moléculas, para os quais a ordem dentro do caos não parece ser uma ideia produtiva.

Entretanto, se o comportamento orientado por programa estiver disponível como o elemento básico de formação da célula viva, a forma viva básica que leva adiante um programa vital, e se for compreendido o processo de evolução como a evolução criativa de programas vitais cada vez mais sofisticados, então terá seus méritos ver a construção da forma como a criação da ordem dentro do caos (ver Capítulo 11).

Teoria Gaia e simbiose

Como é que se deduz que pode haver vida em um planeta sem ter de detectá-la diretamente? Quando o cientista e estudioso de Marte James Lovelock precisou lidar com esse problema em relação a uma expedição a Marte, a resposta que ele obteve foi que, para sustentar a vida, um sistema precisa estar em desequilíbrio termodinâmico. Um estado de equilíbrio térmico significaria que a entropia ou desordem do sistema já teria sido maximizada, o que, por sua vez, denotaria que toda geração de ordem teria cessado. Um pouco de meditação sobre o problema deu a Lovelock uma nova pista: a atmosfera do planeta desvia-se do equilíbrio químico. Com efeito, quando Lovelock analisou os dados, descobriu que a atmosfera da Terra tem uma mistura muito estranha de gases se comparada com a de Marte ou a de Vênus, uma mistura em "exuberante desequilíbrio" se comparada com o relativo equilíbrio.

Quando ele levou essa ideia ao astrofísico Carl Sagan, descobriu mais uma peculiaridade da Terra, essa formadora de vida: a Terra tem mantido temperaturas estáveis ao longo de bilhões de anos, enquanto cálculos teóricos mostram que o Sol se aqueceu consideravelmente durante esse período. Esses dois dados peculiares acabaram dando origem a um *insight* espantoso na mente de Lovelock: a Terra deve ser um organismo vivo, capaz de regular sua temperatura e a química de sua atmosfera. Assim, nasceu a hoje famosa "hipótese Gaia" (Lovelock, 1982).

A bióloga Lynn Margulis (1993) enriqueceu a hipótese Gaia ao chamar a atenção para a importante simbiose entre o ambiente e a biota do planeta. Uma abelha tem um relacionamento simbiótico com a árvore em flor, pois espalha seu pólen e retira seu alimento. Margulis também deu origem à ideia de que tais relações simbióticas, por parte de microorganismos de bactérias com seus hospedeiros, representa um importante papel na evolução. Apesar de ser uma ideia não darwiniana, ela ganhou alguma aceitação do *establishment* científico graças ao peso dos dados que Margulis conseguiu apresentar. Margulis teorizou que a transição da célula procarionte para a eucarionte nucleada ocorria graças a essa hospedagem simbiótica.

Ao longo dos anos, a hipótese Gaia conquistou muitos adeptos, embora a maior parte deles de fora da biologia. Quem conhece a biologia por dentro ainda está um tanto cético, em parte porque a ideia é vaga, mas principalmente porque ela evoca o holismo, na forma de uma consciência planetária emergente. É claro que ela propõe um papel maior para a vida (e, por inferência, para a consciência), e numa escala muito maior do que a alegada por materialistas e reducionistas, que se recusam a ver qualquer diferença significativa entre vida e não vida.

Como ela propõe um papel para a consciência, na biologia, a hipótese Gaia ajudou a apoiar, de modo geral, a ideia de ciência dentro da consciência. No Capítulo 12, mostra-se que, quando se reformula uma teoria da evolução dentro da primazia da consciência, as ideias de Lovelock e de Margulis se encaixam de forma elegante.

Será que a consciência cria a ordem biológica?

Finalmente, deve-se mencionar um livro muito importante do filósofo Robert Augros e do físico George Stanciu (1988), que foram provavelmente os primeiros pesquisadores científicos a sugerir que a consciência desempenha um papel crucial na criação da vida e na evolução da vida. Deixar-se-á, aqui, que eles falem por si mesmos:

> Que causa é responsável pela origem do código genético e o dirige para produzir espécies animais e vegetais? Não pode ser a matéria, pois, por si só, a matéria não tem inclinação por essas formas, tampouco o tem para formar o Poseidon, um microchip ou qualquer outro artefato. Deve haver uma causa, à parte da matéria, capaz de moldar e direcionar a matéria. Haveria em nossa experiência algo assim? Sim, há: a nossa própria mente [na linguagem deste livro, "consciência"]. A forma da estátua se origina na mente do artista, que então molda a matéria de maneira apropriada. A mente do artista é a causa última da forma existente na matéria, mesmo que ele invente uma máquina para produzir as estátuas. Pelos mesmos motivos, deve haver uma mente que direciona e molda a matéria em formas orgânicas. Mesmo que o faça criando mecanismos químicos para realizarem a tarefa com autonomia, este artista será a causa suprema de todas as formas existentes na matéria. O artista é Deus, e a natureza é o artesanato de Deus (Augros & Stanciu, 1988, p. 191).

Creio, porém, que Augros e Stanciu não atingiram a meta em seu livro, basicamente porque a física quântica e a causação descendente pela consciência não estavam disponíveis para eles como uma estrutura conceitual em torno da qual poderiam construir sua teoria. Com estes conceitos à mão, o astrofísico Arne Wyller (1999) foi o primeiro a invocar a consciência como solução para todos os problemas de que a teoria de Darwin não cuida apropriadamente. Entretanto, o trabalho de Wyller deixou de lado detalhes significativos. O presente livro expõe esses detalhes e completa a visão desses três autores. O capítulo seguinte é a conclusão: finalmente, está-se pronto para introduzir o conceito de evolução criativa em detalhes.

capítulo 11

evolução criativa

Na Parte 1, traçou-se o perfil de uma nova abordagem da evolução biológica, que foi chamada evolução criativa. A ideia essencial é que novas espécies costumam surgir graças aos atos criativos da consciência. Essa criatividade biológica tem lugar em saltos quânticos, instantaneamente. Diz-se aqui que esta criatividade é a causa fugidia da evolução rápida que os biólogos têm procurado por décadas. Desse modo, por meio das lacunas fósseis, a evolução prova o desígnio inteligente e a existência de um desenhista criativo.

Neste capítulo e no seguinte, será mostrado que a evolução criativa integra tópicos de quase todos os pontos de vista mencionados até agora. Defensor do desígnio inteligente? O desenhista é a consciência quântica/Deus. É certo que o desenhista não é exatamente o Deus da crença popular cristã, mas será importante a diferença? Teórico da pontuação? É preciso um salto gigante e descontínuo – criatividade – para manifestar todas as possibilidades genéticas corretas da matéria-prima necessária para construção de uma nova forma. Que sinal de pontuação! Defensor dos monstros esperançosos ou dos genes neutros? É espantoso, mas a criatividade quântica incorpora ambas as ideias de um só golpe. Biólogo organísmico? Criar uma nova forma exige a invocação de campos morfogenéticos e de leis da forma. Estudioso de catástrofes? As catástrofes fazem parte da criatividade; é preciso destruir algo antes que a criação abra espaço para a presença do novo. E, por último, mas não menos importante, é neodarwinista? Na nova teoria, o mecanismo lento de Darwin é o limite situacional e condicionado (correspondência) da causação descendente e criativa de Deus (ver Capítulo 12). Ademais, o Deus criador é um Deus objetivo, que passa pelo severo teste de uma teoria científica.

Macroevolução e salto quântico

O maior problema da explicação da macroevolução biológica é este: uma mudança macroevolucionária exige muitas mudanças micro em nível genético, muitas mutações! Esta dificuldade motivou conceitos, como evolução pontuada, monstros esperançosos, genes neutros. Agora, é preciso ver como essas teorias podem ser integradas mediante a evolução criativa.

Primeiro, será visitado um exemplo favorito, o olho. A evolução de uma retina, como primitivo ponto sensível à luz, exige muitas mudanças coordenadas, literalmente milhares e milhares de novos genes, efeitos esses que precisam ser coordenados. Isso, falando apenas do olho; uma retina sustentada pelo processamento cerebral já é outro assunto. Entretanto, cada variação genética, segundo o darwinismo, deve ser selecionada individualmente. A probabilidade de variações isoladas serem benéficas é minúscula; na verdade, é mais provável que sejam nocivas. Assim, é bem provável que a seleção individual remova a maioria das variações genéticas. Além dos genes, há outros problemas. Ficou claro que a produção do órgão completo exige programação adicional, em nível somático. O acúmulo de tantas variações genéticas benéficas e de tanta programação em nível somático levaria mais tempo do que a idade do planeta! A única solução sensata é um salto quântico.

Para se saber como a criatividade atua na produção de saltos macroevolucionários, antes será explorado o paradoxo conhecido como demônio de Maxwell, que leva o nome de seu criador, o físico James Clerk Maxwell, do século 19. Imagine-se que um demônio deseje separar moléculas lentas de moléculas rápidas em um conjunto de moléculas que, inicialmente, tem uma combinação aleatória de velocidades, uma situação que os físicos chamam *equilíbrio térmico*. O demônio coloca uma divisão com portinhola no meio da caixa de moléculas e fica sentado sobre a portinhola (Figura 9). Sempre que o demônio vê uma molécula rápida movendo-se da esquerda para a direita rumo à portinhola, ele a deixa passar. E, sempre que uma molécula lenta está pronta para passar pela portinhola da direita para a esquerda, o demônio a deixa passar. Aquilo que começou como uma mistura aleatória tem agora duas regiões, com características diferentes – mais moléculas rápidas à direita, mais moléculas lentas à esquerda. Logo, com o truque da portinhola, o demônio criou ordem dentro da desordem.

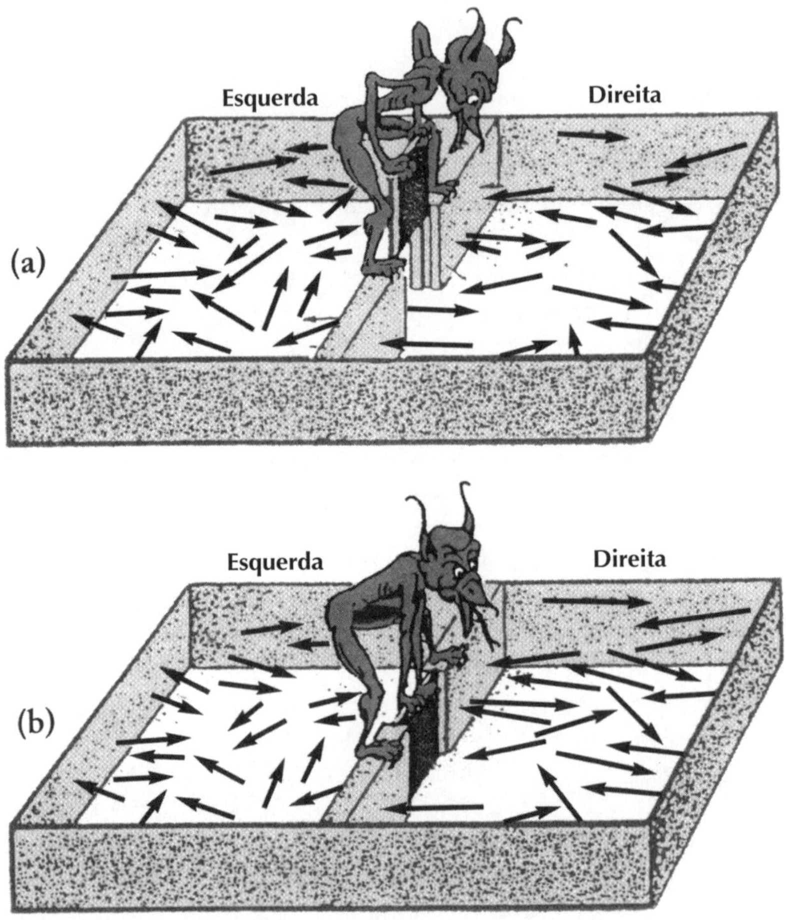

Figura 9. O demônio de Maxwell. (a) As moléculas das duas câmaras estão desorganizadas, há tanto moléculas lentas (setas curtas) como moléculas rápidas (setas longas); (b) o demônio produziu ordem nas duas câmaras com o truque da portinhola: agora, a câmara da esquerda só possui moléculas lentas; a câmara da direita só possui moléculas rápidas.

Agora, importa lembrar a lei da entropia: nos processos naturais, a entropia, ou desordem, sempre aumenta, ou, na melhor das hipóteses, permanece a mesma. Maxwell imaginou esse pequeno cenário para demonstrar uma possível violação da lei da entropia – um paradoxo. Esse paradoxo é real? Não. Outro físico, Leon Brillouin, resolveu o paradoxo. Ele disse que, cada vez que o demônio observa se a molécula que vai passar pela portinhola é a correta, ele precisa gastar energia para obter a informação. O preço de se usar a energia é a entropia, e, por isso, a entropia aumenta de modo geral. A criação da ordem – diga-se, a criação de formas de vida de complexidade crescente – tem um custo, a entropia.

Este ponto é ressaltado pelos criacionistas, que reclamam que, como a evolução da vida é uma batalha, morro acima, contra a lei da entropia, a evolução é impossível, pois viola a lei da entropia. O evolucionista retrucaria: "Não, meu amigo, não há violação. Primeiro, a Terra é um sistema aberto; ela recebe energia do Sol para manter a batalha contra a entropia, morro acima. Segundo, embora surjam organismos, a entropia do ambiente à volta deles aumenta, mais do que compensando a queda da entropia por causa da evolução da vida".

A resposta parece boa, mas há um problema. Embora o argumento seja válido para a manutenção da vida (Schrödinger, 1944), há uma diferença entre "manter" e "evoluir". No modo de manutenção, sabe-se como funciona, ou seja, como a biota da Terra recebe energia solar e também como a entropia do ambiente sobe nesse processo. No caso da evolução, não se conhece o "como" de nenhum desses processos. Em outras palavras, o argumento dos evolucionistas – a lei da entropia não é violada pela evolução – é plausível, mas não mais do que isso. Ela não satisfaz inteiramente.

Será que a evolução criativa pode oferecer uma resposta melhor para a questão da entropia? Aqui se propõe um mecanismo evolucionário baseado na criatividade quântica – a criação por uma consciência quântica. No modelo mecanicista de criatividade que segue a física newtoniana, um *insight* criativo é o resultado de um processamento consciente, via tentativa e erro. Na verdade, será que não se pode ver o demônio de Maxwell como um processador consciente desse tipo? Logo, no processamento consciente, aplica-se a mesma preocupação que se tem com a entropia. Entretanto, na criatividade quântica, a situação se salva porque o *insight* criativo é precedido pelo processamento inconsciente – processamento sem percepção-consciente – que não exige energia dissipativa e não aumenta a entropia.

No pensamento quântico, as mutações genéticas são possibilidades quânticas (Elsasser, 1981). No mundo quântico, com seu cenário sempre mutável de *potentia*, essas possibilidades, a menos que sofram colapso, vão interagir, expandir e acumular. Biólogos que pensam de forma tradicional podem querer presumir, neste ponto, que as variações genéticas quânticas sofrem colapso sozinhas, quando surgem sem qualquer ajuda (causação descendente) da consciência. Como se discutiu antes (Capítulo 2), porém, a consciência e seu poder de causação descendente são necessários caso o evento de colapso quântico deva ser livre de paradoxos lógicos.

Qualquer variação genética presente em possibilidade, ou seja, não expressada na criação de uma característica macroscópica, permanece sem sofrer colapso. A consciência não causa o colapso de variações genéticas não expressadas – até que todo um *gestalt* deles, quando expressado, crie uma nova forma. Tal como cada um faz em seu próprio processo criativo, a consciência aguarda o momento criativo adequado.

Isso parece familiar? É a elegante ideia dos genes neutros de Kimura, traduzida para a linguagem do mundo quântico, onde a ideia pode ficar bem mais completa. Na visão quântica, variações genéticas não expressadas são neutras com relação à seleção, pois não se manifestam. Do mesmo modo, agora os darwinistas não podem mais usar a ideia do gene neutro como rota de fuga: eles não podem mais invocar o desvio genético sempre que uma espécie se adapta imperfeitamente ao ambiente (ver Capítulo 10).

Isso significa que não se permitem desvios genéticos na evolução criativa? Não necessariamente. Seres humanos criativos, ao que se sabe, dão saltos falsos, tendo interpretado erroneamente a *gestalt* de possibilidades. Por que a criatividade biológica não deveria também apresentar falsos saltos ocasionais, que manifestam um grupo de genes que não contribuem para uma nova característica? Esses falsos saltos são responsáveis por aquilo que foi observado como desvio genético.

Como Kimura, Goldschmidt também teve um vislumbre da criatividade quântica ao conceber o monstro esperançoso. É extremamente difícil dar crédito à ideia de que um monstro esperançoso poderia ser produzido por acaso. Mas, e se a forma radicalmente nova – o monstro esperançoso – for produzida pelo processamento inconsciente e por um salto quântico de *insight*? Nesses termos, a ideia fica crível.

Também é preciso lembrar que, na verdade, a forma radicalmente nova e manifestada não chegou a ela por si mesma: a correspondente matriz vital também está disponível para o processador inconsciente, que é a consciência quântica/Deus. A matriz serve de parâmetro aproximado para aquilo que é preciso buscar por meio do processamento inconsciente.

Importa voltar à questão central, o salto em si. Quando é que a consciência escolhe? Antes que qualquer escolha possa ser feita, a consciência precisa que possibilidades em nível micro sejam amplificadas para possibilidades em nível macro. Portanto, o colapso não ocorre no nível genético micro. A amplificação do genótipo micro para o fenótipo macro ocorre primeiro como possibilidade. Acha-se que esta amplificação envolve a dinâmica do caos que foi mencionado no Capítulo 6; esta ideia será explorada em uma seção posterior.

Quando existe um ajuste entre as possibilidades para a forma macrofísica e a matriz morfogenética de forma, um ajuste que Rupert Sheldrake (1981) chamou *ressonância mórfica*, ocorre o colapso das ondas de possibilidades e um salto quântico, e a consciência terá conseguido criar uma representação física (a característica física ou órgão, a forma) da matriz morfogenética, e, juntamente com isto, uma nova espécie, ou um táxon superior. *Não há registros fósseis dos estágios intermediários porque não há estágios intermediários manifestados!* É simples assim.

Ao tentar fugir dessas conclusões, um darwinista tende a agir como um mágico tentando criar uma ilusão – neste caso, a ilusão do gradualismo. Veja-se a descrição que o biólogo Gavin de Beer fez do olho em seu livro de 1964, *Atlas of evolution* (Figura 10). A primeira imagem mostra um organismo unicelular com um ponto sensível à luz e um cristalino primitivo. A imagem do meio é uma seção do olho de uma água-viva, mostrando o cristalino e as células fotossensíveis formando uma retina em forma de xícara. No último quadro, o olho de um girino com o cristalino e as células fotossensíveis da retina, mas agora a retina é formada com o revestimento da cavidade cerebral. Evolução gradual? Imagine. A evolução de uma retina, a partir de um primitivo ponto fotossensível, exige muitas mudanças coordenadas, e é preciso um salto quântico para realizá-la. A partir dessa retina primitiva, a evolução de uma retina sustentada por processamento cerebral é um salto quântico ainda maior.

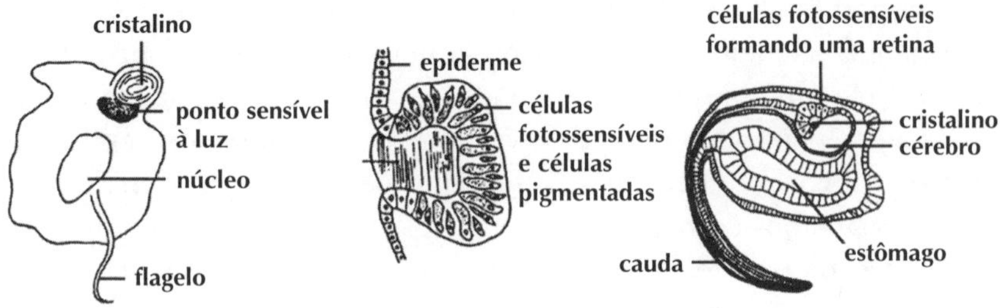

Figura 10. Três estágios de evolução do olho, segundo o *Atlas of evolution* (1964), de Sir Gavin de Beer. Os estágios não provam o gradualismo, como pretendeu Sir Gavin (ver o texto)

Evolução criativa e os intermediários

Então, como deveriam ser interpretados os poucos casos que os darwinistas alardeiam como evidência clara de estágios intermediários em uma evolução gradual? Será examinado um caso famoso de um dos chamados intermediários – o arqueópterix.

Quando o arqueópterix foi descoberto, imediatamente foi saudado pelos darwinistas como um estágio intermediário entre répteis e aves. Esta espécie parece ter possuído penas plenamente desenvolvidas e claras características reptilianas, como uma longa mandíbula dotada de dentes, além de cauda longa e flexível. Infelizmente, como os próprios biólogos perceberam, a criatura não possuía um esterno forte para sustentar os poderosos músculos que operam as asas nas aves. Portanto, alguns pesquisadores concluíram que o arqueópterix não voava.

Assim, para que as penas? No darwinismo, em que toda característica precisa ser adaptada e ter valor para a sobrevivência, essas penas são motivo de embaraço! Vale lembrar o problema da pré-adaptação que assusta os darwinistas: como pode surgir uma característica adaptada antes mesmo de ser usada? Eles sugeriram, então, que as penas do arqueópterix não eram usadas para voar, mas para conservar o calor, deixando de lado o fato de que as penas eram de vôo, e não plumas de isolamento térmico.

A evolução criativa tem uma resposta muito simples para todos os casos de pré-adaptação. A forma pré-adaptada é obtida, com efeito, por meio de um salto quântico, mas são necessários ajustes posteriores a fim de tornar útil a nova característica criativa diante do propósito para o qual foi projetada. Este é o estágio manifestado da criatividade, muito bem assentado. Em outras palavras, um arqueópterix tinha penas adequadas para voar; portanto, sem ambiguidades, era uma ave. Afinal, os pesquisadores concordaram que ele deve ter sido capaz de voar tão alto quanto o galho de uma árvore, a fim de se salvar de predadores. Com certeza, o arqueópterix ainda precisaria desenvolver um esterno forte, músculos que suportassem o voo, e talvez até capacidade cerebral adequada antes de conseguir voar adequadamente como uma ave moderna, mas como negar que se trata de uma ave? Atribuindo um uso implausível e intermediário para uma característica especial e muito complexa, os darwinistas cometem uma injustiça com os poderes da natureza.

Espera-se que o leitor veja, com este exemplo, que as lacunas fósseis podem, de fato, ser vistas como dados valiosos, e não como algo que precise ser justificado. São evidências da verdadeira descontinuidade. Essas lacunas nunca serão preenchidas com futuras descobertas, pois são evidências de criatividade biológica, de saltos quânticos de evolução. Como tal, proporcionam ao indivíduo algumas das mais espetaculares evidências de causação descendente e do desígnio inteligente de Deus.

Uma questão ainda precisa ser tratada. Na vida cotidiana, a criatividade consiste no ser humano criativo que dá um salto quântico até a consciência quântica/Deus, tornando possível o colapso quântico criativo (Goswami, 1999). É claro que a consciência individual tem um papel a cumprir. Qual o papel do organismo na criatividade biológica? Vai-se voltar a esta questão mais adiante neste capítulo.

Leis da forma: dinâmica do caos

Comentou-se antes que as leis da forma macrofísica devem envolver a dinâmica do caos. Isso será aprofundado.

Primeiro, importa ver como se lida com a ideia de forma no nível macro na evolução criativa (Figura 11). Por um lado, tem-se um organismo com certas possibilidades quânticas macroscópicas de forma, surgindo da dinâmica da matéria (que, por sua vez, origina-se da possibilidade quântica inerente às variações genéticas microscópicas). Por outro lado, tem-se a matriz vital da forma, que a consciência também processa para representar na matéria. O *insight* criativo na evolução ocorre quando a consciência criadora encontra um ajuste entre esses dois tipos de forma.

Perceba-se o grande e importante passo implicado aqui: possibilidades microquânticas no nível dos genes são amplificadas para possibilidades macroquânticas no nível do organismo. Para compreender este passo, é preciso analisar as leis dinâmicas da forma.

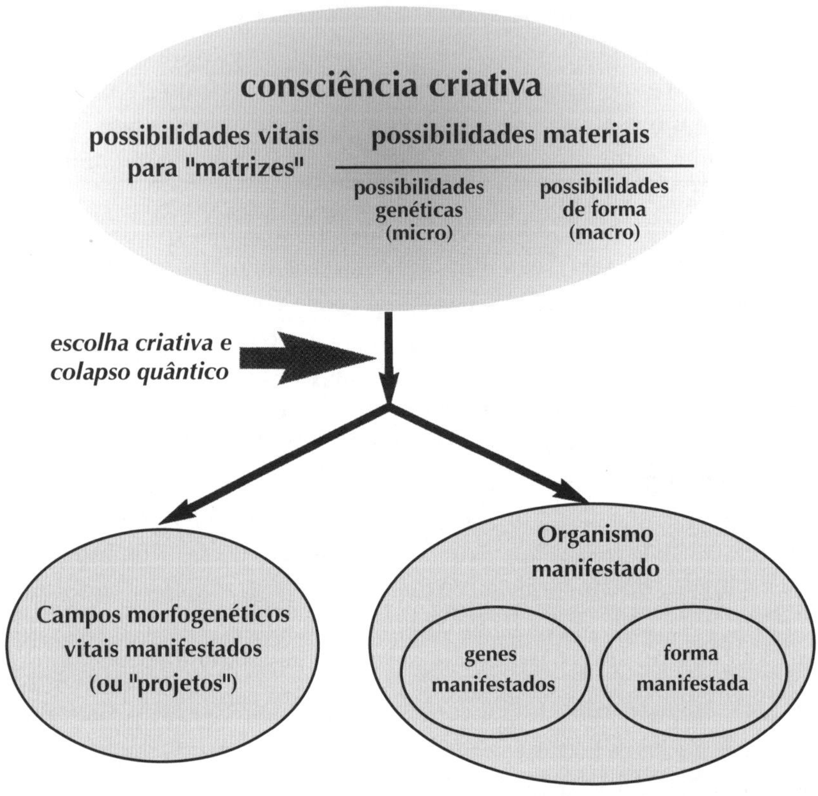

Figura 11. Relações entre consciência e possibilidades da forma na teoria da evolução criativa

Os biólogos, mesmo aqueles chamados biólogos organísmicos, pensam nas leis da forma como deterministas: dados os ingredientes, as interações dos ingredientes – até certo ponto, dependendo do ambiente – determinam a forma eventual. Em um sistema complexo, esse princípio prevê uma imensa variedade de formas, mas um importante mistério da biologia é que algumas poucas são repetidas várias vezes. Logo, deve-se reconhecer que o desenvolvimento da forma biológica é canalizado para se dar em certos caminhos preferenciais.

Um dos espinhos que atormentam o determinismo genético é que até pequenas diferenças no *pool* genético de uma espécie pode produzir grandes diferenças de forma. Entre ratos e seres humanos, por exemplo, os conjuntos genéticos são bastante semelhantes, mas a diferença de formas e funções é bem desproporcional à diferença nos genes. Essa evidência é contrária àquilo que se esperaria do determinismo genético: quanto mais similar o *pool* genético, mais similares deveriam ser as formas e funções macroscópicas. A resposta organísmica é que pequenas diferenças genéticas são amplificadas pela dinâmica da forma, produzindo grandes diferenças entre as espécies finais.

Assim, está sendo observada uma dinâmica de forma que é determinista, mas extremamente sensível às condições iniciais, ou seja, às variações genéticas e ao ambiente. Esse tipo de dinâmica era desconhecido da física clássica até a descoberta da teoria do caos.

Sistemas caóticos exibem padrões de mudança qualitativamente similares, mas quantitativamente imprevisíveis em um dado momento. Esse movimento acontece em função de um "atrator estranho". Pequenas mudanças na condição inicial do sistema podem, ocasionalmente, ser suficientes para provocar um desvio da "bacia" do antigo atrator para uma bacia diferente, movida por um novo atrator.

No mundo vivo, também são vistas as mesmas características na forma de organismos que pertencem às mesmas espécies. Indivíduos da mesma espécie são qualitativamente similares na forma, mas a forma de cada indivíduo é, quantitativamente, um pouco diferente do resto. Essa heterogeneidade na forma biológica pode muito bem ser o resultado da dinâmica do caos operando no sistema, perto de bacias de atratores.

Eis o ponto mais importante: a mudança nas condições iniciais provocada pelo colapso quântico de novos genes pode ser suficiente para acionar um desvio para um novo atrator, uma mudança que certamente gerará nova forma, nova função, ou ambas.

É preciso lembrar que, antes de tal colapso, as variações genéticas só existem como possibilidades, e diferentes confluências de possibilidades, quando sofrem colapso, dão origem a movimentos sob a ação de diferentes atratores em diferentes bacias. Desse modo, unir o sistema caótico às possibilidades quânticas das variações genéticas introduz múltiplos caminhos ou módulos de movimento caótico, cada qual com seu atrator individual e forma e função individuais. Esses módulos de dinâmica caótica de atratores constituem a amplificação macroscópica das variações genéticas microscópicas.

Dentre todas essas possíveis formas modulares, a consciência escolhe a *gestalt* que mais se assemelha à matriz vital que representa melhor um arquétipo específico de forma (e função) biológica. A *gestalt* se manifesta em nova forma, hierarquicamente entrelaçada em um evento de colapso descontínuo.

Criatividade e complexidade: a progressão na evolução

Viu-se uma explicação para o modo como a forma pode mudar na evolução, e, por isso, é possível agora analisar por que ela muda na direção específica da complexidade crescente. Aqui, pode-se começar com o ditado popular: Deus criou os humanos à sua própria imagem. Observando-se a própria criatividade humana, podem-se obter *insights* sobre o modo como a criatividade de Deus atua na evolução.

Sempre fascinaram, por exemplo, as descrições da cultura criativa do povo de Bali. Os autores retratam um modo de vida maravilhosamente inocente e "não sofisticado", e bem criativo. Mas a criatividade balinesa, embora prolífera, também é pouco desenvolvida e nada sofisticada; ou seja, os balineses criam com grande entusiasmo, mas as formas que produzem se limitam a uma estética muito restrita.

Essa cultura, embora criativa, não se desenvolve na direção da complexidade. A evolução cultural abre a porta para a descoberta de conceitos mais sofisticados, como leis científicas ou a complexa estrutura de uma sinfonia. A sofisticação, por sua vez, exige nova criatividade se a cultura quiser prosseguir, gerando um padrão de desenvolvimento crescente, como uma escada. Os contextos descobertos antes por meio da criatividade fundamental agem como suporte para novos atos criativos de criatividade situacional, que levam depois a descobertas e expressões mais complexas. A própria criatividade evolui quando o contexto de sua invocação evolui.

O que isso significa para a criatividade biológica na evolução? Cada ato de criatividade biológica que leva a uma nova característica e a uma nova espécie é uma nova expressão das funções biológicas arquetípicas. A nova característica abre a possibilidade de evolução de outras novas características, que representam ou a mesma função biológica, ou uma função biológica inteiramente nova. Algumas características funcionam particularmente bem como base para novas características, dando à evolução uma enorme oportunidade para a proliferação da complexidade. Outras são como um beco escuro; não permitem muito mais criatividade, e para elas a estase é a regra.

Encontra-se exatamente este padrão nos dados evolucionários. Os sapos existem há mais tempo do que os mamíferos, e na forma de milhares de espécies. Contudo, as semelhanças anatômicas entre eles levam os biólogos a classificar todos segundo uma ordem. Um tipo de sapo tem permanecido em estase a tal ponto que fósseis de 90 milhões de anos e espécimes dos dias atuais são classificados no mesmo gênero, *Xenopus*. Depois, há os mamíferos, um grupo muito mais jovem se comparado com o dos sapos, mas que oferece um escopo tão grande de criatividade fundamental que os zoólogos os classificam segundo 24 ordens. As características dos mamíferos certamente proporcionam matéria-prima para a complexidade!

Revisitando os intermediários: evidências do supramental

Seja qual for o nível de complexidade, o resultado final da criatividade biológica é uma representação, na realidade física, dos arquétipos de funções biológicas. Como discutido no Capítulo 4, esses arquétipos existem no domínio do supramental. A evolução biológica proporciona uma evidência muito interessante da natureza arquetípica das funções biológicas, e, portanto, do supramental. Para descobri-la, é preciso voltar ao tema dos intermediários.

Argumentou-se antes que a macroevolução se dá por meio de saltos quânticos criativos, nos quais uma espécie se transforma em nova espécie, desenvolvendo a capacidade de representar uma nova matriz do corpo vital encontrado nos campos morfogenéticos. A nova representação é um órgão ou uma característica. Esses órgãos dão ao ser um refinamento de uma função biológica já representada, ou a manifestação de uma função biológica nunca antes representada.

Este aspecto ajuda a explicar uma curiosa característica da evolução biológica. Inicialmente, determinada característica surge e representa uma função biológica. Mais tarde, porém, de forma súbita manifesta-se uma característica mais sofisticada, lembrando claramente a característica anterior, mas realizando uma função completamente diferente. Em outras palavras, foi usada a mesma matriz, só que de modo mais sofisticado; a sofisticação serve para expressar um salto quântico até uma nova função biológica, um novo arquétipo.

Naturalmente, os darwinistas tentaram tirar proveito desse aspecto da evolução, usando-o em favor da continuidade. Como já se discutiu, porém, a existência de intermediários não prova necessariamente a continuidade; na verdade, pode ser uma evidência gritante de saltos quânticos descontínuos de criatividade na evolução biológica.

Um exemplo vai esclarecer o ponto. Os darwinistas fizeram muito alarde quanto a outro intermediário, desta feita uma série deles que, segundo se supõe, teria surgido entre os mamíferos terrestres e os mamíferos marinhos, ou cetáceos. No final da década de 1980, e no início da seguinte, o biólogo Phillip Gingerich e seus colaboradores descobriram essa série. O animal do meio da série foi chamado *Ambulocetus natans*, "a baleia nadadora que anda". A forma dos membros frontais e traseiros dos restos fósseis faz com que seja bem plausível que o animal pudesse tanto andar como nadar. Os darwinistas presumiram que essa nova característica poderia se desenvolver continuamente, com a modificação gradual do animal terrestre, apenas com membros para caminhar sobre a terra. Eles se esqueceram de que nadar exige muitas outras modificações internas (inclusive algumas que envolvem o cérebro), todas atuando coerentemente como um todo, além do mero formato dos membros!

Na teoria da evolução criativa, aceita-se a nova característica como um salto quântico para expressar uma nova função biológica – um novo arquétipo – ou seja, caminhar. O aparecimento das "baleias andantes" é um exemplo de criatividade fundamental, o salto para o domínio supramental. A mudança até essas criaturas, desde os cetáceos mais antigos, os arqueocetes, ocorreu por meio de criatividade situacional trabalhando dentro de arquétipos estabelecidos, um processo de refinamento.

Catástrofes: sincronicidade e o papel do organismo

Há certo consenso em que a extinção dos dinossauros, há uns 65 milhões de anos, foi causada por uma grande chuva de meteoros (ou, no mínimo, por muitos deles). Esse evento (ou eventos) abriu espaço para a importante evolução dos mamíferos, que acabou levando à evolução do ser humano. Evidências mostram que os mamíferos já estavam presentes no cenário, mas a catástrofe abriu espaço para sua expansão criativa.

Assim, será que a evolução dos humanos sobre a Terra foi causada por eventos casuais, desprovidos de significado? Se fosse assim, como se poderia sustentar algum propósito na evolução biológica, se é claro que a intencionalidade de Deus – fazer evoluir a vida na direção dos seres humanos – carecia da contingência de eventos casuais?

Não é preciso ver aqui qualquer contradição com o cenário da criatividade e da intencionalidade biológicas. Geralmente, as contingências costumam ser muito importantes na história de atos humanos criativos, só que elas são vistas como componentes de eventos que o psicólogo Carl Jung chamava sincronicidades. Um evento externo do cenário material (uma chuva de meteoros) e um evento interno do cenário biológico (o ato da criatividade biológica) ocorrem simultaneamente e emergem propósito e significado, a evolução de um novo cérebro de mamífero. Esta conjugação de eventos pode ser qualificada de sincronicidade, segundo a definição de Jung (1971).

Como dizem os teóricos da catástrofe, esses eventos sincronísticos são importantes porque abrem o panorama evolucionário para os macro-organismos recém-criados. Eles também criam um senso de urgência de sobrevivência para a evolução das espécies que sobrevivem à catástrofe. Uma mudança repentina no ambiente exige um salto evolucionário igualmente repentino na espécie. Não há tempo para esperar que a lenta evolução darwiniana traga a adaptação.

Eis a oportunidade de ver o papel do organismo na evolução, um papel negado pelo darwinismo. Toda pessoa criativa sabe que a criatividade humana exige motivação, uma urgência que normalmente assume a forma de uma pergunta ardente e da intenção de encontrar uma solução. Do ponto de vista da consciência quântica em sua totalidade, ou Deus, a motivação é a necessidade de orientar a mudança em determinada direção, para mover a evolução com propósitos. No caso de uma catástrofe ambiental, essa motivação evolucionária ressoa rapidamente nos organismos individuais, porque coincide com a necessidade de sobrevivência.

Isso se parece com o lamarckismo. Lamarck ficou famoso por ideias como sensibilidade ambiental e intenção do organismo. Mas, agora, há evidências experimentais a favor de um tipo de lamarckismo, em face de catástrofes ambientais.

Em 1988, os biólogos John Cairns e seus colaboradores demonstraram que certo tipo de bactéria, tendo alimentos que não pode digerir diretamente, mas pode digerir caso passe por uma mutação simples, acelera sua própria velocidade de mutação e sobrevive. Este fenômeno, que até a popular revista *Newsweek* mencionou como evidência da evolução lamarckista, é hoje chamado *mutação dirigida*. Portanto, mesmo na microevolução, o lamarckismo pode persistir. Afirma-se que a macroevolução, sob a influência da criatividade biológica, está mais próxima do lamarckismo que do darwinismo.

Suspeita-se ainda que os organismos biológicos têm conexões não locais por meio dos sentimentos, graças à experiência de movimentos vitais dos campos morfogenéticos. Em função do predomínio da mente, essa não localidade ficou oculta nos seres humanos. Entretanto, o resto do mundo biológico é não mental, pelo menos em sua maior parte; ele não é limitado do mesmo modo. Pelos sentimentos vitais, a conexão não local age como uma consciência da espécie, ou até de grupos maiores (podendo ser vista como um ego grupal generalizado; ver Capítulo 12). Acredita-se que essa consciência grupal deseje a evolução como resposta a rápidas mudanças ambientais, e que a consciência quântica/Deus responda a esse apelo. O resultado é um salto quântico na evolução.

Existem evidências diretas da não localidade na evolução? Sim. Em um fenômeno chamado *co-evolução*, duas espécies totalmente diferentes precisam evoluir juntas para sobreviverem melhor. É possível ver a co-evolução mais facilmente em relacionamentos simbióticos. Por exemplo, muitas plantas têm um relacionamento simbiótico com as formigas. As plantas dão abrigo e alimento para as formigas, e as formigas afugentam insetos e animais nocivos, e até ajudam a manter outras formas de vegetação à distância. Com efeito, algumas plantas desenvolvem, de forma independente, sementes com um lóbulo gorduroso comestível como recompensa para as formigas. Estas, por seu lado, recompensam as plantas levando as sementes para suas casas, comendo os lóbulos gordurosos e deixando as sementes a crescer em lugares favoráveis para as plantas. Os darwinistas argumentam que cada espécie exerce pressão seletiva sobre as variações aleatórias da outra como parte do ambiente desta outra. Mas tal postura deixa de lado o fato de que a probabilidade de que ocorram variações benéficas simultâneas é extremamente baixa. Uma resposta muito mais provável é que as variações necessárias e mutuamente benéficas ficam no limbo da possibilidade quântica até que seja oportuno o momento para que a consciência não local cause o colapso simultâneo dos dois conjuntos de variações.

capítulo 12

reconciliando o darwinismo e a teoria Gaia

Viu-se no capítulo anterior que a seleção natural não pode ser a fonte da macroevolução. Então, qual é o seu papel? O biólogo Ernst Meyr chamou a seleção natural de escultor da evolução; George Simpson, de modo análogo, comparou seu papel ao de um poeta ou de um construtor. Estes biólogos foram rápidos em atribuir todo o poder das mudanças evolucionárias biológicas à seleção e adaptação naturais, e aqui se está afastando esse poder.

A verdade é que a adaptação é valorizada demais como mecanismo de evolução. Os autores Augros e Stanciu (1988) definiram bem isso quando disseram que "a adaptação se presta a muitos abusos". Como reclamou o biólogo Nico Tinbergen:

> [...] alguns homens foram tão longe no apoio a teorias improváveis sobre o valor de sobrevivência de órgãos, padrões de cores e comportamento, que gradualmente desacreditam toda essa linha de pesquisa. Um naturalista conhecido e respeitado afirmou seriamente que a coloração rosa-vivo do colhereiro serve para camuflar esse pássaro no nascer e no pôr do sol – sem se preocupar em imaginar como esse pássaro consegue lidar com o resto do tempo.

Gould e Lewontin (1979, p. 587-588) falaram mais sobre o problema:

> Não faríamos objeção tão intensa ao programa da adaptação se sua invocação, em qualquer caso específico, pudesse levar, em princípio,

> à sua rejeição por falta de evidências (...) [Se] ela pudesse ser descartada após falhar em algum teste explícito, então as alternativas teriam sua chance. Infelizmente, um procedimento comum entre evolucionistas não permite tal rejeição definida por dois motivos. Primeiro, a rejeição de uma história de adaptação leva à sua substituição por outra, em vez de levar à suspeita de que seria necessário outro tipo de explicação... E se não houver uma história disponível de imediato, a pessoa sempre pode alegar ignorância temporária e esperar que surja uma [chama-se isto de darwinismo promissivo] (...) Em segundo lugar, os critérios para a aceitação de uma história são tão liberais que muitas passam sem confirmação adequada. Geralmente, os evolucionistas usam a consistência com a seleção natural como o único critério, e consideram seu trabalho concluído quando inventam uma história plausível. Mas sempre é possível contar histórias plausíveis. A chave para pesquisas históricas está em idealizar critérios para identificar explicações apropriadas em meio ao substancial conjunto de caminhos plausíveis para qualquer resultado moderno. (Também citado em Augros & Stanciu 1988, p. 194-195.)

Como foi sugerido, a adaptação é a maneira que uma espécie tem para chegar à homeostase ou estabilidade. Augros e Stanciu (1988, p. 195) concordaram:

> Aquilo que Darwin considerou como uma fonte de mudança evolucionária em uma espécie (ou seja, adaptação) é, na verdade, uma fonte de estabilidade. Uma planta individual, por exemplo, pode assumir diferentes formas segundo as condições do solo, os ventos, a altitude e outras condições externas. Essa adaptabilidade a ajuda a aproveitar ao máximo seus diferentes hábitats, mas não leva a planta para além dos limites de seu genótipo. De modo similar, a variação individual ou polimorfismo [existir em mais de uma forma] não leva uma população além dos limites da espécie.

Será que a seleção e a adaptação naturais têm algum papel na evolução? O papel é óbvio se o leitor se lembrar dos quatro estágios da criatividade biológica: preparação, incubação, *insight* e manifestação. Recapitulando: a preparação consiste na criação da necessidade urgente de criatividade na consciência, desenvolvendo a pergunta ardente da sobrevivência. Já se falou da incubação e do *insight*. Qual é o estágio de manifestação da criatividade biológica na evolução?

É simples. O novo evoluiu, mas ele precisa se adaptar ao ambiente; do contrário, não sobrevive! Foi essa necessidade criativa de adaptação ao ambiente que Darwin identificou como a necessidade de sobrevivência. Darwin acreditava no gradualismo e, por isso, via a necessidade de sobrevivência como algo motivado pela pressão seletiva das mudanças ambientais.

Na verdade, a postura correta é que a pressão seletiva das mudanças ambientais atua sobre o estágio de preparação, contribuindo para a urgência criativa na consciência. A necessidade de sobrevivência motiva um estágio posterior, o de expressão. A manifestação da adaptação ao ambiente acontece ou pela criatividade situacional, ou pelo acompanhamento do ambiente (Eldredge, 1985), ou pelo lamarckismo (ou seja, reunindo mais informações e fazendo os ajustes necessários; ver Capítulo 20).

De fato, os registros fósseis apóiam essa nova interpretação do papel da seleção natural. Se a seleção natural é o mecanismo causal da adaptação, é muito difícil ver como uma espécie pode ser mal--adaptada ao ambiente. Na nova abordagem, essa má adaptação pode ser facilmente explicada como a incompletude do *insight* criativo que leva à inadequação da característica evoluída, ou à manifestação do *insight*. Em outras palavras, a má adaptação é a incapacidade de se encontrar um ajuste situacional apropriado, ou de um nicho que se ajuste à característica. Para dar um exemplo de má adaptação criativa, na qual uma espécie desenvolve uma característica que não se ajusta bem à necessidade de adaptação, veja-se a abelha, que assegura a própria morte no ato de picar. Não faz sentido algum como adaptação darwiniana, mas perfeito sentido como manifestação criativa inadequada. Outro exemplo é a cauda do pavão, contraproducente em termos de utilidade: a seleção natural não deveria tê-la admitido. Mas, se a evolução é o resultado de saltos quânticos criativos, então a necessidade de sobrevivência é apenas um critério na lista do criador, e pode ser ocasionalmente abrandado a favor de outros critérios, como a beleza num sentido arquetípico, objetivo.

Darwinismo como limite de correspondência com a criatividade situacional

O que acontece entre os saltos da evolução quântica? É fácil suspeitar que um lento mecanismo darwiniano deveria bastar para lidar com mudanças ambientais lentas e graduais. Mas há sutilezas.

Primeiro, perceba-se que um salto criativo expressa um monte de novos genes. Em alguma combinação, esses genes formam órgãos específicos. Mas um gene pode ser (e é) usado em mais de uma combinação e em mais de um contexto de vida. Os saltos criativos da evolução formam cumulativamente o *pool* genético de toda a espécie; as necessidades de adaptação da nova espécie podem ser tratadas por esse *pool*, sem o desenvolvimento de novos genes.

Na criatividade humana, a capacidade de adaptação às necessidades sociais com a invenção de novas combinações de ideias e de contextos anteriormente descobertos é chamada criatividade situacional. A criatividade situacional é a criatividade da invenção, em oposição à criatividade fundamental, que é a descoberta. Mas aqui também há uma sutileza. Pergunta-se: será que um computador pode gerar um produto criativo por meio da criatividade situacional? Alguém poderá argumentar: não há exemplos de arte e de poesia geradas por computador? Tem razão. Veja-se, como exemplo, este poema gerado por computador:

> Houve época em que galinhas d'água no oeste
> Houve época em que a luz do dia no alto
> Houve época em que Deus não era uma pergunta
> Houve época em que poetas
> Então eu apareci.
> (Boden, 1990, p. 1)

Esse "poema" foi "escrito" por um programa de computador chamado *Arthur* (acrônimo, em inglês, de "tabulador automático de registros mas pouco confiável pensador heurístico"). Podem ser identificados alguns versos como sendo oriundos da mente de poetas famosos; *Arthur* tomou esses contextos conhecidos e os reuniu em um novo contexto de significado abstrato, que soa intrigante e que pode facilmente passar por um poema (situacionalmente) criativo. A sutileza está no fato de Arthur poder ter compilado o poema, mas sem perceber o valor de seu significado. É preciso um ser humano para isso. Assim, parece que a consciência é necessária, até mesmo para a criatividade situacional (Goswami, 1999).

A beleza, no caso da criatividade situacional dentro da evolução darwiniana gradual, é que a seleção natural e a adaptação ao ambiente indicam que a pessoa criativa atingiu seu objetivo, e a consciência não é necessária. Logo, o darwinismo pode ser considerado como o "limite de correspondência" da evolução criativa. Um novo paradigma científico precisa incorporar o velho paradigma, dentro de algum limite. Chama-se isso *princípio da correspondência*, formulado pelo grande físico Niels Bohr.

Um bom exemplo da evolução darwiniana é o famoso caso das mariposas ciganas em Londres, onde a população desses insetos mudou de cor, passando do marrom para o preto, em resposta à forte poluição atmosférica. O *pool* genético já continha o gene preto. Cada mariposa na qual o "gene preto" se manifestou ganhou uma vantagem seletiva sobre as mariposas da cor antiga naquela cidade escurecida pela poluição. Logo, elas sobreviveram, enquanto as outras, não. Em pouco tempo, a seleção natural eliminou as mariposas da cor antiga e favoreceu as novas, de cor preta.

Finalmente, como Gould e outros comentaram, os dados fósseis também mostram vastas épocas de estase virtual na história evolucionária de muitas espécies. Essa estase é um sério embaraço para o darwinismo clássico. Mas, para o pensamento evolucionário criativo, tais fases correspondem à própria ego-homeostase, o limite da existência condicionada, quando nenhuma criatividade – situacional ou fundamental – é necessária para se lidar com as mudanças ambientais.

Quem cria? A dança de Gaia na evolução

Uma pergunta foi deixada de lado em toda essa discussão: quem cria? Naturalmente, em última análise, em qualquer ato criativo, o criador é a causação descendente a partir da consciência quântica/Deus. Na verdade, essa frase só se aplica para os estágios quânticos – incubação (ou processamento inconsciente) e *insight*. Para a preparação e a manifestação, é preciso o envolvimento da consciência manifesta. A consciência quântica não serve, pois é sempre transcendente, e não manifestada. Assim, quem cria? É um jogo entrelaçado entre a consciência quântica e a consciência manifesta. (O entrelaçamento explica por que a criação pode ser imperfeita, e muitas vezes o é.)

Qual a natureza dessa consciência manifesta? No caso da criatividade humana mental, é o ego individual que prepara e que manifesta o *insight* obtido com o salto quântico, que joga com a consciência quântica em uma alternância entre fazer e ser (um processo que, às vezes, é chamado fazer-ser-fazer-ser-fazer*). Na criati-

* Menção à música Strangers in the night, imortalizada por Frank Sinatra, em que há um scat com essas palavras, que para Amit Goswami é a base da criatividade quântica: do (fazer) e be (ser). A respeito, ler, do mesmo autor e publicado pela Editora Aleph, Criatividade para o século 21. [N. de T.]

vidade biológica envolvida na evolução, a transformação criativa ocorre no nível da espécie, nunca no individual. Assim, a consciência manifesta é, no mínimo, a identidade da consciência com toda uma espécie – a consciência da espécie.

Às vezes, porém, a mudança específica de características que ocorre em um salto quântico é tão fundamental que se torna o início de um novo gênero, família, ordem, classe, filo ou, mesmo, reino. Nesse caso, a consciência manifesta envolvida precisa ser a identidade consciente de todo o novo grupo envolvido.

Há um modo mais fundamental de ver tudo isso. A evolução começa com uma célula viva, a primeira que provoca todo o processo. A vida não poderia ter se originado duas vezes; em relação a isso, todos os biólogos concordam. A célula não nucleada torna-se nucleada, depois multicelular, ramificando-se pelos três reinos – fungos, plantas e animais. Cada uma dessas transformações é um gigantesco salto quântico de criatividade. No reino animal, a transformação criativa produz primeiro os invertebrados, depois os vertebrados, começando pelos peixes. Dos peixes vêm os anfíbios, depois os répteis. Estes dão um salto quântico até os ramos das aves e dos mamíferos.

Vê-se, de certo modo, uma única vida evoluindo em muitos ramos, transformando-se por meio de muitos saltos quânticos e, ao mesmo tempo, mantendo-se nos vários estados diferentes de homeostase testemunhados na biosfera da Terra, sua biota. Chama-se essa consciência quântica, identificada com essa vida única em evolução na Terra, de consciência Gaia.

A hipótese Gaia, de James Lovelock (Lovelock, 1982), tem tido seguidores e opositores. A ideia surgiu com uma observação de Lovelock: que a Terra, ao longo de sua história, tem mantido mais ou menos a mesma temperatura média, embora o Sol esteja mais quente. Ele propôs que a própria Terra atua como um sistema vivo, mantendo sua homeostase. Depois, a bióloga Lynn Margulis apoiou a ideia. Como se mencionou antes, o próprio trabalho de Margulis sobre a transição entre procariontes e eucariontes sugeriu a importância dos relacionamentos simbióticos na evolução. Para Margulis, a hipótese Gaia reflete o relacionamento simbiótico entre os seres vivos e não vivos deste planeta.

Mas a hipótese Gaia costuma ser malcompreendida. Muitos seguidores de Lovelock pensam que ele disse que o planeta como um todo é literalmente um organismo vivo, e, de fato, às vezes, o próprio Lovelock criou essa impressão em seus escritos. Um biólogo (ver Harman & Sahtouris, 1998) chegou a generalizar poeticamente que um sistema estelar, uma galáxia e, com efeito, todo o universo são vivos! Textos posteriores de Lovelock e de Margulis deixaram muito claro que eles não quiseram dizer que a parte inanimada da Terra é como um objeto vivo. Por Gaia, eles entendem a biosfera viva (a palavra que Lovelock usou é *biota*) atuando como um todo.

Esta interpretação se ajusta à afirmativa acima. E quando se aceita que, no processo de vida da manifestação quântica, uma consciência se divide em vida e ambiente, em vivo e não vivo sobre a Terra, a relação simbiótica do par torna-se óbvia. O não vivo não significa fora da consciência. Deste modo, pode-se pensar no controle termostático não vivo da Terra, na evolução criativa e na sobrevivência homeostática da biosfera viva como eventos de sincronicidade, cuja causa comum reside na própria consciência quântica.

Se for analisada a criatividade biológica na evolução como a consciência Gaia dando saltos quânticos durante sua dança da vida, escolhendo suas diversas formas vivas na jornada rumo à complexidade crescente, como uma forma de atingir uma autoexpressão cada vez melhor, começa-se a emergir uma visão diferente do *insight* de Darwin sobre a seleção natural e do *insight* de Lovelock sobre Gaia.

Fecundidade e adaptação, segundo os biofísicos, definem a teoria de Darwin (ver Capítulo 8). Mas o próprio Darwin estava ciente da importância da fecundidade e da adaptação; ele poderia ter definido sua teoria desse modo desde o princípio, e poupado todos de tanta agonia causada pelas controvérsias e pela política. Por que usar a expressão "seleção natural"? A interpretação comum da palavra *seleção* é que indivíduos de uma mesma espécie competem, e o mais apto é selecionado (pela natureza, por meio da adaptação). E o que é a natureza? Darwin e os biólogos de hoje, sob influência materialista, tendem a pensar na natureza como algo inanimado. Uma seleção por algo inanimado não é uma escolha; é um ato mecânico.

Na teoria Gaia, enfatiza-se o oposto. Nela, a parte viva da natureza, Gaia, regula o ambiente não vivo no processo de se manter a homeostase para a biota.

Certamente, porém, a natureza deve abranger tudo o que é manifestado, tudo o que se aplica. Em outras palavras, a natureza da Terra é tanto a parte inanimada da natureza, o ambiente que Darwin enfatizou, como a biota, a Gaia de Lovelock. Pode-se usar a palavra *seleção* para significar "escolha", não do indivíduo mais apto, mas das melhores possibilidades criativas do vital, que melhor irão expressar a consciência? A seleção natural torna-se a escolha que Gaia faz com o ambiente não vivo, de forma simbiótica, para sua jornada evolucionária conjunta na transformação do inconsciente em consciente. Na verdade, o ambiente não escolhe a biota, nem Gaia – a biota escolhe o ambiente, mas, por trás das cenas, a consciência quântica/Deus escolhe o curso de ambas. Desse modo, gostar-se-ia de acreditar que o darwinismo e a teoria Gaia, juntas, expressam complementarmente a verdade total sobre a evolução.

O que Darwin quis dizer com a expressão "seleção natural"?

A redução da teleologia à teleonomia, feita pelos biólogos com a combinação do darwinismo com o determinismo genético, é logicamente inconsistente caso se insista em usar a frase original e propositada, baseada na sobrevivência: o darwinismo requer a sobrevivência (para sua formulação), mas a própria sobrevivência requer a adaptação darwiniana. E se, seguindo os trabalhos recentes dos biofísicos, reduzir-se o darwinismo a uma declaração puramente físico-química, não teleológica – os organismos que se reproduzem melhor adaptam-se melhor ao ambiente –, então não se pode mais esperar que o darwinismo explique um comportamento orientado por programa.

No pensamento quântico, o determinismo genético proporciona apenas parte da resposta – as possíveis variações. Entretanto, a seleção natural na forma darwiniana não pode causar o colapso dessas possibilidades em uma mudança concreta; isso exige consciência. Mas, se a "seleção natural" for reinterpretada como uma escolha pela natureza na forma da consciência Gaia, segundo os requerimentos criativos da situação, esta seleção *pode* causar o colapso das possibilidades, tornando-as experiência concreta.

A primeira parte da teoria de Darwin, explicando a variação, permanece intacta, mas a seleção natural é interpretada de forma diferente. A lição é que os *insights* criativos de um grande cientista podem render frutos de mais de uma maneira, mesmo que se tenha de esperar um longo tempo para compreender seu verdadeiro significado!

É possível que outro exemplo da física convença o biólogo da plausibilidade do argumento apresentado aqui. Sabe-se bem que Einstein passou seu último ano de vida trabalhando na teoria do campo unificado, mas teve problemas para unir gravidade e eletromagnetismo. Mais tarde, os físicos acabaram conseguindo uma proeza e uniram os diferentes campos de força, mas a proeza dependeu de unirem antes o eletromagnetismo à força nuclear fraca.

A mesma coisa: a proeza no desenvolvimento de uma teoria completa da evolução se dará graças a um significado expandido de conceitos, tanto da natureza como da seleção.

Darwinismo ou evolução criativa?

A evolução existe! Mas é um sinônimo de darwinismo, ou haverá outra teoria que satisfaça melhor a demanda teórica por consistência lógica, bem como a demanda empírica por concordância com os dados? Nestes três últimos capítulos, foram discutidos os problemas e as tribulações do darwinismo ao longo dos 150 anos de sua história. Também se analisou como a evolução criativa explica, sem ambiguidades, alguns dos principais dados da evolução para os quais o darwinismo parece uma explicação ambígua e *ad hoc*, na melhor das hipóteses. Nesta seção, apresentam-se dados adicionais que apóiam a evolução criativa.

Uma característica da criatividade fundamental é que, quando a exploração começa e se tem uma visão aberta das ideias a se descobrir, os saltos quânticos tendem a ser gigantescos. Quando as ideias são exploradas, os campos de exploração criativa individual se estreitam. Na ciência, é muito mais divertido explorar um novo campo do que um campo para o qual há muitos contextos conhecidos e a exploração criativa ficou canalizada.

Na criatividade biológica, a evolução criativa preveria que, quanto mais se recua no tempo geológico, mais espantosos são os casos de saltos criativos na especiação, o tipo de salto que dá origem a muitos contextos novos (ou seja, grupos biológicos como os filos) para mais evolução. Com o tempo, haveria uma redução correspondente na evolução de novos contextos. Mais cedo ou mais tarde, haveria apenas contextos muito estreitos para mudanças – espécies para espécies dentro do mesmo gênero.

O que dizem os dados? Segundo o físico Gerald Schroeder (1997, p. 88):

> [...] até meados da década de 1980, a compreensão do desenvolvimento da vida animal dizia que ele acompanhava o caminho lógico de uma evolução gradual, na qual filos mais simples, após eras e eras, levariam a filos mais complexos. Com a redescoberta de fósseis mantidos discretamente nas gavetas do Smithsonian Institution desde 1909, este conceito passou por uma revisão drástica. Esses fósseis, em conjunto com outras

> descobertas, indicam que todos os filos animais apareceram quase simultaneamente há 530 milhões de anos, no período cambriano. Todo desenvolvimento posterior limitou-se a variações dentro de cada filo. Um dos maiores mistérios da evolução animal é por que não apareceram novos filos desde essa explosão de vida do Cambriano.

O zoólogo James Brough disse a mesma coisa, que não surgiram novos filos desde a era cambriana, há 500 milhões de anos. E novas classes dentro de um filo pararam de aparecer há uns 400 milhões de anos, desde a era paleozóica inferior. A hierarquia seguinte, novas ordens, pararam de emergir há uns 60 milhões de anos, no final da era mesozóica. Disse Brough (1958):

> A evolução parece ter trabalhado em uma série de campos, cada vez mais restritos, com efeitos em larga escala decrescendo firmemente [...] quanto ao futuro, a evolução pode continuar em campos cada vez menores, até cessar de vez.

Essa tendência é exatamente o que a evolução criativa preveria, exceto, naturalmente, que, quando a evolução acaba de cessar na criação de representações vitais, inicia-se a evolução da criação de representações da mente.

Gould chamou isso "padrão de desvio de poucas espécies em muitos grupos, para muitas espécies em menos grupos". O darwinismo favorece a tendência oposta. Se a evolução é o acúmulo de pequenas variações, seria esperado que as ordens aparecessem apenas ao longo de extensos períodos de tempo, que novas classes levassem períodos ainda mais extensos, e novos filos, os períodos mais extensos de todos.

O biólogo Richard Goldschmidt, um inovador, pensa nas mesmas linhas aqui propostas. É o filo que contém classes – e disse mais:

> Será que isso pode significar qualquer coisa além de que o tipo do filo evoluiu antes e depois se separou no tipo de classes, depois em ordens, e assim por diante, seguindo escala abaixo? Essa interpretação natural e ingênua da hierarquia existente de formas concorda, na verdade, com os fatos históricos fornecidos pela paleontologia. Os filos existentes hoje podem ser acompanhados até o tempo geológico mais remoto. As classes são um pouco mais jovens, as ordens mais jovens ainda, e assim por diante, até chegarmos às espécies, que só aparecem nas épocas geológicas mais recentes.

Qual é a resposta do darwinista? O guru dos darwinistas, Ernst Mayr, deu a desculpa esfarrapada de que as categorias (filos etc.) são artefatos criados pelo homem. Em contraste, a criatividade biológica apóia tanto a lógica de Goldschmidt quanto os fatos paleontológicos. Todos os campos de atividade humana criativa têm uma coisa em comum: a criatividade de um novo campo se inicia com enorme alarido. Com o tempo e a proliferação de contextos (subcampos), a complexidade se desenvolve e a velocidade de progresso diminui.

O mesmo padrão é observado na evolução biológica, dando mais credibilidade à teoria criativa da evolução. No caso dos dados fósseis, novos e súbitos aparecimentos na flora e na fauna são chamados *radiações*. Durante o início da era cenozóica, há 50 milhões de anos, algum tempo após a extinção dos dinossauros, subitamente os mamíferos apresentaram uma espantosa radiação em umas 24 ordens diferentes – coelhos, roedores, elefantes, cetáceos e primatas, entre elas. A era dos mamíferos, que resultou disso, levou apenas 20 milhões de anos para se estabelecer. Depois disso, o progresso desacelerou.

Outra faceta importante da evolução criativa aparece no fenômeno da evolução paralela, cujo caso mais famoso é a evolução dos mamíferos placentários e marsupiais. As semelhanças de forma – projetos corporais – de animais correspondentes dos dois grupos são notáveis. No modelo do darwinismo com isolamento geográfico, os genes, embora se originando de um ancestral comum, diversificariam rapidamente, mudando também a forma. No cenário criativo, porém, as formas são impostas pelas matrizes morfogenéticas, as mesmos para as duas linhas paralelas, o que justifica a persistência das semelhanças de forma.

PARTE 4

FORMA, SENTIMENTO E ENERGIAS VITAIS

capítulo 13

campos morfogenéticos, evolução e desenvolvimento da forma

Um importante componente da teoria da evolução criativa é o postulado do corpo vital, que é a morada dos campos morfogenéticos – as matrizes da forma biológica. No século 19, o vitalismo ficou popular como fonte de "força formadora", necessária para criar a forma biológica a partir de um embrião. Em contraste, biólogos da linha materialista disseram, de modo mais ou menos universal, que a biologia molecular tem poder explicativo suficiente para tudo o que está ligado à vida de uma célula, inclusive seu desenvolvimento embrionário. Eles deram esse passo acrescentando mais um componente, a informação contida nos genes, ao conceito prevalente de uma máquina bioquímica viva feita de matéria e energia.

Usando a linguagem familiar do computador, a parte de um biossistema que leva instruções hereditárias (chamada *genótipo*) é o software, um depósito de instruções, e presume-se que ele seja capaz de construir formas, o hardware biológico (chamado *fenótipo*). Nesse modo de pensar, não se faz necessária uma força vital de formação.

Do modo como é tratado neste livro, o comportamento orientado por programa das formas biológicas (inclusive os genes) não resulta do acaso e da necessidade, e não se restringe ao nível genético. A consciência, graças ao uso de matrizes morfogenéticas, programa tanto o genótipo como o fenótipo. As ações dos programas de genótipos, o código genético e os genes reguladores, são fáceis de se ver e difíceis de se refutar, e os materialistas as incluem em suas teorias, apesar de o mistério de suas origens ainda não ter sido solucionado. A atividade propositada e orientada por programa em nível somático é um pouco mais sutil; os materialistas se desdobram para justificar essa atividade como simples teleonomia.

Mas uma análise detalhada mostra a incapacidade de tais tentativas de descartar um comportamento orientado por programa no nível macro ou do fenótipo (Behe, 1996). Basicamente, para qualquer função biológica complexa envolvendo um ou mais órgãos, encontra-se uma série de componentes propositados, agindo um sobre o outro em ordem cronológica, da mesma maneira que programas atuam sobre programas de computador para produzir uma função propositada. A ordem cronológica é mantida porque esses componentes programados de nível material estão correlacionados com campos morfogenéticos de nível vital, que a consciência pode sentir. Este sentimento serve como guia: num software comum de computador, o comportamento orientado por programa é guiado pelo pensamento humano; em órgãos biológicos, o comportamento orientado por programa é guiado pelo sentimento. Dessa forma, os campos morfogenéticos apresentam uma explicação profunda para o sentimento: o que se sente, como se sente e onde se sente.

Mas haveria uma evidência independente para a existência de campos morfogenéticos? Pretende-se, agora, apenas tocar nos principais pontos, deixando uma discussão mais detalhada para capítulos posteriores. A primeira fonte de evidências é que se pode medir a energia vital que se sente, medindo seus correlatos materiais (ver Capítulo 14). Outras evidências do corpo vital surgem graças à sua importância nos sistemas de medicina desenvolvidos não apenas no Oriente, na forma da medicina tradicional chinesa e indiana (esta chamada *ayurveda*), como também no Ocidente, na forma da homeopatia. Este aspecto do corpo vital será discutido em detalhes no Capítulo 14. Além disso, há um terceiro conjunto de evidências dos campos morfogenéticos. Uma mudança muito salutar na biologia atual é o renascimento parcial do lamarckismo. Contudo, embora os dados estejam presentes, a teoria ficou para trás. Mostra-se, no Capítulo 20, que a ideia de campo morfogenético permite compreender por que e como o lamarckismo funciona como mecanismo de evolução. Nesse processo, será encontrada uma explicação para o importante, mas até agora inexplicado, fenômeno dos instintos.

Antes de se analisar mais de perto tal evidência, porém, serão apresentadas, no restante deste capítulo, outras bases sobre a natureza do corpo vital e de seus campos morfogenéticos.

Revisitando o corpo vital e seus campos morfogenéticos

No século 19, e mesmo no início do século 20, o corpo vital desempenhava um papel essencial no pensamento biológico. Por exemplo, o admirado filósofo Henry Bergson (1949) via a vida como uma expressão do elã vital ou essência vital, a sensação especial de vida no interior do indivíduo, que hoje é chamada energia vital. As coisas mudaram drasticamente quando a biologia molecular apresentou a imagem de uma célula contendo DNA para replicação e proteínas para diversas funções de manutenção. Essa imagem da célula parecia ter todos os ingredientes explicativos para o funcionamento biológico. Juntas, a biologia molecular e a teoria da evolução de Darwin, em uma nova síntese chamada neodarwinismo, tornaram-se o novo paradigma da biologia. O conceito de energia vital foi considerado bagagem extra e foi abandonado. Imaginava-se, além disso, que o vitalismo lembrava o dualismo, e nenhum cientista queria ser pintado com esse pincel. Assim, adeus!

Por volta de 1960, porém, biólogos como Conrad Waddington (1957) já apontavam para um problema que poderia se situar além do escopo do novo paradigma: o problema de criação de formas biológicas, ou, tecnicamente, morfogênese – como a forma se cria a partir de um embrião unicelular. Esta célula faz cópias de si mesma pela divisão celular, criando, no processo, uma réplica exata de si mesma, exatamente com o mesmo DNA. Mas por que uma célula pertencente ao coração se comporta de maneira tão diferente quanto uma célula cerebral? Como as células pertencentes a diferentes órgãos se diferenciam?

As células de cada tipo de órgão funcionam de maneira diferente porque criam proteínas diferentes, ativando diferentes conjuntos de genes. A fonte do programa que determina quais genes devem ser ativados é chamada campo morfogenético. Não físico e não local, o campo morfogenético é a matriz da forma, uma ideia reintroduzida na biologia por Rupert Sheldrake (ver Capítulo 4). O corpo vital é o reservatório desses campos. Contudo, deve-se admitir que os campos morfogenéticos fazem mais do que simplesmente ajudar a criar programas para regular genes. Eles também ajudam com a dinâmica no nível do fenótipo.

Esta nova posição – considerar os campos morfogenéticos como a fonte da diferenciação celular – pode integrar duas visões diferentes sobre a criação de formas que hoje prevalecem na biologia:

a visão convencional ou do *establishment* (baseada nos genes) e a visão organísmica.

A visão convencional baseia-se no determinismo genético. Os próprios genes, o DNA, todos têm programas para criação de formas; ou seja, o genótipo determina o fenótipo, exceto por alguns detalhes do processo de desenvolvimento.

Mas há ainda uma visão minoritária do desenvolvimento, que é chamada de visão organísmica. Segundo a visão organísmica, a morfogênese não resulta de programas genéticos. A forma é o resultado de um relacionamento dialético: a dinâmica subjacente (estruturada pelos genes) produz a geometria da forma; a geometria modifica e limita a dinâmica. Os genes são secundários; apenas estabelecem a faixa dos parâmetros dentro dos quais a dinâmica da forma se dá, sob a orientação dos "campos morfogenéticos" (um sentido diferente do termo, como será visto logo a seguir). O biólogo Brian Goodwin (1994) deu um exemplo tirado do mundo das plantas superiores – plantas com raízes, caules, folhas e flores – das quais há 250 mil espécies. Goodwin mostrou que, apesar da aparente individualidade das formas de folhas, essas formas recaem dentro de apenas três padrões básicos: volutas, alternâncias e espirais. O mesmo se aplica às flores dessas plantas. Esse fato sugere, segundo Goodwin, que há apenas três atratores morfogenéticos básicos (novamente, a linguagem da teoria do caos) para a organização dinâmica da ponta de crescimento da planta, uma região chamada *meristema*.

Concorda-se com Goodwin, exceto pelos nomes dos conceitos. Concorda-se que a dinâmica auto-organizacional das formas em desenvolvimento impele a forma na direção do atrator; mas esses campos são inteiramente locais, e, portanto, não devem ser chamados campos morfogenéticos. Seguindo Rupert Sheldrake, reserva-se o conceito de campos morfogenéticos para a situação na qual a não localidade entra na criação de formas. A dinâmica local produz possibilidades macroscópicas de forma, dentre as quais a consciência pode fazer sua escolha; esta escolha e o colapso resultante de possibilidades de forma são não locais; e, para esta escolha, a consciência necessita das matrizes morfogenéticas.

Em termos simples, a consciência age à maneira de um arquiteto na construção de uma casa. O arquiteto começa com os materiais básicos de construção e conduz habilmente a dinâmica interna do material para criar formas segundo o projeto da casa. O mesmo se aplica a formas vivas, exceto que, agora, tudo, tanto o projeto como o material de construção, são ondas de possibilidades. As formas disponíveis são, em grande parte, determinadas pelos genes, eles próprios possibilidades de forma. A dinâmica auto-organizacional das "coisas possíveis" da forma viva atua e produz muitas possibilidades de formas macroscópicas (como órgãos, por exemplo), geradas por diversos atratores. Quando a consciência quântica encontra um ajuste (por exemplo, uma ressonância) de movimentos entre uma matriz morfogenética e uma *gestalt* de diversos padrões de forma possíveis para um órgão, causa o colapso da experiência concreta. Um processo similar resulta no desenvolvimento de uma função envolvendo diversos órgãos.

É preciso deixar claro o que são as experiências concretas finais. A experiência concreta física é a forma, o formato e a função do órgão (ou dos órgãos) – isto o biólogo aceita e todos podem constatar. Mas há um segundo componente presente: o campo morfogenético manifestado, presente na percepção-consciente da psique do ser vivo e experimentado como sentimento. Esta sensação interna é o sentimento de se estar vivo, que Bergson chamava elã vital.

Perceba-se ainda que a forma e os órgãos são feitos inicialmente na consciência-Deus, mas quando cessa o processo de criação de formas e elas começam a ser utilizadas, a experiência do sentimento de estar vivo reflete, mais e mais, os efeitos do condicionamento.

Evolução criativa e desenvolvimento

Voltando à analogia, a consciência usa os campos morfogenéticos para construir formas biológicas, assim como um arquiteto usa o projeto para construir uma casa. Esta analogia pode ir mais longe. O projeto do arquiteto é modular, assim como as formas físicas que são reunidas para representar os projetos. Do mesmo modo, ao construir uma complexa forma biológica com funções complexas, são usados campos morfogenéticos para montar formas modulares. Esses módulos biológicos individuais constituem o resultado da dinâmica caótica das macromoléculas. Um arquiteto conecta os módulos físicos por meio de visualização e pensamento. De modo análogo, ao conectar os módulos das formas biológicas, a consciência é guiada pelos sentimentos dos correspondentes campos morfogenéticos correlacionados.

O biólogo Michael Behe criticou corretamente os darwinistas quando apontou o desafio bioquímico – ou melhor, a impossibilidade – de produzir formas com uma função ou estrutura complexa por meio de mecanismos darwinianos, passo a passo, lineares, de acaso e necessidade. Na construção de formas, disse Behe, encontra-se repetidamente aquilo que ele chamou "complexidades irredutíveis". Há de se concordar com ele, embora se prefira usar o conceito de hierarquias entrelaçadas para dizer a mesma coisa: as formas não podem ser combinadas pouco a pouco, por mais que sejam modulares. Há sempre uma hierarquia entrelaçada no caminho da construção de formas, do micro até o macro.

Behe (1996) deu um excelente exemplo, descrevendo a coagulação do sangue. Na coagulação, surgem cascatas de proteínas com diversas funções. Algumas das proteínas na cascata aparecem antes do agente necessário para ativá-las. A aparente desconexão é muito pior do que os hiperciclos postulados por Eigen para explicar o aparecimento da dupla proteína-DNA na célula viva (ver Capítulo 6). Como disse Behe, "o ponto importante é que grupos de proteínas precisam ser inseridos ao mesmo tempo na cascata. Isso só pode ser feito postulando-se um 'monstro esperançoso', que, afortunadamente, recebe todas as proteínas de uma vez, ou pela orientação de um agente inteligente".

Não há dúvidas: o mecanismo envolvido na coagulação do sangue não resulta de uma abordagem gradual, e tampouco envolve um monstro esperançoso. Com efeito, o mecanismo é hierarquicamente entrelaçado (ou, na linguagem de Behe, irredutivelmente complexo), e é necessário um evento descontínuo de colapso para sua formação criativa; toda a *gestalt* de possibilidades deve sofrer colapso de uma só vez, mediante a causação descendente. Como a forma final é hierarquicamente entrelaçada, ela não pode ser sintetizada de maneira simples, passo a passo, por algo como a evolução darwiniana gradual.

Mais recentemente, alguns darwinistas (Carroll, 2005; Kirschner & Gerhart, 2005), a seu favor, tentaram levar em consideração o papel do desenvolvimento, ou criação de forma, na evolução darwiniana. Mas mesmo essas abordagens "evo-devo" são inadequadas, pois tomam como premissa básica a continuidade. Como se viu, esta premissa está fundamentalmente errada. Sem perceber (ou seja, no modo inconsciente), a consciência processa os diversos módulos possíveis de forma, até encontrar um ajuste entre certa *gestalt* deles e a matriz para o órgão ou traço de personalidade que está tentando desenvolver. A identificação da *gestalt* leva à escolha e ao colapso descontínuo, o salto quântico. A forma final é hierarquicamente entrelaçada e não pode ser reduzida às suas partes ou sintetizada das partes por qualquer meio contínuo. Como a evolução criativa já considera o desenvolvimento, é uma teoria evo-devo, mas livre dos ditames do acaso e necessidade darwinianos.

Estabilidade das formas

Ernst Mayr acreditava firmemente que a microevolução, em larga escala, levaria à macroevolução, e tentou prová-lo com experimentos seletivos de cruza em drosófilas (moscas-das-frutas). Ele criou sucessivas gerações de moscas-das-frutas, tentando aumentar ou diminuir o número de pelos das moscas, com o normal em torno de 36. Ele chegou a um limite superior de 56 após 20 gerações e a um limite inferior de 25 pelos após 30 gerações. Quando os limites são alcançados, as moscas morrem.

Depois, ele fez as moscas voltarem ao normal por meio de cruza não seletiva e deixou a natureza seguir o seu curso (Mayr, 1963). Espantosamente, a contagem de pelos voltou quase ao número médio em meros cinco anos. Geralmente, interpreta-se esse experimento como uma demonstração da resistência genética à mudança, recebendo até o rótulo de homeostase genética.

A visão do autor deste livro é diferente. Acredita-se que esse experimento ilustra a estabilidade não só da genética, como também da forma. A forma da drosófila flutua ao redor do padrão de 36 pelos; essa forma é o que a matriz morfogenética original da espécie indica. Assim, quando a natureza tem a chance de assumir seu curso, a forma sempre volta ao que está indicado na matriz original.

Regeneração

Mais evidências para o papel dos campos morfogenéticos no desenvolvimento provêm de um fascinante caso de regeneração, demonstrado em uma série de experimentos com moscas. Nesses experimentos, os pesquisadores valeram-se de genes mutantes para produzir moscas sem olhos. Depois, fizeram intercruzamentos com essas moscas, e, de fato, suas proles também não tinham olhos. Após algumas gerações, porém, começaram a aparecer moscas com olhos – a regeneração da forma do olho. A explicação materialista é que o código genético das moscas incluía um mecanismo de reparo. Mas o que ativou o mecanismo de reparo? Uma explicação plausível é que, com a ajuda da matriz vital, a consciência consegue reparar os genes mutantes e regenerar os olhos.

Naturalmente, a regeneração é um fenômeno bem conhecido. Um verme como o platelminto pode ser cortado em vários pedaços, mas cada pedaço pode se regenerar e crescer, tornando-se um novo platelminto. Outro caso bem conhecido é a capacidade da hidra de desenvolver novos tentáculos. Mesmo nos seres humanos, a capacidade curativa sobre ossos quebrados e nervos rompidos exemplifica a regeneração. Em cada um desses casos, a explicação é que, com a ajuda de matrizes vitais, a consciência consegue reconstruir a forma.

Campos morfogenéticos e o cérebro

Não faz muito, os neurocientistas acreditavam na permanência das células cerebrais. Agora, universalmente, vê-se excitação pela ideia da plasticidade do cérebro. Por exemplo, o aprendizado altera as células cerebrais, pois novas conexões sinápticas se formam entre elas. Mas como isso acontece? Se o leitor acha que alguma coisa impele os genes à formação de novas conexões neurais, é melhor pensar de novo. O aprendizado se dá no nível somático; como uma informação somática se propaga até os genes, sem violar o dogma central da biologia molecular? A resposta é clara quando se introduzem as matrizes vitais dos campos morfogenéticos. Essas matrizes estão disponíveis para a criação de formas, sempre que necessário.

capítulo 14

uma nova biologia do sentimento

Os biólogos evolucionários tendem a pensar que tudo o que diz respeito a organismos – sua estrutura, sua função e seu comportamento (especialmente a reprodução) – diz respeito à evolução. Mas a vida diz respeito a viver, e a reprodução, embora seja uma parte importante da evolução, é apenas uma parte da vida.

Os biólogos moleculares, por sua vez, concentram-se nas moléculas funcionais da vida – proteínas e coisas assim. Por necessidade, eles não estudam a vida enquanto há vida. Deste modo, perdem muito do que se refere à vida e ao viver.

Como se estuda a vida sem excluir-se o viver? Estudar o comportamento é uma solução, claro, mas é apenas o aspecto externo da vida. Há também o aspecto interno – sentimentos. Estes só podem ser estudados internamente. A biologia materialista, por ignorar a diferença entre vivo e não vivo, ignora também a diferença entre o externo e o interno da vida, e acaba ignorando também o aspecto interno da vida.

Sentimento: o aspecto interno da vida

Se alguém assistir ao seriado de televisão *Jornada nas estrelas: a nova geração*, poderá ficar impressionado com o modo como o personagem andróide, Data, se esforça para incorporar emoções ao seu ser. Por falar nisso, os autores de *Jornada nas estrelas* acabaram cedendo ao conceito simplista de um chip de emoções. Infelizmente, a maior parte do pensamento científico sobre esse aspecto interno da vida é simplista assim. A maioria dos biólogos convencionais pensa que a emoção é um fenômeno cerebral, embora, atualmente, os pesquisadores discutam até que ponto a emoção pode ser compreendida em termos da neurologia. Muitos biólogos usam essa que é a maior de todas as caixas-pretas, o darwinismo, quando precisam dizer algo útil sobre a emoção.

Alguns biólogos, a seu favor, admitem que o sentimento não se origina no neocórtex, que isso não pode ser calculado. Concordam até que o sentimento pode ocorrer antes da cognição do pensamento durante uma emoção. Às vezes, surge a hipótese de que sentimentos e emoções fazem parte da neuroquímica do cérebro límbico. A este respeito, os experimentos da pesquisadora Candace Pert sobre as "moléculas da emoção" são importantes (Pert, 1997). Certamente, estão dizendo algo.

Quanto mais são investigadas as pesquisas materialistas, porém, maior confusão se verifica. Acaso não se percebe que os sentimentos se originam no corpo? De outro modo, como a cultura iria perpetuar ideias como "frio na barriga" ou "coração na mão" quando o indivíduo fala de seus sentimentos? Só William James, pai da psicologia norte-americana, teve a ideia certa, e que concorda com a experiência das pessoas. Segundo James, os sentimentos estão associados com mudanças corporais diretas quando confrontados com algum estímulo. Mas James não era materialista.

Felizmente, na psicologia oriental, os sentimentos são vistos em associação com os órgãos físicos, e as emoções são vistas claramente como efeitos dos sentimentos sobre a mente e a fisiologia do corpo. Segundo os orientais, o corpo tem sete centros principais – os chakras – onde os indivíduos sentem seus sentimentos com maior clareza. Através dos séculos, embora a ideia dos chakras tenha sido comprovada empiricamente por praticantes de muitas disciplinas espirituais, não se desenvolveu muita compreensão teórica sobre eles. Agora, finalmente, com a ideia do campo morfogenético de Sheldrake tal como está sendo reinterpretada aqui, uma explicação dos chakras – ou seja, onde os sentimentos se originam, e por que – pode ser dada.

Campos morfogenéticos e os chakras

Tratou-se deste tema em detalhes em outro trabalho (Goswami, 2004); por isso, ele será abordado de forma mais sucinta aqui. O leitor pode descobrir pessoalmente como um pouco de pensamento quântico permite teorizar de forma científica. Primeiro, é preciso ver os principais chakras (Figura 12) e perceber que cada um se localiza perto de um ou mais órgãos importantes. Segundo, deve-se observar que tipo de sentimento é experimentado em cada um desses chakras; para tanto, sugere-se que sejam usadas memórias de sentimentos passados. Terceiro, importa perceber que os sentimentos são experiências individuais da energia vital – os movimentos de campos morfogenéticos. Contudo, os mesmos campos morfogenéticos estão

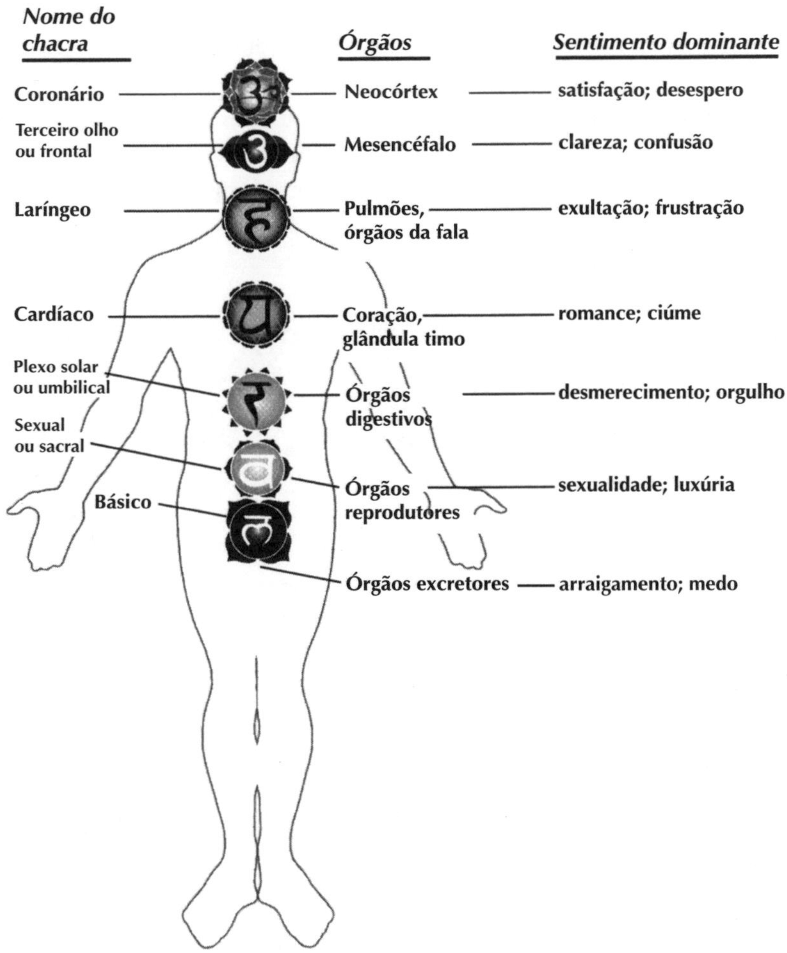

Figura 12. Os chakras e seus órgãos e sentimentos associados

correlacionados com os órgãos dos quais eles são a matriz e a fonte. Agora, chega-se à inevitável conclusão: chakras são os pontos do corpo físico onde a consciência causa simultaneamente o colapso dos movimentos de importantes campos morfogenéticos e dos órgãos do corpo que representam esses campos morfogenéticos. Foi difícil?

Antes que se apresentem os detalhes de cada chakra, talvez seja interessante conhecer o significado literal da palavra sânscrita *chakra*. Ela significa "roda", uma circularidade, e é um lembrete implícito de que um colapso quântico hierarquicamente entrelaçado assegura o surgimento da autorreferência em cada um dos pontos-chakra. A nova ciência está comprovando a antiga sabedoria intuitiva.

Eis uma descrição, chakra a chakra, da função vital, dos órgãos físicos correspondentes, que representam as matrizes vitais da função, além das emoções e dos sentimentos associados a cada chakra.

Chakra básico. A função vital é a eliminação de resíduos. Os órgãos que expressam as matrizes vitais da função são os rins, a bexiga e o intestino grosso (reto e ânus). Os sentimentos associados são o arraigamento autocentrado, a competitividade voltada para a sobrevivência e o medo.

Deseja-se que o leitor perceba, em suas próprias experiências, uma coisa importante. Quando uma pessoa se sente arraigada ou competitiva, a experiência é positiva para seu ego emocional. Expressa-se isso dizendo que a energia está se movendo por seu chakra básico. Perceba-se a linguagem usada: não é a energia física movendo-se pelos órgãos físicos no chakra básico. A linguagem diz que o movimento vital (energia) está sendo gerado nas matrizes vitais dos órgãos, mediante o colapso quântico. No entanto, quando a pessoa sente medo, ele esgota seu ego emocional, assinalando que a energia está se movendo para fora desse chakra, e que o movimento ou mudança no campo morfogenético está cessando porque o colapso acontece em outro lugar; por mais que a pessoa se esforce, não consegue manter sua atenção no chakra. Faz sentido em termos de experiência pessoal? Esses movimentos não são estranhos, não é mesmo?

Chakra sexual ou sacral. A função biológica é a reprodução, com suas matrizes representadas pelos órgãos reprodutores – útero, ovários, próstata, testículos etc. Os sentimentos são a sexualidade e a atração amorosa quando a energia vital move-se para o chakra, e luxúria insatisfeita quando a energia se move para fora, esgotando o chakra. O leitor já sentiu isso? Por que tanta gente assiste a filmes de sexo ou de temática violenta no cinema? Hoje, os norte-americanos vivem uma vida muito centrada na cabeça. O movimento de energia vital está sempre lá no alto da cabeça, no chakra coronário. Será que o sexo e a violência da mídia ajudam a levar a energia de volta ao chakra sexual e ao chakra básico da competitividade?

Chakra do plexo solar ou umbilical. A função vital é a manutenção, e os órgãos representados são o estômago, o intestino delgado, o fígado, a vesícula biliar e o pâncreas. Quando a energia entra nesse chakra, a pessoa sente orgulho; quando sai, ela se sente insegura, incerta quanto a seu próprio valor – o frio na barriga. Isso é familiar? Eis um ponto interessante: se a energia entra no umbigo desde o chakra sexual (luxúria ou desejo insatisfeito), sente-se raiva.

Chakra cardíaco. A função vital é a autodistinção (entre o eu e o não-eu). Os órgãos representados são o coração e, mais importante, a glândula timo. A glândula timo é o componente crucial do sistema imunológico, cuja tarefa consiste em distinguir as moléculas que pertencem ao corpo (eu) e quais não pertencem (não-eu), livrando-se dos intrusos. As pessoas se sentem românticas quando a energia deste chakra é estimulada. Se a energia se esgota, os sentimentos são ciúmes, perda, pesar e mágoa.

Eis uma coisa que deve ser familiar para todos: quem não sentiu um "aperto no coração" quando era adolescente e suspirou por alguém? Quando as pessoas ficam mais velhas, o sentimento romântico esmorece um pouco e é vivido como um arrepio ou um calor no corpo. A explicação é simples: seu sistema imunológico aceitou a intrusão de seu parceiro romântico no campo vital; em outras palavras, tomou-o como parte da própria pessoa. Quando acontece essa expansão de "quem o indivíduo é", é possível dar tudo de si para o parceiro, até sua vida. É por isso que se gosta de James Bond, que demonstra tanto romantismo por uma parceira específica (mesmo que apenas por seis semanas), que corre riscos desnecessários para salvar a vida dela.

Quando a energia aporta no coração a partir dos chacras mais inferiores, quer vinda do chakra sexual após o sexo, quer do chakra do plexo solar após uma boa refeição, o indivíduo se sente generoso, sente-se vulnerável à própria generosidade. Isso se aplica particularmente aos homens, e muitos reprimem a energia do coração porque não querem se mostrar vulneráveis para suas parceiras.

Eis outro dado interessante. Quando a energia sai do coração de uma pessoa e vai para o plexo solar no momento em que ela já está irritada porque seus desejos não foram satisfeitos, ela se sente hostil.

Chakra laríngeo. Sua função biológica é a autoexpressão, e os órgãos que a representam são os pulmões, a garganta e os órgãos da fala, os órgãos da audição e a glândula tireóide. Quando a energia se move para este chakra, os indivíduos sentem exultação por sua liberdade de expressão. Sente-se o oposto – frustração – quando a energia sai dele. Isso também é familiar a todos: a garganta seca quando as pessoas são incapazes de se expressar.

Chakra do terceiro olho ou frontal. A função biológica é evolução, e os órgãos que a representam são o mesencéfalo e o rombencéfalo. O impulso evolucionário para desenvolver o neocórtex – o mapeamento da mente – deve ter sido experimentado neste chakra como uma intuição. Até agora, este é o chakra da energia intuitiva. O indivíduo deve perceber leves sensações de calor sempre que suas energias intuitivas criativas estão ativas e ele vê tudo com clareza.

Entretanto, quando a energia sai deste chakra, as pessoas se sentem confusas. Destaca-se mais adiante neste livro (Capítulos 17 e 21) que, neste momento, a evolução da consciência está bloqueada. Naturalmente, toda a humanidade está confusa. O leitor vai perceber, se prestar atenção, que há um desencanto generalizado, uma falta de vitalidade, nesse chakra.

Chakra coronário. A função vital é autoconhecimento. Os órgãos são o neocórtex, naturalmente, onde a mente é mapeada, e também a glândula pineal. Quando a energia se move para esse chakra, produzindo excesso, sente-se satisfação; se a energia se esvai, sente-se desespero.

Quando o indivíduo discute filosofia, quando ele está mergulhado num pensamento metafísico sobre Deus, nota-se um sentimento de satisfação bastante profundo. Em contraste, se a pessoa pensar em filosofia existencialista ou no desconstrucionismo, por mais perspicaz que ela seja, lidar com ideias dessa natureza não a satisfará. Na verdade, ela vai sentir um desespero existencial.

Os materialistas veem tudo ao contrário. Eles pensam que as emoções são sentidas no cérebro, ou seja, que as emoções são epifenômenos cerebrais que chegam até o corpo por meio do sistema nervoso e das chamadas moléculas de emoção. Na verdade, é o contrário. Todos sentem primeiro os sentimentos no chakra, depois o controle passa para o mesencéfalo, para integração por meio do sistema nervoso e das moléculas da emoção (é importante aqui o papel da amígdala)* e, finalmente, o neocórtex entra em cena, quando a mente dá significado aos sentimentos.

Mas onde os dados objetivos aparecem nisso tudo? Os chakras são uma experiência divertida, pode-se dizer, mas existem sólidos dados experimentais para provar sua importância, e, portanto, a importância dos movimentos da energia vital? Sim, tais dados existem. Isto é assunto da medicina dos chakras.

Medicina dos chakras

A ideia fundamental da medicina dos chakras é que, para a saúde ser boa, a energia vital deve ser experimentada de maneira equilibrada – deve entrar e sair, sem produzir excessos ou deficiências de colapso quântico, em todos os chakras. Se o movimento da energia vital em qualquer chakra estiver desequilibrado ou bloqueado (reprimido), os órgãos correspondentes vão funcionar mal, e acabam ficando doentes. A cura de um chakra consiste em restaurar o equilíbrio ao fluxo de energia do chakra. Médicos que lidaram com a medicina dos chakras, como Christine Page (1992), acumularam uma boa quantidade de dados e muitas histórias de sucesso sobre o poder desse método de cura (ver também Eden, 1999).

Um aspecto interessante da medicina dos chakras é que os desequilíbrios costumam ser produzidos pela mente. Por exemplo, a supressão mental da energia do chakra cardíaco, especialmente entre homens norte-americanos, pode ser responsável pelo mau funcionamento do sistema imunológico, causando câncer. Como está envolvido aí o processamento mental, essa pesquisa será discutida em mais detalhes no Capítulo 15, que focaliza assuntos relacionados à mente.

Robomorfismo ou antropomorfismo?

Os materialistas – e a maioria dos biólogos convencionais se encaixa nesta categoria – presumem que os animais são robôs, uma coleção de moléculas programadas, cujo software teria sido escrito pela

---

* A do cérebro, não a da garganta. [N. de T.]

evolução por meio da seleção natural. Este é um exemplo claro de "robomorfismo" (termo extraído de Augros & Stanciu, 1988), mas os materialistas alegam que é a única visão objetiva possível.

Naturalmente, a evolução também dita que os seres humanos evoluem dos animais, que os seres humanos *são* animais, embora, se for admitido que existe uma flecha biológica do tempo apontando para a complexidade crescente, seja possível dizer que se trata de animais elevados.

Desde essa posição "elevada", o indivíduo pode examinar-se. Quando o faz, descobre algo verdadeiramente espantoso: todos têm um mundo interno e particular, bem como um externo, público e objetivo. Entre outras coisas, esse mundo "particular" interno produz sentimentos e emoções, em conjunto com o próprio corpo e com o mundo exterior. Todos experimentam o mundo externo e seu corpo, sempre acompanhados pelos sentimentos.

Poderiam ser descartados os sentimentos, dizendo-se que são subjetivos e inconsequentes, como o fazem alguns materialistas, mas a escolha seria apressada demais. Consultando outros seres humanos, vê-se que existe um espectro de emoções e de sentimentos que todos experimentam. Para todos, de algum modo, os sentimentos afetam suas ações.

E começa-se a divagar. Será que os animais também têm esse mundo interno de sentimentos? Em que estágio da evolução eles se tornam um fator do comportamento animal? Como não se tem acesso ao mundo interior de um animal, como se pode investigar o efeito dos sentimentos sobre o comportamento animal?

Agora, o biólogo materialista poderia dizer algo válido: "Você está sendo precipitado demais. Você nos acusou de robomorfismo. Agora, nós vamos acusá-lo de antropomorfismo – a tendência humana de impor ao mundo certos preconceitos, derivados de experiências especificamente humanas. Como é possível fazer ciência com tais preconceitos?"

Será possível um terreno intermediário? O filósofo E. S. Russell (1930, citado em Augros & Stanciu, 1988, p. 83-84) explicou:

> A biologia ocupa uma posição única e privilegiada entre as ciências, pois seu objeto, o organismo vivo, é conhecido não só objetivamente, pela percepção sensorial, como também diretamente, em um caso, como objeto da experiência imediata. Portanto, é possível, neste caso especial de nossa própria vida pessoal, contemplar o interior de um organismo vivo. Naturalmente, a compreensão direta e intuitiva obtida com essa

experiência imediata de vida não pode formar o tema ou assunto da biologia, que é uma ciência objetiva, e devemos tomar cuidado ao ler, em outros organismos, os motivos e os modos de experiência que descobrimos em nós mesmos. Contudo, o conhecimento introspectivo nos oferece um *insight* sobre a realidade do organismo vivo que não pode ser obtida de outra forma, e nos proporciona um padrão segundo o qual podemos testar nossa concepção acerca da coisa viva.

Caminhou-se bem longe desde 1930, quando esses comentários foram escritos. Como mostra a discussão sobre os chakras, os sentimentos humanos estão associados com os órgãos internos das pessoas. A lógica diz que qualquer organismo que tenha esses órgãos terá sentimentos associados similares. Numa seção posterior deste capítulo, discutem-se as possibilidades que ora são investigadas para a medição direta das energias vitais associadas a sentimentos e emoções dos indivíduos. Porém, é possível antecipar o seguinte: está-se a caminho uma nova biologia do sentimento.

O problema do reconhecimento

Harman e Sahtouris (1998) identificaram o reconhecimento, a questão de como os organismos reconhecem-se como distintos dos outros, como um importante problema não resolvido da biologia materialista. É claro que se fez algum progresso sobre o assunto. No nível celular, uma célula alienígena se "entregará" se aparecerem os anticorpos, pois é essa a reação do sistema imunológico ao "não-eu". Para o importante problema de reconhecer o sexo oposto a fim de acasalar, foi sugerido que a detecção de aromas atratores chamados *feromônios* resolve a questão. Mas nenhuma dessas soluções cobre toda a gama do problema do reconhecimento.

A solução consiste em ver o papel da consciência e dos sentimentos nessa questão. Mesmo a primitiva célula procarionte tem a capacidade de autorreferência; ela "conhece", de algum modo primitivo, sua separação com relação ao ambiente. Com a evolução dos órgãos e dos sentimentos das matrizes morfogenéticas associadas, o reconhecimento de si mesmo e dos outros dá um salto quântico. Se a energia vital de um chakra é enfatizada, então o "outro" é um amigo; se a energia vital de um chakra é reduzida, o oposto é válido. Como não há dúvida de que os animais conseguem distinguir amigo de inimigo, então não resta dúvida de que os animais têm sentimentos; eles não são robôs.

Acupuntura e homeopatia: dois problemas impossíveis para o materialista

A viagem histórica do presidente Richard Nixon à China, em 1971, resultou não apenas na renovação do comércio com aquele país, como também no renascimento do interesse ocidental pela medicina tradicional chinesa, especialmente pela acupuntura. Acupuntura é a cura pela inserção superficial de agulhas pontiagudas em partes do corpo chamadas pontos de acupuntura. Desde a visita de Nixon, a questão da cura pela acupuntura tornou-se um problema sério para a medicina alopática, que é baseada inteiramente na abordagem materialista da realidade.

Pesquisadores da medicina alopática procuram uma explicação para a acupuntura ao longo de linhas materialistas de pensamento. Por exemplo, uma teoria do modo como a acupuntura alivia a dor é que as agulhas inseridas causam uma dor menor e tolerável, tirando a atenção da principal fonte de dor; ou seja, elas sobrecarregam os canais de comunicação do sistema nervoso.

Acontece, porém, que a medicina tradicional chinesa já tinha a explicação correta em termos do movimento de uma misteriosa energia chamada *chi*, caso se identifique desinibidamente chi como os movimentos da energia do corpo vital (Yanchi, 1988). Na visão chinesa, chi tem duas modalidades, *yang* e *yin*. É possível ver aqui o paralelo com o pensamento quântico. Yang é o equivalente ao modo de onda de chi, e yin, o análogo ao modo de partícula. Assim, cada órgão, e mesmo o organismo como um todo, é classificado segundo os dois modos pelos quais o chi é processado: o modo yang, que envolve possibilidade e criatividade, e o modo yin, que envolve manifestação e condicionamento.

Agora, pode-se compreender porque a acupuntura cura a dor. A aplicação das agulhas em áreas apropriadas do corpo físico estimula as partes correlacionadas do corpo vital. Com esse estímulo, chi yang, o componente criativo de chi, flui por meio de caminhos vitais chamados *meridianos*, até as matrizes vitais dos principais órgãos. Isso aumenta o nível geral do chi yang no corpo vital, especialmente nos correlatos vitais das áreas do cérebro que produzem as endorfinas, o analgésico opiáceo do próprio cérebro. Em outras palavras, a manifestação da vitalidade de chi no nível vital manifesta estados cerebrais com endorfinas.

Também é possível constatar o acerto deste quadro, injetando bloqueadores de endorfinas, drogas narcóticas antagonistas que bloqueiam a ação dos opiáceos. De fato, isso neutraliza o efeito analgésico de um tratamento por acupuntura (para mais detalhes, leia Goswami, 2004).

Se a acupuntura é uma pedra relativamente nova no sapato da medicina alopática materialista, a homeopatia (Vithoulkas, 1980; Ullman, 1988) é uma pedra bem mais antiga. O principal mistério da homeopatia é sua filosofia "menos é mais". Na homeopatia, a substância medicinal é diluída com uma mistura água-álcool até proporções ínfimas, a ponto de se dizer que nem uma molécula da substância medicinal está presente na mistura que é dada ao paciente. Se não se dá remédio algum, como a homeopatia pode curar?

A medicina alopática atacou o problema realizando muitos testes clínicos para provar diretamente a ineficácia da homeopatia. Mas, agora, os testes confirmaram que a homeopatia funciona, e não como um placebo. (O tratamento por placebo significa administrar uma pílula de açúcar para que o paciente acredite que está ingerindo uma medicação real.)

E como a homeopatia funciona? Primeiro, importa aceitar que as substâncias medicinais da homeopatia são orgânicas, ou seja, contêm não só corpos físicos como também corpos vitais. O corpo físico é diluído (o que é bom, porque geralmente esta parte é venenosa para o corpo humano), mas o corpo vital é preservado.

E como o corpo vital é preservado no medicamento? Para a solução deste mistério, é preciso analisar em detalhes a forma de preparo dos remédios homeopáticos. Toma-se uma parte da substância medicinal e dilui-se a mesma em nove partes de uma mistura de água e álcool. Depois, toma-se uma parte da nova mistura e dilui-se novamente a mesma em nove partes de mistura de água e álcool. Essa diluição deve ser repetida trinta vezes, cem vezes, até mil vezes para se obterem remédios homeopáticos de potência cada vez maior. O procedimento parece inócuo, até perceber-se que se deixou de analisar alguma coisa. Em cada estágio de diluição, o medicamento e a mistura água-álcool são agitados vigorosamente. A palavra *sucussão* é usada para essa agitação – e aqui está o mistério. A sucussão transfere, por meio da intenção do preparador, as energias vitais da substância medicinal para a água da mistura água-álcool, no sentido de que a água da mistura água-álcool se correlaciona com a energia vital da substância medicinal. Por isso, sempre que alguém recebe o remédio homeopático, embora não receba qualquer parte física da substância medicinal, está ingerindo, sim, a energia vital original com a água correlacionada. Diz-se ainda que, quanto mais o medicamento homeopático é diluído, maior sua potência. Por quê? Mais diluição significa mais sucussão, o que significa melhor correlação não local da água com a energia vital da substância medicinal: logo, maior potência.

Assim, se a doença é no nível vital, decorrente de desequilíbrios de energia vital, então a homeopatia funcionará melhor do que a alopatia. A homeopatia cuida do desequilíbrio de energia vital diretamente pela aplicação da energia vital do medicamento. A escolha do medicamento é regida pelo segundo princípio da homeopatia: "igual cura igual". Se a substância medicinal incita os mesmos sintomas em um corpo saudável como os sintomas do corpo doente, então os movimentos da energia vital da substância medicinal e os movimentos relevantes da energia vital do corpo (desequilibrado) devem estar em "ressonância". Nesse caso, a energia vital da substância medicinal irá sanar o desequilíbrio da energia vital da pessoa doente.

Esses princípios fundamentais da homeopatia, bem como muitos outros detalhes, podem ser compreendidos usando-se a ciência do corpo vital (Goswami, 2004).

O problema da heterogeneidade e a tipologia vital

Outro problema que pode ser explicado satisfatoriamente pela dinâmica da energia vital é a questão da heterogeneidade: como indivíduos podem diferir tanto, não só em forma, como em função. Os deterministas da genética não se preocupam com a heterogeneidade biológica, pois, para eles, os programas de DNA determinam completamente o organismo. Programas de DNA similares devem produzir estrutura, função e comportamento similares. As diferenças nessas quantidades podem ser localizadas na diferença entre os genes.

Com efeito, este é o princípio da homogeneidade tal como aplicado na física e na química: ingredientes microssimilares, efeitos macrossimilares. Naturalmente, esse tipo de expectativa simplista, com base nas ciências físicas, falha na biologia. Por exemplo, nessa mesma medida, o genoma humano deveria ser muito diferente do genoma dos ratos, mas, na verdade, são bem similares.

Em contraste, cientistas organísmicos, como Walter Elsasser, acham que os sistemas biológicos são tão complexos que a heterogeneidade do indivíduo e de classes é um dos fatores que restringe a explicação físico-química de fenômenos biológicos. Se a forma organísmica (estrutura e função) for escolhida conforme as matrizes dos campos morfogenéticos, e houver liberdade de escolha, então se pode, de fato, esperar a heterogeneidade como predominante sobre a homogeneidade. Nesse caso, como são desenvolvidos e aplicados princípios científicos gerais à biologia e à medicina?

Felizmente, para sistemas com experiência anterior registrada como memória, como já se mencionou, a liberdade de escolha nem sempre é tão livre. Em sua liberdade total, a aplicação da liberdade de escolha no evento do colapso quântico é chamada *criatividade fundamental*. Quando a liberdade de escolha é restrita a contextos previamente descobertos ou suas combinações, o evento de colapso é de criatividade situacional (ver Capítulo 4). Se a liberdade de escolha não é exercida a favor de uma resposta previamente aprendida, diz-se que o evento de colapso pode ser determinado ou condicionado (usando a linguagem da psicologia).

Desse modo, mesmo em organismos biológicos heterogêneos, pode-se esperar certa regularidade na maneira pela qual formas, funções e comportamentos aparecem. Mas o determinismo (mesmo o determinismo não genético) é simplista demais. O condicionamento completo caracteriza apenas um tipo de organismo biológico; há outros.

No sistema indiano de medicina, ayurveda, os indivíduos são classificados segundo três *doshas*, ou "defeitos", em sânscrito. Como surgem os *doshas*? Eles derivam do modo como a consciência usa os campos morfogenéticos do corpo vital para construir formas biológicas no corpo físico. Aqui, o ponto importante é que o ambiente (interno e externo) está sempre mudando, e as formas do corpo físico são afetadas pelas mudanças. Os campos morfogenéticos correlacionados com as formas se ajustam a essas mudanças. Se o ajuste requerido for muito grande, a criatividade fundamental (que, quando aplicada ao corpo vital, é chamada *tejas*, em sânscrito) será necessária. Se o ajuste for moderado, só a criatividade situacional (que, para o corpo vital, é chamada *vayu*, em sânscrito) será necessária para alinhar os campos morfogenéticos. E, se as mudanças no plano físico forem tão mínimas que a pessoa possa se dar bem com o campo morfogenético existente, então a inércia (ou o condicionamento existente, chamado *ojas*, em sânscrito, quando aplicado ao contexto vital) prevalece.

Nos anos formadores do organismo, o uso excessivo de criatividade fundamental (*tejas*) para a adaptação dos campos morfogenéticos a mudanças ambientais produz o *dosha* ayurvédico de *pitta*. O uso excessivo de criatividade situacional (*vayu*) produz o *dosha* de *vata*. Finalmente, *ojas* em excesso produzem o *dosha* de *kapha*. Médicos ayurvédicos usam muito os *doshas* em seus diagnósticos e tratamentos das doenças; por isso, sua validade é baseada em amplos dados empíricos (Lad, 1984).

Medindo a energia vital

Pode-se medir energia vital com um instrumento físico? A resposta é não, por definição. Energia vital e instrumentos físicos pertencem a dois mundos diferentes, que não interagem diretamente. Entretanto, há um caminho de contorno. Nos organismos biológicos, as formas físicas representam os campos morfogenéticos do corpo vital e estão correlacionadas com eles. Se for possível medir essas formas físicas correlacionadas quando mudarem com os movimentos do corpo vital, então indiretamente estará sendo medido algo do corpo vital. Já se usa essa estratégia para medir o pensamento. Pode-se saber se alguém está pensando? Sim. Basta olhar para a atividade do cérebro com um aparelho de imagem por ressonância magnética (MRI) ou por tomografia por emissão de pósitrons.

Acredita-se que, talvez, já exista um método para medir indiretamente o corpo vital, avaliando mudanças físicas: a controvertida técnica da fotografia Kirlian. A fotografia Kirlian foi descoberta pelos cientistas russos Semyon e Valentina Kirlian. Ela envolve o uso de um transformador elétrico chamado bobina Tesla, ligada a duas placas de metal. O dedo da pessoa é posto entre as placas, onde é tocado um pedaço de filme. Quando a eletricidade é ligada, a imagem que o filme registra é chamada fotografia Kirlian.

Normalmente, as fotografias Kirlian mostram uma "aura" ao redor do objeto. Os proponentes da fotografia Kirlian afirmaram que a cor e a intensidade da aura descrevem o estado emocional da pessoa cujo dedo está sendo usado na fotografia. Por exemplo, uma aura vermelha manchada corresponde à emoção da ansiedade, um brilho na aura indica relaxamento, e assim por diante.

É claro que há algum tipo de fenômeno energético em ação. Foi comprovado que a energia envolvida não pode ser controlada pelos cinco sentidos. Originalmente, alguns pesquisadores pensaram que as imagens mostrariam um fluxo sutil de energia entre o dedo e o filme por meio da psicocinese. Mas isso só poderia ser verdade se a energia sutil tivesse um aspecto físico. Também surgiu uma explicação materialista alternativa – que as auras têm relação com o suor. De fato, a presença de umidade entre as placas afeta as fotos, criando controvérsias.

Mencionou-se tudo isso porque é possível haver uma terceira explicação. Mudanças na energia vital, como em oscilações de humor, afetam os programas que controlam as representações dos órgãos e, por isso, suas funções também mudam, refletindo a oscilação de humor. A fotografia mede uma mudança no nível físico, mas como as mudanças no nível físico estão correlacionadas com as mudanças no nível vital, indiretamente este último estará sendo medido. É fato, pois a medição de mudanças na energia vital com fotografia Kirlian ficou tão sofisticada que está sendo usada para diagnósticos (ver Capítulo 15).

Não localidade quântica: o aspecto público da energia vital

Os materialistas presumem que um sentimento é sempre algo interno e particular. Mas, se os sentimentos são modos quânticos de energia vital, então existe a possibilidade da partilha não local de sentimentos e de energia vital entre seres vivos adequadamente correlacionados. Se uma experiência específica é compartilhada, não se pode mais dizer que ela é interna e particular. Como é possível constatar sua existência a partir de diversas fontes e chegar a um consenso, o objeto experimentado deve ser considerado "externo" e "público", no mesmo sentido que um objeto material é externo e público. Por este motivo, experimentos de não localidade quântica envolvendo o compartilhamento da energia vital (sentimento) entre humanos, plantas e animais constituem as mais convincentes evidências da existência independente (não material) da energia vital.

O pesquisador Cleve Backster tornou-se um ícone popular na década de 1970 por causa de suas revolucionárias demonstrações de sentimentos em plantas. No apogeu do fenômeno, os gurus da televisão Johnny Carson e Merv Griffin convidavam Backster para seus programas. Como convém a um ícone popular, ele foi veementemente atacado como lunático por outros cientistas; os biólogos convencionais afirmaram que não podiam reproduzir seus dados experimentais.

O procedimento experimental de Backster era muito simples. Um experimento, por exemplo, consistia em fazer um de seus alunos entrar no laboratório e destruir completamente determinada planta colocada em um vaso, na presença de outra planta, mas sem qualquer testemunha humana no recinto. Mais tarde, Backster pedia que seus nove alunos entrassem, um por um, no laboratório, ligando sensores de um polígrafo na planta sobrevivente. Como se sabe, os sensores de polígrafos reagem a respostas emocionais em seres humanos. É espantoso, mas quando o aluno destruidor de plantas entrava no recinto e encontrava a planta sobrevivente, a planta reagia, com o registro de um pico acentuado no papel do polígrafo. Se um ser humano estivesse sendo testado, um técnico declararia inequivocamente, analisando os dados do polígrafo, que o humano estava demonstrando medo. Por que a interpretação deveria ser diferente para a planta?

Dois comentários: primeiro, as plantas sentem, o que torna muito plausível a hipótese de os animais também sentirem, como se discutiu antes. Em segundo lugar, a planta sobrevivente em si não foi atacada. Qual a fonte de seu medo diante daquele estudante? A resposta está na conexão quântica, não local, de seu corpo vital com a planta destruída. O experimento prova que os sentimentos são não locais, e, portanto, objetivos, pois, por meio da não localidade, os sentimentos podem ser compartilhados por mais de um ser vivo.

Quanto à acusação de não-reprodutibilidade, Backster certamente não era um lobo solitário nessa atividade. Ele estava apenas seguindo os trabalhos do biólogo Bernard Grad, que fez experimentos pioneiros sobre a comunicação não local entre humanos e plantas, e também entre humanos e animais (Grad, 1964, 1965; Grade *et al.*, 1961). Outros trabalhos mostraram resultados similares. Em uma série de experimentos realizados na China, pediu-se a mestres de chi kung que lançassem bom chi (associado a bons sentimentos) sobre as plantas. O índice de crescimento metabólico das plantas foi medido e mostrou melhorias significativas. Com efeito, quando os mesmos mestres lançaram mau chi sobre as plantas, estas sofreram deterioração, segundo medido por seu reduzido índice de crescimento metabólico (Sancier, 1991).

O biólogo Rupert Sheldrake (1999) também demonstrou, de forma bastante conclusiva, que cães domésticos têm comunicação não local com seus donos. O filme de Sheldrake sobre esse trabalho é particularmente convincente. No exato instante em que a dona de um cão se levanta de sua escrivaninha no escritório a fim de voltar para casa, seu cão se dirige à janela e começa a esperar por ela. Como isto é possível? O controle da experiência foi tal que não poderia haver qualquer comunicação local entre o cão e seu dono. Deve ter havido uma comunicação não local, provavelmente por sentimento compartilhado. Sheldrake agora tem repetido seus experimentos com humanos e papagaios, com resultados similarmente espantosos, demonstrando comunicação não local.

Plantas e animais sentem

A resposta negativa dos biólogos convencionais a experimentos como estes descritos acima tem motivos egoístas. Se os animais sentem dor, é difícil justificar seu uso em experimentos de laboratório que, invariavelmente, infligem dor. Então, deve-se abrir mão do uso de animais em laboratório? Deve-se tomar cuidado para não criar regras genéricas. É claro que se aprende muito com o uso de animais em laboratório. Além disso, as pessoas matam animais para comê-los, o que também causa dor. Qual é a diferença?

A diferença deveria ser óbvia. Os seres humanos comem animais para sobreviver, seguindo uma tradição bem conhecida do reino animal, segundo a qual animais matam rotineiramente outros animais para obter alimentos e sobreviver. Enquanto o indivíduo repartir a "animalidade" com os animais, enquanto ele for motivado por suas emoções básicas de sobrevivência, não serão vistas conversões em massa ao vegetarianismo (no Capítulo 21, fala-se mais sobre o assunto).

Mas não se precisa necessariamente de experimentos com animais em laboratório para sobreviver; podem-se estabelecer alguns parâmetros. Algumas tradições espirituais estabeleceram rituais que são usados antes de se ingerir carne animal. Rituais similares deveriam ser estabelecidos quando alguma necessidade de sobrevivência (como o combate a uma epidemia) obriga ao uso de animais de laboratório.

Por fim, e felizmente, acredita-se que o público leigo ficará bastante satisfeito com esses resultados. Na década de 1970, foi moda abraçar árvores e cantar para plantas domésticas. Espera-se que o leitor pense em voltar a fazer esses rituais, sentindo-se apoiado por boas teorias e bons resultados.

PARTE 5

NEUROCIÊNCIA DENTRO DA CONSCIÊNCIA

capítulo 15

a relação entre consciência, cérebro e mente

Por que falar de neurociência em um livro sobre evolução? Quando se vê a evolução como a mudança das representações das possibilidades sutis da consciência, entende-se que o tema ultrapassa o foco dos biólogos evolucionistas sobre a evolução da forma, ou seja, a evolução das representações das possibilidades morfogenéticas vitais. Na nova visão, a evolução também trata da evolução na confecção de representações de significado mental. É aqui que o cérebro e a neurociência se envolvem. Neste capítulo e no seguinte, será discutido como estudar o cérebro dentro da primazia da consciência, e como essa abordagem resolve parte dos importantes paradoxos da neurociência, inclusive a "pergunta difícil" da consciência e o paradoxo da percepção. No Capítulo 17, falar-se-á do tema da evolução da mente.

Os neurofisiologistas estudam o cérebro e esperam, em vão, que seus estudos levem à compreensão da consciência como um epifenômeno cerebral. Ah! Mas suas esperanças nunca se realizarão, pois a interação de objetos, neste caso neurônios, só pode produzir um objeto. O aspecto mais maravilhoso da consciência não é que os objetos sejam vistos na consciência, mas que um sujeito parece fazer a observação, é uma experiência subjetiva. Explicar como essa percepção-consciente da divisão sujeito-objeto pode surgir, começando com genes ou, mesmo, com neurônios, é um problema impossível para os materialistas. A impossibilidade fica ainda mais séria quando o indivíduo percebe que algumas de suas experiências subjetivas têm eficácia causal. Este problema de uma consciência causalmente eficaz não pode ser solucionado dentro da metafísica materialista.

É necessário aventurar-se para fora do cenário materialista e virar a metafísica materialista de cabeça para baixo. Em vez de dizer que a consciência é um fenômeno cerebral, é preciso postular que a consciência é a base da existência, repleta de possibilidades quânticas, das quais as possibilidades materiais são um componente. Esta realidade subjacente não se pode experimentar. Experiências são eventos conscientes, envolvendo a percepção-consciente da divisão sujeito-objeto; elas ocorrem quando a consciência escolhe um evento concreto dentro dessas possibilidades quânticas.

Haverá uma camada da realidade da qual não se está consciente, ou seja, que está inconsciente em cada indivíduo? A resposta, naturalmente, é sim. O cientista que intuiu esta outra realidade e revolucionou a psicologia com seu *insight* foi Sigmund Freud. Como será visto, a física quântica pode ajudar o indivíduo a compreender a misteriosa realidade do inconsciente.

Distinguindo inconsciente e consciente: mensuração quântica no cérebro

Como se percebe um estímulo que envolve a mensuração do estímulo? Precisa-se compreender que, em todo evento de percepção, ou seja, em todo evento de mensuração quântica, mede-se tanto o objeto que se percebe como o próprio cérebro. Antes de ser medido, o objeto é uma onda de possibilidade, e, por isso, o estímulo que o cérebro recebe do objeto é um estímulo em possibilidade. Ao receber um estímulo em possibilidade, o cérebro também se torna uma onda de possibilidade, uma superposição de possíveis estados cerebrais macroscopicamente distinguíveis. Quando se escolhe o estado de experiência concreta do objeto percebido, escolhe-se também um dentre os possíveis estados cerebrais.

Dá para perceber o paradoxo. O cérebro (e o objeto/estímulo) permanece como possibilidade até ter sido feita uma escolha entre seus possíveis estados. Mas, sem um cérebro manifestado, não há observador, não há um "eu" do sujeito que está fazendo a escolha. Logo, tem-se uma circularidade lógica, um paradoxo.

Já se viu essa circularidade antes, na discussão acerca da célula viva. Ela é chamada hierarquia entrelaçada. A mensuração quântica envolvendo uma célula viva é especial, pois há uma hierarquia entrelaçada no processo de mensuração da célula viva. De modo similar, a mensuração quântica no cérebro é especial porque há uma hierarquia entrelaçada na maneira como o cérebro participa de uma mensuração quântica.

Na célula viva, a hierarquia entrelaçada é vista em sua expressão mais simples entre a molécula de DNA e as proteínas. Nenhum processo simples, hierárquico e passo a passo, começando no nível micro, pode produzir as macromoléculas de DNA e proteína, que, portanto, formam uma hierarquia entrelaçada: é preciso DNA para fazer proteína; é preciso proteína para fazer DNA. No cérebro, a hierarquia entrelaçada envolve dois sistemas similares.

Os neurofisiologistas tentam em vão decifrar os estágios do processamento de um estímulo pelo cérebro. Sugere-se pensar num estímulo óptico. Um *quantum* de luz (fóton) do objeto chega até a retina de um olho, depois percorre um nervo na forma de estímulo elétrico até um centro cerebral etc. etc., que é como dizem os neurofisiologistas. A seu favor, eles podem fazer a análise de um trecho (assim como os teóricos da origem da vida podem fazer sua análise para a síntese de uma célula em um trecho), mas depois tudo fica embaralhado. O cérebro é complexo demais.

Pode-se, no entanto, perceber o que está envolvido de modo geral. Para que ocorra uma mensuração quântica no cérebro, duas coisas precisam acontecer. Primeiro, diversos aparatos intermediários precisam processar e amplificar o estímulo, levando-o da escala microscópica para a escala macroscópica (o aparato de percepção), e, em segundo, outros aparatos precisam fazer uma imagem macroscópica, ou memória, do estímulo (o aparato de memória). A hierarquia entrelaçada está envolvida na transição micro-a-macro na criação do aparato de percepção e de memória. Em função disso, há dois aparatos na escala macro, com uma relação circular: percepção exige memória; memória exige percepção. Não se pode percorrer esse relacionamento até o nível micro; não se pode reduzi-lo a interações materiais, passo a passo. Esses aparatos formaram um todo que é maior do que suas partes, e sua complexidade é do tipo irredutível; em suma, constituem um sistema de hierarquia entrelaçada.

Finalmente, aquilo que se percebe é o objeto, ou seja, a fonte do estímulo. Não se percebe nem a imagem ou memória no cérebro, nem o estado cerebral que inclui a memória; na verdade, ocorre *identidade* com o estado cerebral que sofreu colapso no processo de observar e de experimentar, como um sujeito olhando para o objeto.

Sempre que existe uma hierarquia entrelaçada dessas em uma situação de mensuração quântica, existe também a autorreferência: o aparecimento codependente de um sujeito que vê e de um objeto que é visto.

Como tudo isso pode ajudar o indivíduo a distinguir entre inconsciente e consciente? Um estado inconsciente ocorre quando há processamento de possibilidades, mas não colapso. Objetos em possibilidade interagem com outros objetos em possibilidade, expandindo a possibilidade geral. Há consciência e processamento, mas não percepção-consciente manifesta. Chama-se isso de um estado de processamento inconsciente – o processamento de possibilidades sem que estas sofram colapso e se tornem uma experiência sujeito-objeto chamada percepção-consciente. Por sua vez, o processamento consciente envolve o colapso, que cria a divisão sujeito-objeto que constitui a percepção-consciente.

Essencialmente, o mesmo argumento é válido para um objeto mental de significado. Deve-se admitir que o objeto mental não pode causar seu próprio colapso. A arena da mente não tem uma divisão entre micro e macro; por isso, não pode ser gerada uma hierarquia entrelaçada – não ocorre nenhuma transição entre micro e macro. Contudo, o significado mental pode se correlacionar com um objeto físico. Quando o objeto físico sofre colapso, o significado mental correlacionado também deve sofrer colapso. Consequentemente, a memória cerebral que resulta de um evento específico de colapso não é apenas uma memória do objeto físico, mas também do significado mental, pois a evocação da memória faz lembrar simultaneamente o significado mental correlacionado. Em outras palavras, o cérebro fez uma representação do significado mental.

Voltando a Freud, o eminente cientista criou um pouco de confusão com os termos usados para conceituar o inconsciente. A julgar pela discussão acima, fica claro que aquilo que ele chamou de inconsciente deveria ter sido chamado "não consciente", ou "despercebido". Como a consciência é a realidade primária, é onipresente; é a base de toda existência, e assim, onde ela iria ficar? Aquilo que vem e vai, aquilo que aparece de modo descontínuo no evento de colapso quântico é a experiência de uma divisão sujeito-objeto que se chama percepção-consciente.

Contudo, é preciso um pouco de cautela. O conceito freudiano de inconsciente é, na verdade, muito mais estreito do que aquilo que a física quântica indica. Para se saber por que, imagine-se um objeto (mental, físico ou ambos) que nunca foi experimentado, um estímulo ainda desconhecido, por assim dizer. Quando a consciência quântica causa o colapso desse tipo de estímulo original, o objeto é experimentado em sua verdadeira forma, numa consciência cósmica e criativa, incondicionada. O processamento inconsciente que ocorre antes de tal evento de colapso é, do mesmo modo, livre, irrestrito, ilimitado pelo condicionamento. Essa visão do inconsciente é análoga ao conceito de inconsciente coletivo introduzido por Carl Jung (1971). Em contraste, aquilo que Freud chamou originalmente inconsciente pode ser chamado inconsciente pessoal, pois suas possibilidades são construídas a partir da memória pessoal do indivíduo.

Uma breve reflexão. As memórias se acumulam no cérebro à medida que se aprendem os estímulos. Cada vez mais, o processamento inconsciente consiste no processamento de memórias. A tendência é processar cada estímulo por reflexo no espelho da memória. Em pouco tempo, desenvolve-se um padrão habitual no modo como se usa a mente para dar significado às experiências de cada pessoa, um padrão que se chama de caráter. Este caráter, mais o acúmulo de memórias ou histórico pessoal, é a versão da física quântica para aquilo que os psicólogos chamam *self* pessoal ou ego.

O cérebro, determinismo genético e darwinismo

Os deterministas genéticos querem fazer crer que todo comportamento orientado por programa, no nível macro, é resultado de programas genéticos, por sua vez o resultado da evolução darwiniana por meio do acaso e da necessidade. Que credibilidade tem essa afirmação?

Será que os programas genéticos, isoladamente, podem justificar a estrutura biológica e as funções do cérebro? Argumentos semelhantes a estes apresentados em capítulos anteriores podem também ser dados para quaisquer funções cerebrais, demonstrando a pequena possibilidade de que tal função seja o resultado de programas genéticos e da evolução por meio do acaso e da necessidade. Em outras palavras, o determinismo genético e a evolução darwiniana não são explicações críveis para o funcionamento do cérebro. As funções cerebrais são orientadas por programa, sem dúvida, mas este comportamento não é o resultado de programas do nível genético, cuja tarefa se encerra na produção dos elementos de construção – as proteínas essenciais.

É preciso levar em conta outro ângulo. Sugere-se que alguém pergunte se a capacidade do cérebro para fazer representações de significado mental poderia se originar nos programas genéticos. Na verdade, os materialistas estariam lhe pedindo para deixar duplamente de lado o ceticismo: primeiro, no nível de função biológica macro do cérebro (como na capacidade cerebral de criação de memórias, por exemplo), e, segundo, no nível do uso de memórias para representar o significado mental. Esta segunda capacidade do cérebro é tão parecida com um computador que nenhum neurocientista negaria isso. Entretanto, os proponentes do determinismo genético e do darwinismo estariam lhe pedindo para acreditar que o comportamento orientado por programa do cérebro também é teleonomia, apenas aparência. Por baixo de tudo, os genes são os responsáveis.

Outro ponto contra o determinismo vem da hierarquia entrelaçada exigida para a autorreferência observada que surge em conexão com o cérebro. A autorreferência exige interações hierárquicas entrelaçadas de componentes reunidos de forma descontínua, algo que nenhum programa genético, sendo uma entidade contínua, pode realizar.

Significado e a relação entre mente e cérebro

O neocórtex envolvido com fenômenos mentais, como o pensamento, é uma espécie de computador. Assim, perguntam os materialistas se seria possível construir um computador com uma mente? Em caso positivo, isso provaria que a mente pertence ao cérebro. Assim se originou um campo totalmente novo de estudos chamado *inteligência artificial*. O matemático Alan Turing afirmou que, se um computador pode simular uma conversação de maneira inteligente, a ponto de fazer um ser humano pensar que está conversando com outro ser humano, então não se pode negar a inteligência mental do computador.

E os computadores passaram no teste de Turing? Um computador derrotou um dos maiores jogadores de xadrez do mundo. Será que o computador é ainda mais inteligente do que o ser humano? Tem-se a impressão de que foi construído um computador com uma mente mais capaz de raciocinar do que um dos melhores representantes da espécie humana.

O filósofo John Searle (1994) lembrou que um computador, sendo uma máquina de processamento de símbolos, não pode processar significados. É possível reservar alguns dos símbolos para denotar significado – e chamá-los símbolos de significados. Depois, serão necessários outros símbolos para informar o significado dos símbolos de significado, e assim por diante, *ad infinitum*. Para processar significados, uma pessoa precisaria de um número infinito de símbolos e de máquinas para processá-las. Uma tarefa impossível! De modo análogo, o físico e matemático Roger Penrose (1989) ofereceu uma prova matemática de que computadores não podem processar significado. Dando ao seu livro o provocativo título *The emperor's new mind* (*A nova mente do imperador*), Penrose advertiu de que, apesar de todo o alvoroço, a proposta "nova mente do computador" é tão falsa quanto as novas roupas do imperador, na famosa fábula. Como prova, Penrose usou o teorema de Godel – um sistema matemático elaborado é inconsistente ou incompleto, um teorema importante e fundamental para reconhecer a importância da hierarquia entrelaçada (Hofstadter, 1980).

Os biólogos materialistas alegam que o significado deve ser uma qualidade de adaptação evolutiva da matéria. O trabalho de Searle e Penrose expôs, de forma convincente, a natureza vazia de tal afirmação. Se a matéria não pode sequer processar significado, como ela pode chegar a apresentar a capacidade de processar significados para a escolha da natureza, seja ou não em prol da sobrevivência?

A lição que se tira de tudo isso é que, embora a mente esteja claramente associada ao cérebro, ela não pertence ao cérebro; não é um epifenômeno do cérebro. Ao contrário, é um corpo independente do cérebro, sendo uma atribuidora de significado de nossas experiências. Os neurocientistas têm de entrar em acordo quanto a essa realidade.

Mas se cérebro e mente são completamente distintos, o cérebro sendo substância material e a mente substância de significado, como ambos podem interagir? Defronta-se novamente com a velha questão do dualismo. Mente e cérebro precisam de um mediador. Entram em cena a consciência e o paralelismo psicofísico! A consciência medeia a interação entre cérebro e mente. Ambos consistem de possibilidades quânticas da consciência, a mente sendo a possibilidade do significado e o cérebro sendo a possibilidade da matéria. A consciência quântica causa o colapso das ondas de possibilidades do cérebro e da mente para criar uma experiência de significado mental e, ao mesmo tempo, criar uma memória cerebral desse significado, uma representação.

Alguém poderia dizer que tudo isso é teórico. Onde estaria o experimento? Existe um teste experimental negativo: se esta teoria estiver correta, então é impossível construir um computador que possa processar significado. Até agora, nenhum cientista de computação conseguiu construir um computador que processasse significado para refutar a teoria. Em outras palavras, a teoria está passando pelo teste.

A natureza da memória cerebral, julgando por seu *replay*, é uma revelação morta para a mente, pois é uma entidade diferente do cérebro. Evidências dessa diferença são encontradas no trabalho do neurofisiologista Wilder Penfield (1976). Trabalhando com pacientes epilépticos, Penfield estimulou os "engrams" (expressão dele) dos pacientes com eletrodos e observou que tal estímulo não produzia uma imagem de memória estática, mas todo um fluxo de memória mental. A memória mental não reside no cérebro. Com efeito, o estímulo da memória cerebral ativa a mente correlacionada e faz com que ela reproduza seu significado correlacionado.

Na verdade, podem ser encontradas muitas evidências positivas a favor da praticidade causal do processamento de significado, que é tarefa da mente. Já se mencionaram duas dessas matérias práticas: a criatividade (ver Capítulo 4) e a sincronicidade (ver Capítulo 11). Aqui, serão mencionadas mais duas: sonhos e câncer.

A explicação neurofisiológica dos sonhos – que constituem o resultado de se aliarem imagens percebidas ao ruído branco do cérebro (Hobson, 1990) – é apenas o começo de uma interpretação. A explicação completa é que a mente põe significado no "borrão de Rorschach" do ruído branco do cérebro, o que às vezes cria efeitos audiovisuais bem notáveis. Os sonhos representam a história contínua da vida de significado de cada um, ou o modo como o significado se desenvolve na vida dos indivíduos (Goswami & Simpkinson, 1999; Goswami, 2008). Esta conexão com o significado explica por que a análise dos sonhos, no estilo junguiano – em que se presume que cada personagem do sonho tenha o significado que se atribui a essa imagem onírica –, é tão útil em psicoterapia. Um sonho pode curar o indivíduo se este trabalhar com ele e apreciar seu significado.

Embora alguns sonhos proporcionem cura pessoal, outros são sonhos criativos que podem perturbar o universo. Niels Bohr sonhou com as órbitas discretas dos elétrons atômicos. O inventor da máquina de costura, Elias Howe, obteve sua ideia crucial num sonho, no qual fora capturado por selvagens e seu líder lhe disse para terminar sua máquina, do contrário... De algum modo, Howe percebeu que seus captores portavam lanças com furos próximos à extremidade aguçada. Ao despertar, Howe se deu conta, na mesma hora, de que a solução para sua máquina consistia em usar uma agulha com um furo próximo à ponta. Um terceiro exemplo deve ser do gosto de todo neurocientista. Diz respeito à descoberta do farmacologista Otto Loewi: a demonstração experimental da mediação química dos impulsos nervosos. Loewi obteve a ideia não por um, mas por dois sonhos. No primeiro sonho, ele acordou e anotou a ideia no meio da noite, mas não conseguiu decifrar sua escrita quando acordou. Felizmente, sua intenção levou o sonho de volta à sua mente na noite seguinte. Desta feita, Loewi tomou o cuidado de anotar os detalhes de forma bem legível.

Para se obter um segundo exemplo do aspecto prático do processamento de significado, veja-se o caso do importante campo das doenças mentais e físicas (Pelletier, 1992). Um engano no processamento do significado pode acarretar sérias doenças (Dossey, 1992; Goswami, 2004). Será dado um exemplo disto: como a supressão de emoções no chakra cardíaco pode causar câncer.

O câncer pode resultar de um mau funcionamento do sistema imunológico. As pessoas têm sempre algumas células no corpo funcionando mal, dividindo-se de maneira descontrolada. Quando o sistema imunológico está saudável, a glândula timo faz com que essas células anormais sejam destruídas.

No Ocidente, muitas pessoas, especialmente homens, são condicionadas culturalmente para reprimir as emoções. Um homem, por exemplo, pode achar desvantajoso abrir seu chakra cardíaco na presença de uma mulher, pois seu coração aberto torna-o vulnerável. Ela poderia lhe pedir um BMW e ele poderia concordar! Outras coisas terríveis poderiam acontecer! Naturalmente, ele cria o hábito de reprimir a energia vital no coração, causando um bloqueio de energia. Um bloqueio prolongado no coração leva à supressão da atividade do sistema imunológico no timo, o que, por sua vez, leva à supressão da capacidade de o corpo eliminar células com crescimento anormal, e essas células tornam-se cancerosas. Com efeito, certos tipos de câncer têm sido ligados ao hábito emocional de reprimir a energia do amor no chakra cardíaco. É importante lembrar que há, hoje, boas evidências mostrando que, quando as emoções se limpam graças a um salto quântico no significado mental, desbloqueando a energia vital no chakra apropriado, o paciente tem uma cura espontânea. Ele dá um salto quântico da doença até a cura, usando suas escolhas criativas (Chopra, 1990; Weil, 1995; Goswami, 2004). Lentamente, essas ideias estão encontrando espaço na prática médica. Cita-se, por exemplo, um trabalho pioneiro na Índia, do pesquisador Ramesh Chowhan, mostrando que o bloqueio de energia vital no chakra cardíaco pode ser medido via fotografia Kirlian (ver Capítulo 14), o que possibilita o uso de tais medições para um diagnóstico precoce de câncer.

O que se pode aprender com esses dois exemplos? Se o processamento desbalanceado do significado pode produzir uma doença séria como o câncer, e se o significado correto restaura a saúde, é melhor levar o significado a sério. Não é um mero epifenômeno!

O experimento de Marcel

Deseja-se encerrar este capítulo descrevendo um experimento que ilustra tanto o aspecto de onda da possibilidade quântica de processamento de significado por parte da mente como a eficácia do modelo de colapso quântico para distinguir entre inconsciente e consciente.

O propósito original do experimento do psicólogo Tony Marcel (1980) era usar palavras polissêmicas (palavras com mais de um significado) em uma série de três palavras para avaliar a congruência ou incongruência do significado ao longo da série. Ele mediu o tempo de reação do sujeito como indicador da relação entre as palavras em séries, como *mão-palma-pulso* (congruente), *árvore-palma-pulso* (incongruente), *relógio-palma-pulso* (não indutiva) e *relógio-bola-pulso* (não associativa). Seus sujeitos observavam uma tela, sobre a qual as três palavras eram projetadas, uma a uma, com um intervalo de 600 milissegundos, ou 1,5 segundo, entre elas. Por exemplo, projetar a palavra *mão* antes da palavra *palma* criaria no sujeito a tendência de perceber o significado de *palma* como algo relacionado com a mão, o que, por sua vez, melhora o tempo de reação do sujeito na identificação de *pulso*. Este efeito é chamado *congruência*. Na sequência incongruente *árvore-palma-pulso*, a palavra indutiva *árvore* deveria provocar o significado de *palma* como algo relacionado com árvore, levando a um tempo de reação maior na identificação da terceira palavra, *pulso*. Com efeito, foi exatamente isso que Marcel descobriu.

Contudo, quando a palavra intermediária era mascarada por um padrão, os sujeitos não demonstravam uma diferença expressiva no tempo de reação entre os casos congruentes e incongruentes. Já se sabia que o mascaramento de padrões impede o processamento consciente, mas permite o processamento inconsciente. O experimento prova que, no processamento inconsciente, ambos os significados possíveis para a palavra ambígua "palma" estão acessíveis; ou seja, não há colapso e não há escolha, e, por isso, não surge qualquer tendência. A diferença entre as situações congruentes e incongruentes desaparece.

Em outro trabalho, analisou-se este experimento de modo mais detalhado para descartar modelos alternativos de explicação (McCarthy & Goswami, 1993; Goswami, 1993). A conclusão foi clara e sem ambiguidades: o modelo quântico para a distinção entre inconsciente e consciente é o modelo correto.

Neurociência dentro da consciência

Os neurocientistas têm dedicado boa parte de seus esforços de pesquisa procurando pela fugidia "sede" da consciência no cérebro, além de procurarem a mente no processamento do cérebro. Esses esforços não levaram a nada de concreto, exceto redefinições e alegações vãs. Espera-se que as páginas anteriores demonstrem que chegou a hora de uma reviravolta no modo de pensar dos neurocientistas, no qual o cérebro seria considerado secundário à consciência e à mente.

O valor integrativo de tal mudança de paradigma seria enorme. Neste momento, a neurociência contribui apenas para o ramo cognitivo-behaviorista da psicologia. Na nova visão, o imenso progresso feito na pesquisa da consciência por meio da psicologia profunda (nas tradições de Freud e Jung) e via psicologia transpessoal (segundo Maslow & Assagioli) entraria no escopo experimental da neurociência, abrindo-a para uma enorme quantidade de novas investigações. Algumas investigações nessa direção já tiveram início, como pesquisas sobre meditação usando ondas cerebrais, por exemplo.

Anteriormente, os neurofisiologistas tinham descoberto que as ondas cerebrais mostram assinaturas específicas dos três principais estados de consciência: vigília, sonho e sono profundo. Na neurofisiologia materialista, este fato já era difícil de explicar, pois não é possível fazer qualquer distinção entre o consciente e o inconsciente. Então, veio a descoberta de que a assinatura de onda cerebral dos estados meditativos também é única, bem diferente dos três estados comuns de consciência (Wallace & Benson, 1972). Esta descoberta suscitou a pergunta: além da meditação e dos outros três, haveria outros estados distintos de consciência?

Nas tradições espirituais, mencionam-se estados "superiores" de consciência, chamados, em sânscrito, *samadhi*. Na tradição hindu, diz-se que há duas espécies de *samadhi*. Um estado transitório no qual se experimenta "a unidade de tudo" é chamado *savikalpa samadhi*, o *samadhi* com a divisão sujeito-objeto. Em japonês, esse estado, o estado de divisão sujeito-objeto, é chamado *satori*. Mais recentemente, Abraham Maslow chamou esse estado "experiência de pico". Por causa de sua natureza altamente transitória, a medição de uma assinatura de onda cerebral pode ser bem difícil.

Entretanto, os hindus também falam de um segundo tipo de *samadhi*, chamado *nirvikalpa samadhi*, ou seja, *samadhi* sem a divisão sujeito-objeto. Chama-se esse estado "sono criativo", pois nele a consciência processa novas possibilidades – e não as antigas possibilidades da memória, processadas no sono regular – sem se dar conta disso (Goswami, 2008). Suspeita-se que pode muito bem haver uma assinatura fisiológica específica para o sono criativo, que pode diferenciá-lo empiricamente do sono profundo regular.

A investigação experimental dos estados superiores de consciência vai abrir a neurofisiologia para uma visão de mundo mais ampla. A beleza da nova visão, naturalmente, é que ela não deixa nada de fora, nem mesmo a ciência cognitiva. No próximo capítulo, será mostrado como a nova visão soluciona o problema da percepção, um paradoxo persistente para a visão materialista.

capítulo 16

reconciliando a ciência cognitiva com o paradoxo da percepção

Assim como os biólogos não conseguem definir a vida e não podem explicar a origem da vida, os cientistas cognitivos que dominam a pesquisa acadêmica na psicologia não conseguem explicar a percepção ordinária. O que é percepção? Quem percebe? O que se percebe? É possível perceber os objetos em sua forma verdadeira, tal como são? De onde vêm as qualidades subjetivas (tecnicamente chamadas *qualia*) de nossa percepção? Até agora, a introdução aqui efetuada à nova ciência da consciência foi dominada pela explicação de "quem percebe?". De fato, essa é *a* pergunta difícil (Chalmers, 1995) para os adeptos da ciência cognitiva e para os neurofisiologistas, que a evitam como se fosse uma praga. As outras perguntas da percepção levantadas acima são igualmente difíceis para os cientistas materialistas tratarem adequadamente. Os teóricos desse campo estão sempre às voltas com controvérsias que não conseguem solucionar. Neste capítulo, será demonstrado que o novo paradigma da consciência é tão eficiente para a solução dessas controvérsias sobre a percepção quanto o foi na questão do sujeito ou do *self* da percepção.

Modelos cognitivos de percepção: realismo direto e teoria da representação

Quase todo neurofisiologista ou cognitivista experimental tem o mesmo modelo subjacente da percepção, geralmente chamado *teoria da representação*. Um objeto representa um campo de estímulo que apresenta um estímulo ao aparato de percepção do indivíduo – o cérebro. O cérebro processa esse estímulo, primeiro com o olho e com a retina, depois com seus centros superiores. Com o tempo, uma representação integrada do estímulo/objeto é feita, definindo uma imagem num campo de percepção. Esta é a imagem que se vê.

Muitas dúvidas distorcem a validade desta imagem muito razoável. Imagine-se que uma pessoa esteja vendo um gato gordo. Sem dúvida, ela vê um gato gordo. Contudo, obviamente, seu cérebro não tem espaço suficiente para uma imagem ou representação direta, de tamanho natural, desse gato "gordo". Onde se localiza essa imagem que a pessoa vê? Além disso, a representação deve ser formada de algum tipo de atividade neural. Como as atividades neurais produzem o gato gordo que a pessoa efetivamente vê? Ademais, quem é essa pessoa e onde ela está? Estaria tal pessoa presumindo que existe uma tela semelhante à de uma tevê, com uma imagem real sobre ela (do objeto externo) no fundo de sua cabeça, e que, de algum modo, está olhando para a referida imagem? Mas se a pessoa se imaginar como um homúnculo (uma pequena réplica dela mesma) fazendo a observação dentro do cérebro, ou ela está sucumbindo ao dualismo (a pessoa se separa do cérebro) ou entrando na regressão infinita (quem está enxergando o homúnculo?). *Ad infinitum.*

Especialistas chamados teóricos da identidade lidam com questões do tipo "o que você vê?" e "quem é você, o que vê?" simultaneamente, afirmando simplesmente que, em todo evento de percepção, o indivíduo realmente vê parte de seu cérebro. A pessoa e tudo o que ela vê provêm da atividade dos neurônios dessa parte do cérebro. A experiência que o indivíduo tem e a atividade dos neurônios do seu cérebro são idênticas. Mas será digna de crédito esta afirmativa? Como disse um teórico (Smythies, 1994), "quantos teóricos da identidade acreditam de fato nisso, ou aplicam isso às suas vidas cotidianas?".

Afinal, há outro modo de sair da regressão infinita (Gregory, 1981). É claro que receber informações de um ambiente exterior requer a formação de uma imagem. Mas por que se deveria presumir que a recuperação de informações de uma imagem (um objeto externo) exige também a formação de uma imagem?

Há mais um problema sério na teoria da representação. Técnicas sofisticadas de captação de imagens cerebrais mostram que a percepção de um objeto externo costuma consistir na integração das atividades neurais de áreas do cérebro muito separadas. Como o cérebro une essas atividades para apresentar o todo que foi experimentado? Como se explica a unidade da experiência? Este é o problema da ligação.

Há, ainda, outras quatro objeções, mais filosóficas, que podem ser levantadas contra a teoria da representação (Smythies, 1994) e a favor de um modelo de percepção "direta", relacionadas nos itens seguintes.

1. Se tudo o que se experimenta são sensações no cérebro – material interno –, por que são presumidos objetos físicos externos? Por que o indivíduo não diz que não existe nada além de si e de suas sensações? Por que não sucumbir ao solipsismo ou, pelo menos, ao tipo de idealismo (dualista) postulado por Berkeley (filósofo e bispo anglicano do século 18)?

   Esta última ideia exige algum esclarecimento. Numa época em que a versão de Descartes para o dualismo mente-corpo, interno-externo, dominava o pensamento ocidental, o Bispo Berkeley reativou a filosofia chamada *idealismo*. Berkeley comentou que cada um recebe toda informação sobre o chamado mundo externo graças às suas experiências sensoriais, que são internas. Como não há meios de conferir diretamente a realidade do mundo material externo, por que postular sua existência? Por que não afirmar que, da dupla mente-matéria, só a mente é real?

   A filosofia de Berkeley é bem conhecida por causa do enigma da árvore que cai: se uma árvore cair numa floresta, mas não houver ninguém por lá para ouvir o som da árvore caindo, haverá um som ou não? A física newtoniana diz que deve haver um som, enquanto Berkeley parece dizer que não há um som porque não há uma "mente" por perto. O enigma foi criado para desacreditar a filosofia idealista de Berkeley, em favor do realismo (materialista). Por acaso, Berkeley tinha uma resposta para o enigma: há um som, pois a mente de Deus está sempre presente, mesmo numa floresta onde não exista ninguém! Mas essa resposta só mostrou a verdadeira cor de seu pensamento, de seu preconceito dualista. Veja-se o problema: ele mantém o dualismo Deus-mundo e une o dualismo mente-matéria, e os argumentos habitualmente utilizados pelos monistas materialistas contra o dualismo podem ser suscitados para refutar Berkeley, como Deus interage com o mundo etc.

2. Como se pode dizer que as atividades neurais do cérebro (a representação) representam de fato um objeto externo se

nunca é possível vê-las diretamente ou compará-las com o objeto em sua forma verdadeira?

3. Se as objeções acima já parecem suficientemente fatais, por que não postular que o indivíduo (ou seja, o cérebro) percebe diretamente o objeto? Esta opção reforça a filosofia do realismo direto: objetos externos são reais e o cérebro os percebe diretamente sem a intermediação de algumas imagens internas desses objetos.

4. Todo o conhecimento humano – sobre o cérebro e sobre a percepção – provém da percepção. É justo usar conhecimentos obtidos pela percepção para refutar o modelo acima, da percepção direta? Isso equivale a cortar o galho sobre o qual a própria pessoa está sentada.

A percepção direta faz mais sentido do que o modelo da representação? Ocorre que o mesmo o modelo da percepção direta não explica como a experiência subjetiva pode surgir de um objeto interagindo com um objeto. Eis novamente a velha "pergunta difícil".

Há outros problemas sérios com o modelo da percepção direta. Alguns casos envolvem claramente as propriedades da capacidade cerebral de criar representações. Por exemplo, na percepção de cores: a cor é uma propriedade do objeto? Hoje, a maioria dos pesquisadores pensa que a cor é tanto uma propriedade do objeto como da representação feita no cérebro. Além disso, e muito importante, a percepção direta não explica o *qualia* subjetivo – um termo técnico que os filósofos usam para conotar a qualidade específica de uma experiência em primeira pessoa, sentida subjetivamente – da percepção humana.

Essas reflexões forçam a que se chegue a algumas conclusões inevitáveis, motivo pelo qual as pessoas discutem incessantemente, como se pode até mesmo chegar a perceber. Indubitavelmente, é verdade que o cérebro faz representações, e que as representações exercem efeito sobre aquilo que se vê. No entanto, é difícil racionalizar uma explicação baseada em representação que se vale de uma "tela de televisão" na qual o homúnculo-no-cérebro vê imagens que se assemelham ao objeto exterior. O problema da ligação também é difícil para o teórico da representação. Finalmente, os problemas filosóficos do solipsismo e do idealismo dualista, e, além disso, o problema da comparação com a percepção direta fazem sua sombra.

Em última análise, o debate filosófico se resume a uma discussão entre o idealismo (dualista) e o realismo (direto). Os idealistas dualistas veem o mundo primariamente como ideias. Para eles, a percepção acontece primariamente por conta daquilo que cada um vê dentro de si. Idealistas são a criação pura dos teóricos da representação. Os realistas apóiam o realismo direto da percepção de objetos exteriores e reais. Eles querem evitar qualquer referência a objetos internos, como as representações de objetos dentro do cérebro.

Cientistas cognitivos e neurofisiologistas costumam ser flagrados em cima desse muro, pois, com o avanço da ciência, eles estão em posição de estudar a antiga caixa-preta do cérebro, e esses estudos estão dando a eles (e a todos), obviamente, resultados interessantes. Mas eles não podem solucionar o estorvo conceitual de que "ismo" está certo – o idealismo (dualista) ou o realismo? Filosoficamente, a maioria dos cientistas cognitivos apóia algum tipo de realismo. Contudo, sem alguma ênfase nas representações "internas", como podem justificar seu ofício?

É claro que o idealismo puro é suscetível ao solipsismo e o realismo puro é inviável. Assim, apenas sob este ponto de vista, é desejável que se tenha um terreno intermediário para emprestar alguma validade a ambos. A seguir, será mostrado que a filosofia do idealismo monista, e não dualista, pode incorporar o realismo, de forma a proporcionar uma solução aos problemas filosóficos da percepção.

O ser humano tem uma cabeça grande?

A pista para o modo de realizar tal aproximação veio por intermédio de dois filósofos de eras distintas – Gottfried Leibniz, no século 17, e Bertrand Russell, no século 20, que se perguntaram: ambos, realismo e idealismo, podem ser válidos quanto ao modo como se veem as coisas? Suas respostas, porém, foram parcialmente jocosas; não poderiam ser levadas a sério nas épocas em que eles as apresentaram.

A ideia é bem simples. O realismo diz que só o objeto externo é real; só objetos encontrados "fora" do indivíduo são reais, pois são públicos e se pode obter um consenso sobre eles, tornando-os objeto de escrutínio científico objetivo. O idealismo diz que não se pode ver diretamente o que está "fora" sem o auxílio de intermediários, as representações particulares "internas". Assim, essas representações internas devem ser mais reais do que os objetos que elas representam.

Ou melhor, é bom que sejam reais, pois nunca serão conhecidos os objetos em sua verdadeira forma.

Solução fácil, disseram Leibniz e Russell (para uma boa discussão, ver Robinson, 1984). Suponha-se que as pessoas tenham uma cabeça "grande", além da cabeça pequena que normalmente faz parte de sua experiência, de modo que os objetos ditos externos estejam fora da cabeça pequena, mas dentro da cabeça grande. Nesse caso, tanto realismo como idealismo não serão válidos? O realismo funciona porque os objetos estão do lado de fora (da cabeça pequena); o idealismo funciona porque os objetos também estão do lado de dentro (da cabeça grande).

Parece um sofisma, não? De fato, mas só até alguém processar a solução, valendo-se do pensamento quântico.

Consciência quântica e um modelo funcional da percepção

É possível identificar a cabeça "grande" na terminologia quântica como a capacidade humana de processamento não local, que inclui todas as cabeças "pequenas". Em outras palavras, quando o indivíduo faz uma escolha na consciência quântica ou consciência-Deus, está operando a partir da cabeça "grande", e todos os objetos estão "dentro" dele. A escolha causa o colapso da onda de possibilidade de um objeto e também da onda de possibilidade de sua cabeça "pequena", o cérebro. Ele se identifica com o estado cerebral que sofreu colapso e não vê o estado cerebral como um objeto; vê apenas o objeto/estímulo e o vê separado de si, dando-lhe a experiência "espiritual" de imediação, na qual o objeto é visto em sua verdadeira forma.

Contudo, se o objeto/estímulo for algo experimentado antes, normalmente não se identifica esse evento de colapso "primário". Em vez disso, vê-se o objeto mediante um reflexo repetido do espelho de sua memória passada, que é subjetiva e individual. As memórias passadas modulam esses eventos de colapso secundário, e, por isso, a percepção do objeto que sofreu colapso adquire um tom individual. Este processo proporciona a cada um o *qualia* subjetivo da percepção.

Experimentos mostram que o tempo de processamento de eventos de colapso secundário é de 500 milissegundos, ou algo assim (Libet *et al.*, 1979). Quando, finalmente, se reconhece o objeto, aquele que o fez encontra-se bem identificado com as memórias passadas que acabou de reativar, e está operando a partir do ego-*self* condicionado por essas memórias, com a cabeça "pequena" da individualidade. Nessa perspectiva, o objeto material é visto fora do indivíduo, em função da aparente fixidade do mundo macrofísico, como explicado antes.

E o que falar do aspecto de imagem-de-televisão-num-teatro-interno da teoria da representação? Até agora, estava havendo esquecimento de um ponto. Juntamente com o objeto físico, externo, e com o cérebro do observador, há mais uma coisa cujo colapso a consciência quântica causa rotineiramente – a mente que confere significado à observação. As representações cerebrais do estímulo são, literalmente, estados dos neurônios do cérebro, sem dúvida. Não são muito diferentes do movimento dos elétrons numa tela de tevê. Mas não são vistos os padrões eletrônicos quando se assiste à tevê, não é mesmo? A consciência usa a mente para atribuir significado ao padrão de pontos fluorescentes sobre a tela, produzidos pelo movimento eletrônico. Do mesmo modo, no caso da percepção, a consciência usa a mente para dar significado à configuração neural de cada representação cerebral. Finalmente, a consciência humana, com o auxílio da mente, produzirá a imagem reconhecível do objeto de percepção primária a partir da atual representação neural, conforme modulado pela memória anterior.

A unidade da experiência do problema da ligação também pode ser solucionada com o modelo apresentado aqui. Como a consciência é fundamentalmente não local, pode ligar todas as áreas distintas do cérebro para produzir um estado cerebral unificado de colapso.

Assim, a solução final, baseada na física quântica e no idealismo monista, conforme apresentado aqui, combina o melhor das teorias do realismo, do idealismo (dualista), do realismo direto e da representação. Ao mesmo tempo, explica as experiências de "talidade" (ver os objetos em sua verdadeira forma) que são negadas na tradição filosófica ocidental, mas que há muito foram aceitas como experiências espirituais em todas as grandes tradições. A teoria também explica *qualia* de percepção normal e soluciona o problema da ligação. Além disso, naturalmente, os problemas da divisão sujeito-objeto na percepção-consciente e da modalidade egóica de percepção normal também são explicados desde o início.

É possível perceber agora que, sem Deus, não se poderia ver nada? Obviamente, isso é válido não só quanto à visão, como também quanto a quaisquer experiências dos sentidos humanos. Agora, poderá ser apreciada esta citação de um dos *Upanishads* (Mahadevon, 2000, p. 154):

> Aquele imutável [...] é o invisível que vê, o inaudito que ouve, o impensado que pensa, o incompreendido que compreende. Além dele, nada há que veja. Além dele, nada há que pense. Além dele, nada há que compreenda.

Um cérebro num jarro

O neurofisiologista Jonathan Harrison (1996) apresentou o interessante caso de Ludwig – um cérebro num jarro – para pensar. Ludwig, que nasceu com um grande cérebro, mas com um corpo deformado, foi "salvo" por um cirurgião, o dr. Smythson. Este cirurgião tirou o cérebro de Ludwig de seu corpo disforme e o manteve funcionando por meio de um sistema de suporte à vida. Mas o bom médico não parou por aí. As extremidades cortadas dos nervos cranianos de Ludwig, bem como sua coluna dorsal e tudo o mais foram conectados a um complexo sistema cibernético de tamanha capacidade que o cérebro de Ludwig podia continuar a ser estimulado exatamente como era antes, por meio dos órgãos dos sentidos e de estímulos externos. O dr. Smythson não se esqueceu de ligar as terminações dos nervos motores e as entradas "sensoriais", e assim Ludwig também experimentava os chamados movimentos voluntários. Assim, Ludwig, embora fosse um cérebro num jarro, por assim dizer, podia ter todas as experiências de uma vida humana normal – fazer uma refeição, dormir, pensar, filosofar, ter uma vida amorosa – o que quer que o bom cirurgião se desse ao trabalho de simular, inclusive todas as experiências habituais de uma vida normal com um corpo físico real.

A pergunta de Harrison foi a seguinte: como saber se o indivíduo não é um cérebro num jarro? Parece que não se sabe, e não se pode saber!

Importa perceber que esse é o mesmo argumento que parece justificar o solipsismo ou o idealismo do tipo postulado por Berkeley. A verdade é que toda experiência local pode ser simulada. Hoje, pode-se facilmente imaginar a construção de uma realidade virtual, gerada por computador, que pode substituir nossa realidade local.

E qual a saída para esse tipo de paradoxo, se é que se trata de um paradoxo? Para um idealista monista trabalhando com a teoria da percepção que se delineou antes, não há paradoxo. Os computadores podem simular tudo o que seja local, mas nada que seja não local. Por isso, a chamada vida simulada de Ludwig poderia consistir inteiramente de experiências locais. A combinação não local que dá a centelha da vida, como o oceânico sentimento do amor, faltaria completamente.

Sugere-se, agora, que se pense novamente naquela história do seriado *Jornada nas Estrelas*, mencionada antes. Que homem preferiria muitas lindas andróides a uma única mulher humana?

A ciência cognitiva dentro da consciência: comentários adicionais

Os cientistas cognitivos querem fazer da ciência mental algo mais objetivo, uma meta em cuja direção fizeram belos progressos, como imagens de pensamentos por meio de ressonância magnética, por exemplo. Fez-se um círculo completo. A lição que se tira disso tudo é que não se pode conciliar a própria percepção com a ciência cognitiva sem antes fundamentar solidamente a percepção na metafísica da primazia da consciência, sem dar valor àquilo que é interno.

Chegou a hora de parar de brigar pela supremacia entre externo e interno, e aceitar que a ciência precisa de ambos. A imagem de um pensamento por meio de ressonância magnética não dará ao cientista qualquer pista sobre o significado do pensamento sendo observado; para isso, é essencial um diálogo intersubjetivo entre o cientista e o sujeito do pensamento.

A ciência cognitiva ainda será ciência se for permitido que as experiências subjetivas de significado passem a ser dados válidos? Sim, desde que o critério de objetividade forte seja substituído pelo critério de objetividade fraca. A objetividade forte exige que os dados independam da consciência ou de observadores. Esta posição é insustentável. A objetividade fraca exige apenas a invariabilidade do observador, que os dados sejam similares entre um observador e outro. O modelo cognitivo de Marcel (1980), descrito no capítulo anterior, é um bom exemplo.

capítulo 17

a evolução da mente

Se a mente fosse um epifenômeno da evolução darwiniana e do cérebro, então quaisquer mudanças no modo como a mente opera só poderiam ocorrer continuamente, a partir de mudanças contínuas no cérebro. Além disso, tais mudanças não poderiam ser progressivas, apenas aleatórias. Observações empíricas contam uma história diferente. Na história evolucionária da mente, houve três estágios distintos e progressivos.

Evolução das representações vital e mental

Os materialistas falam dos estágios de evolução da forma biológica como uma progressão de organismos unicelulares a organismos multicelulares, de invertebrados com órgãos bem definidos a invertebrados com sistema nervoso e órgãos dos sentidos, a vertebrados com rombencéfalo, a vertebrados com cérebro límbico (mesencéfalo), a vertebrados com neocórtex, a seres humanos com neocórtex avançado. O filósofo Ken Wilber disse que esses estágios correspondem à evolução dos aspectos exteriores da consciência. Para ver a evolução da representação dos corpos vital e mental, é preciso analisar a experiência interior disponível em cada um desses estágios (Wilber, 1996).

De que experiência interior dispunha o simplório procarionte? Como mostrou o biólogo Bruce Lipton (2005), mesmo o procarionte tem programabilidade na estrutura de proteína de sua parede celular (ver Capítulo 8). Assim, a consciência programa-o para as funções biológicas básicas, dando-lhe experiências como sensações e sentimentos rudimentares. Segundo Lipton, as proteínas programáveis movem-se para o interior da célula no eucariontes, que tem organelas ainda mais programáveis. Logo, o eucarionte deve ser capaz de experimentar sensações; ele também pode experimentar sentimentos correspondendo às funções básicas do metabolismo (especificamente, anabolismo e catabolismo, dando-lhe sentimentos de existência e segurança) e reprodução sexual (dando-lhe o sentimento da sexualidade).

Com o desenvolvimento dos órgãos, os chakras se desenvolvem, e organismos invertebrados podem ter sentimentos nos chakras. Com o desenvolvimento do sistema nervoso, a percepção torna-se possível, seguida do movimento impulsivo. Com o desenvolvimento do cérebro mais primitivo, o complexo reptiliano (límbico), inicia-se a atividade mental, sentimentos ganham significado e vice-versa. Os efeitos dos sentimentos sobre a mente, as emoções, são mapeados coletivamente no cérebro límbico como instintos. Nesse ponto, o organismo desenvolve a capacidade de imagens mentais e é capaz de reagir emocionalmente a imagens mentais, inclusive arquétipos.

Com o desenvolvimento do neocórtex, começa o processamento de símbolos. Finalmente, com o aparecimento dos humanos e de seu complexo neocórtex, manifesta-se a capacidade de processar conceitos por meio da criação de representações mentais dos arquétipos supramentais.

Quando são combinados os estágios interior e exterior de evolução, obtêm-se as correspondências relacionadas na Tabela 2.

Tabela 2. Estágios interior e exterior de evolução

Exterior	Interior
Organismos unicelulares (procariontes)	Sensações rudimentares Sentimentos rudimentares
Organismos unicelulares (eucariontes)	Sensações Sentimentos rudimentares
Organismos multicelulares (como as plantas)	Sentimentos mais desenvolvidos de existência, sexualidade e segurança
Invertebrados com órgãos, mas sem sistema nervoso	Sentimentos em chakras bem definidos

continua

Exterior	Interior
Organismos com sistema nervoso	Percepção, impulsos
Répteis (rombencéfalo)	Emoções
Mamíferos (cérebro límbico)	Emoções ligadas a imagens
Primatas (neocórtex)	Símbolos
Humanos (neocórtex complexo)	Conceitos

Estágios de evolução da mente humana

No modelo quântico aqui delineado, quais são os estágios da evolução da capacidade de representação da mente humana, tanto em indivíduos como nas espécies? Inicialmente, a mente humana precisa estar ocupada, compreendendo o ambiente físico – o aspecto mais estável e compulsório de sua experiência. Depois, deve surgir a preocupação com os sentimentos do corpo vital, ou seja, com a atribuição de significado aos sentimentos. Só então é que se pode esperar a evolução de uma mente cuja preocupação é a própria mente, o significado do significado. Finalmente, a mente pode se desenvolver o suficiente a fim de voltar sua atenção para o supramental.

A seguir, são apresentados detalhes desta visão evolutiva, que – o que não deve surpreender – se aproxima das ponderações filosóficas de Sri Aurobindo.

A mente física. A mente atribui significado àquilo que o cérebro recebe como estímulo físico. O mapeamento dos significados mentais produz um software de desenvolvimento no cérebro, que se pode chamar mente física. Nos primeiros estágios de desenvolvimento, a mente física é um fator dominante para todos. Para algumas pessoas, porém, mesmo depois do desenvolvimento do ego adulto, continua a dominação da mente física. É possível, em termos operacionais, lidar com os assuntos do mundo apenas com a mente física, mas uma pessoa assim não tem acesso à rica vida interior disponível através dos outros domínios da psique. Como exemplo, uma pessoa com tal mente é capaz de construir uma estrutura lógica, mas só quando ela consegue moldá-la a partir do mundo sensorial dos objetos físicos. O que não puder ser moldado assim será considerado mágico.

Uma pessoa com esse tipo de mente também será resistente aos sentimentos, pois não conseguirá fazer um modelo físico dos sentimentos. As mulheres terão nítida desvantagem se operarem nesse estágio, pois mulheres que cuidam de filhos são forçadas a responder aos sentimentos destes.

Dá para perceber onde isto se encaixa na história evolucionária da humanidade. Os antropólogos identificaram esse estágio da evolução humana como o do coletor-caçador; os homens eram caçadores e as mulheres, coletoras. As duas ocupações exigiam atenção ao mundo físico externo; logo, tanto homens como mulheres dessa era adquiriam uma mente predominantemente física. Entretanto, a preocupação de mulheres grávidas e de mães com a emoção relegou as mulheres a um *status* de segunda classe, e, com isso, desenvolveu-se o patriarcado. Os machos eram intérpretes do domínio arquetípico; por isso, só deuses eram adorados nessa era. Os antropólogos também consideraram que a visão de mundo das pessoas dessa época era mágica, uma escolha claramente acertada.

A mente vital. O nível vital da mente é o primeiro nível no qual as sutilezas extrafísicas da consciência são identificadas. A mente vital consiste de representações mentais de significados de estímulos vitais, que, em outro trabalho, chamei mentalização de sentimentos (Goswami, 2004). Tal mente ainda não pode dispor de facilidades intuitivas junto com a mente para separar sentimentos, segundo o contexto arquetípico no qual esses sentimentos surgem. Por isso, tal mente se perde no melodrama das emoções instintivas, a maioria das quais é vivenciada de maneira negativa. A mente do nível vital se nutre de sensualidade, prazer e até dor. Como seria de esperar, a mente vital olha para o mundo como uma dicotomia de "gosto" e "não gosto". Entre outras coisas, essa distinção é precursora da dicotomia entre o bem e o mal da mente que se segue. No entanto, não existe contradição entre o caminho da mente física e o da mente vital. Para uma mente vital, a mente física ainda é útil, e por isso está integrada à vida.

A mente vital era, com certeza, o caminho da mente humana na época que os antropólogos chamaram era da horticultura – uma cultura agrícola baseada em máquinas simples, como a enxada. Foi uma era em que tanto homens quanto mulheres tinham a mesma atividade. Como os sentimentos dominavam tanto homens e mulheres, mas estas, por causa da maternidade, levavam uma clara vantagem em termos de familiaridade com os sentimentos, foi a única era (antes da atual) em que as mulheres tinham o mesmo *status* social que os homens, e na qual o matriarcado era quase tão comum quanto o patriarcado. Os antropólogos disseram que, enquanto a era anterior só tinha deuses, nesta era encontravam-se tanto deusas quanto deuses sendo adorados. Fica claro que as mulheres podiam interpretar os arquétipos, e que sua interpretação era válida. Creio que é bem apropriado o fato de essa era ser considerada uma era de ouro pelas ecofeministas.

Além disso, a visão de mundo passou do mágico para o mítico, centralizado ao redor dos mitos sobre deuses e deusas. Deuses e deusas representavam os arquétipos das emoções, tanto negativas quanto positivas.

A mente racional. Quando o indivíduo aprende a usar a mente puramente no nível mental, sem referências do físico ou do vital, quando ele aprende a analisar o significado do significado, está numa mente superior, que se chama mente racional (o termo que Aurobindo usou para esse estágio é "mente superior"). Nesse estágio da mente racional, todos são capazes de pensamentos e de raciocínios abstratos.

As estruturas lógicas da mente racional não precisam depender de modelos mecânicos, embora possam fazê-lo. Uma pessoa com mente racional é capaz de analisar a estrutura de significado de seus constructos e de dar um salto quântico de criatividade, de vez em quando, descobrindo um novo significado. A mente racional é nitidamente hierárquica, e o chefe da hierarquia é o ego pessoal que a pessoa usa para selecionar suas experiências.

A história bíblica da "Queda" trata da evolução da mente vital para a mente racional. Na mente vital, tanto Adão como Eva estão no paraíso. Quase sem nenhum desenvolvimento de ego, eles são um só com a consciência não local – eles caminham com Deus e conversam com Deus. Mas tudo isso muda quando comem o fruto da árvore do conhecimento e começa a mente racional. Se alguém ler a história com atenção, verá que foi Adão o banido do paraíso, que se moveu na direção da mente racional, e não Eva. Este detalhe é importante, pois se negava às mulheres o processamento de significado na era da mente racional, até bem pouco tempo.

Para indivíduos que vivem da mente racional, o desenvolvimento assume um caminho interessante. Quando crianças, as pessoas que pertencem a esta categoria costumam dar muitos saltos criativos de descobertas até o supramental (criatividade fundamental) e descobrem os contextos do pensamento (abstrato). No ego adulto, porém, a homeostase se estabelece, e esse tipo de identidade da mente torna-se complacentemente confortável com o repertório aprendido de estruturas lógicas ou sistemas de crenças. Na melhor hipótese, essas pessoas mantêm-se capazes de criatividade situacional.

Consequentemente, a mente racional exibe a tendência a simplificar e a marginalizar as origens supramentais de seu repertório aprendido de contextos, concebendo o mundo em termos de dicotomias simples – bem e mal, belo e feio, verdadeiro e falso, amor e ódio.

Sentimentos não são racionais, e, por isso, a mente vital não é compatível com a mente racional. Por causa dessa incompatibilidade, somada à sua tendência à complacência, pessoas com mente racional não conseguem integrar a mente vital, que é vista como um estorvo. Mulheres que são mães estão novamente em nítida desvantagem caso operem a partir desta mente, por causa da importância da emoção na vida de seus filhos.

Segundo os antropólogos, a mente racional aparece na mente da era agrícola, em culturas que dependem de máquinas pesadas como arados, que só os homens podem operar. Nessas culturas, os homens tornam-se os produtores, e, mais uma vez, as mulheres são relegadas ao *status* de reprodutoras. Como tais, não lhes é permitido o privilégio do processamento de significado. Mesmo entre os homens, só os elementos dominantes da sociedade conseguem processar significado em larga escala. Essa era viu o aparecimento dos grandes reis e guerreiros, e das sociedades baseadas em classes.

Perceba-se outro aspecto importante de tais sociedades. O excesso de produção da era agrícola permitia a existência de uma nova classe de pessoas criativas: os brâmanes, usando um termo hindu, embora o conceito se estenda para além da cultura hindu. Livres dos problemas de trabalhar por seu sustento, essas pessoas criativas se dedicaram a muitas das jornadas da consciência que criaram grandes civilizações humanas, por um lado, e deram um vislumbre do potencial humano, por outro.

Quando a era agrícola foi substituída pela era industrial, as hierarquias impostas pela mente racional lentamente deram lugar a uma partilha mais equânime do processamento de significado, com o advento de grandes instituições do pensamento humano, como democracia e capitalismo. Assim começou a "era da razão", e uma visão de mundo racional começou sua jornada de dominação. Finalmente, com o advento das sociedades tecnológicas, quando as mulheres forçaram o caminho de acesso ao processamento de significado, graças ao movimento de liberação da mulher, a visão de mundo racional completou seu domínio.

Voltando aos brâmanes do estágio racional: nesse estágio, um brâmane pode começar a superar a inércia da mente racional, dedicando-se, com intensa curiosidade, a algum ramo específico do conhecimento. E um ocasional surto de criatividade fundamental em um ramo específico dá início a uma vida criativa. Novamente, a tendência é desenvolver um ramo específico de atividade. Brâmanes de mente racional dão saltos quânticos até o supramental para lidar basicamente com problemas do cenário "exterior"; em outras palavras, eles participam da criatividade exterior e ainda se fascinam com o mundo exterior e suas manifestações. Mesmo que tais pessoas tivessem um *insight* sobre a natureza do amor, elas escreveriam um romance ou uma música sobre ele, ou desenvolveriam um trabalho científico sobre o amor, dependendo de sua janela de especialização. Mas não teriam inspiração para pensar em vivenciar o *insight* para sua transformação pessoal.

Alguns brâmanes, porém, se entediam com as expressões externas da criatividade e enxergam o potencial da jornada criativa para a exploração interior. Eles direcionam sua criatividade para o estudo de estados superiores de consciência e atingem estados de pura percepção-consciente, chamados *savikalpa samadhi* (*samadhi* com divisão sujeito-objeto) ou *satori*. Mesmo assim, não tentam transformar seu ego básico, nem procuram integrar emoções ao seu modo de vida. Logo, até isso é um tipo de criatividade exterior; o produto é uma realização do ego. Naturalmente, pessoas deste estágio, quando atingem *samadhi*, declaram-se iluminadas. Por isso, Sri Aurobindo chamou esse nível de mente iluminada.

Surgiram muitas grandes mentes iluminadas na era agrícola, e o número aumentou claramente nos últimos tempos. Algumas pessoas com mente iluminada podem até ter alçado o estágio seguinte do caminho, a transformação, pelo menos em parte. Contudo, como sociedade, não se chegou nem perto de se desenvolver o estágio seguinte da evolução humana – a mente intuitiva –, no qual a mente se preocupa com o supramental. E por quê?

Acredita-se que a principal razão para isso é que as emoções nunca foram adequadamente integradas na cultura mundana do indivíduo, que ainda se perde na ilusão do racionalismo e, ao mesmo tempo, mostra-se incapaz de lidar com a "animalidade" das emoções instintivas. Esta dificuldade será discutida em detalhes no Capítulo 21. Enquanto a mente vital emocional não estiver plenamente integrada com a mente racional, o homem estará travado em sua evolução.

A mente intuitiva. Depois que a mente racional integra emoções e pensamento, desenvolve-se uma classe mental autenticamente nova: a mente intuitiva. Esta é uma predição específica da nova biologia.

No nível da mente intuitiva, as pessoas intuirão que, sem alguma transformação em seu nível básico e egóico de existência, será impossível fazer com que a ênfase da vida passe do mental para o supramental. Naturalmente, elas usarão os *insights* obtidos em seus breves lampejos do supramental para se transformar e se elevar em níveis superiores de existência. Em outras palavras, pessoas desse nível participam plenamente da criatividade interior; manifestam seus *insights* supramentais sobre os contextos do funcionamento mental e vital em suas vidas. Como as emoções estão agora plenamente integradas com a razão e com o processamento de significado, e como sentimentos e significados são tratados em pé de igualdade (sempre tendo o contexto supramental apropriado como pano de fundo), as pessoas com mente intuitiva vivem suas vidas sob emoções positivas na maior parte do tempo.

Portanto, essas pessoas não vão permanecer intelectualmente imobilizadas em suas vidas adultas. Vão continuar a explorar o supramental para descobrir mais plenamente os temas arquetípicos da vida. Primeiro, farão representações mentais desses temas, mas, depois, irão vivenciá-los. Darão exemplos e desenvolverão novos circuitos cerebrais, o que fará com que o percurso por esse caminho seja efetuado quase sem esforço algum.

Já há alguns desses seres em nosso meio, como tem sido há milênios. São as pessoas que criam e sustentam as civilizações humanas: Sócrates, Buda, Jesus, Maomé e outros desse quilate. Exemplos recentes de mentes grandiosas são Henry Thoreau, Mahatma Gandhi, Eleanor Roosevelt, Desmond Tutu e o atual Dalai Lama. São pessoas que costumam ter experiências de pico na criatividade e na espiritualidade; capazes de amar incondicionalmente na maior parte do tempo, especialmente quando a ocasião assim o exige; que mantêm um estado equânime e de independência do ambiente. Não são perfeitas, de modo algum, mas sabem rir de si mesmos. Essas pessoas parcialmente transformadas são do tipo que o psicólogo Abraham Maslow (1971) estudou e chamou de pessoas de saúde mental positiva.

No estado mais elevado de evolução mental, com o amadurecimento da mente intuitiva, esta se torna aquilo que Aurobindo chamou de sobremente e que Jung chamou de mente individuada. Pessoas com sobremente atingiram a mais elevada perfeição mental possível.

Neste ponto, é relevante falar do conceito de reencarnação. Os biólogos não se incomodam muito com a questão da sobrevivência após a morte ou com a reencarnação, mas deveriam, e por três motivos. Primeiro, até que o façam, e a menos que o façam, a reconciliação entre a biologia e as tradições religiosas e espirituais será prejudicada. Segundo, o caso a favor da reencarnação, tanto na teoria como nos dados, está bem fortalecido. Terceiro, a teoria e os dados a favor da reencarnação proporcionam algumas das melhores evidências para a aceitação de uma ciência dentro da consciência.

A reencarnação é importante no contexto da mente intuitiva, pois a jornada do indivíduo é de aprendizado e requer muitas vidas. O propósito da jornada é aprender os arquétipos supramentais, ou como e por que o mundo funciona. Depois que todos os temas arquetípicos da vida forem descobertos e vividos, então a pessoa não irá mais precisar reencarnar para ter outra vida mental. Assim, diz-se que essa pessoa terá se libertado do ciclo nascimento-morte-renascimento.

Pode-se chegar à libertação de duas maneiras. A primeira consiste em formar circuitos cerebrais por meio da descoberta e da vivência de todos os temas arquetípicos relevantes para a vida. Às vezes, chama-se esse método para atingir a libertação de descontínuo, pois o processo de descoberta dos temas arquetípicos sempre envolve saltos quânticos. Mas há, ainda, a continuidade na abordagem do problema. Os temas são tratados etapa por etapa, um a um. Atingir a sobremente dessa forma é o modo como Jung definiu o conceito de individuação. As pessoas com sobremente são individuadas – esgotaram todos os temas arquetípicos da vida durante sua jornada reencarnatória.

No segundo caminho para a libertação, o contínuo, graças ao abandono do ego a pessoa chega a estados de sono criativo (estados de processamento inconsciente criativo, chamados *nirvikalpa samadhi*, em sânscrito), durante os quais ela está na consciência-Deus. Quando ela conseguir, sempre que quiser e sem esforço, ter acesso a tal processamento criativo no inconsciente, já não serão mais necessários saltos quânticos até a verdade nem a criação de circuitos cerebrais derivados da vivência da verdade. A ação apropriada, exigindo saltos quânticos, segue-se de maneira automática, fácil, sem esforço, fluindo da consciência-Deus, sempre que essas pessoas estiverem inconscientes.

Além da sobremente, fica a supermente. Ter a supermente significa desenvolver a capacidade de representar diretamente o supramental no físico. Isso não é possível ao homem na era mental de evolução, com o cérebro. A supermente é o próximo e final estágio (segundo a atual contagem) da evolução criativa.

Há uma pergunta a fazer antes de encerrar-se este capítulo. A evolução ulterior da mente será acompanhada de uma evolução simultânea do cérebro, o aparato de criação de representações? Esta pergunta é muito interessante e merece uma pesquisa. Às vezes, autores de ficção científica descrevem humanóides extraterrestres avançados com cérebros maiores e corpos mirrados (imagine-se o personagem central do filme *E.T. - O Extraterrestre*). Tendo em mente a evolução, a capacidade cerebral de criação de representações deve melhorar, mas não será uma questão de mais conteúdo exigindo maior massa cerebral. (Por falar nisso, um cérebro fisicamente maior exigiria uma evolução simultânea no tamanho da passagem pélvica da mulher.) A ideia de corpos mirrados surgiu com o conceito materialista de que as pessoas vão depender cada vez mais de máquinas para realizar suas tarefas físicas; a simples falta de uso vai fazer com que seus corpos fiquem menores, e a mudança seria definitiva com a evolução. A biologia dentro da consciência prevê um cenário diferente. Como se viu, na nova biologia, o futuro da evolução consiste de uma integração entre o processamento de sentimentos e significado, corpo e mente.

PARTE 6

MAIS DA NOVA BIOLOGIA: A DIMENSÃO SUPRAMENTAL

capítulo 18

a biologia da morte e a sobrevivência após a morte

O que é a morte? A primeira vez que pensei nisso foi na infância. Estava olhando pela janela de casa para alguma confusão na rua, e ficando cada vez mais curioso. Quatro pessoas estavam carregando alguma coisa nos ombros, e outras se uniram a elas naquilo que parecia um cântico. Traduzida, a letra falava em algo como "o nome de Rama é o que é real".

Quando vi minha mãe, logo depois, contei o que havia presenciado, e ela explicou o que era: um corpo sem vida estava sendo levado para o *ghat* de incineração. Foi quando perguntei: "Mãe, o que é a morte?" E ela respondeu que "morte é a passagem para outro mundo", acrescentando que "todos nós morremos". A resposta criou ainda mais mistério, e, por isso, perguntei, "O que morre, mãe?". "A alma, naturalmente", disse ela, completando: "o verdadeiro você". Depois, ela saiu apressada, deixando-me com outro mistério. Levei anos até encontrar uma resposta satisfatória.

A resposta de minha mãe ainda encontra eco em pessoas cuja visão de mundo está associada a uma tradição espiritual. A maioria das mães modernas, porém, cresceu numa cultura mais materialista, e responderia à pergunta "o que é a morte?" de forma bem diferente. Uma poderia dizer: "Depende. Existe morte cerebral, morte cardíaca e morte celular". E, depois, ela poderia explicar cada tipo de morte. "A morte cerebral ocorre quando o cérebro não funciona mais. Isso aparece como uma linha reta num monitor de EEG. A morte cardíaca se dá quando o pulso pára. Entretanto, o coração é apenas uma bomba de sangue, e o bombeamento pode ser mantido indefinidamente por meios artificiais. A morte celular acontece quando as células do indivíduo param de funcionar adequadamente e os órgãos começam a se decompor".

As crianças de hoje, com toda a sofisticação mecânica, podem até compreender e apreciar essa resposta. Algumas podem perguntar: "E o que vai acontecer *comigo*, mamãe, quando eu morrer?" Aí, a mãe moderna poderá se ver em apuros. A resposta niilista da ciência materialista – "não existe um eu e nada sobrevive à morte" – não satisfaz, e a mãe moderna sabe disso. Assim, ou ela se afasta ou muda para um ponto de vista mais espiritual e diz algo sobre a sobrevivência da alma.

A pergunta "existe uma alma que sobrevive após a morte?" está muito viva, mesmo depois de décadas de materialismo desenfreado na cultura mundial. Por isso, médicos e gestores de hospitais são dúbios quanto a legitimidade de se desligar ou não os sistemas de suporte à vida de pacientes com morte cerebral em coma prolongado; e, se é apropriado desligá-los, quando isto deve ser feito. Como a ciência pode determinar quando a alma abandona o corpo?

Muitos cientistas acreditam que as questões sobre a morte, e especialmente sobre a sobrevivência após a morte, são metafísicas e não podem ser respondidas ou tratadas pela ciência. No entanto, essa postura está mudando rapidamente. Essa mudança é uma ótima oportunidade para cobrir a lacuna entre as posições da ciência e do espírito sobre a questão da morte e da sobrevivência, e deveria interessar a todos os biólogos.

Quando se baseia a ciência na primazia da consciência, como exige a física quântica, então a questão da sobrevivência muda de figura. Com a morte, o corpo material não funciona mais, e a lei da entropia assume o comando: o resultado é a decomposição. Contudo, a consciência e suas outras possibilidades – vital, mental e supramental – permanecem intactas; a lei da entropia não existe nesses domínios.

Então, a pergunta intrigante passa a ser a seguinte: "Existe algum 'eu' naquilo que sobrevive à morte do corpo físico?". Esta questão será examinada em detalhes.

Para o neurocientista materialista convicto, o que força essa questão até a vanguarda da neurociência é o imenso corpo de dados empíricos sobre as chamadas experiências de quase morte que se acumulou nas últimas décadas.

Experiências de quase morte

Parte das pessoas que sofre uma parada cardíaca morre, literalmente (morte cerebral, demonstrada por uma linha reta no EEG), e é reanimada pouco depois graças às maravilhas da medicina moderna (Sabom, 1981). Alguns desses sobreviventes relatam que testemunharam sua própria cirurgia, como se flutuassem sobre a mesa de operações, uma experiência chamada *visão autoscópica*; conseguiram fazer descrições incrivelmente detalhadas da operação, não deixando dúvidas de que diziam a verdade, por mais que seja difícil racionalizar uma experiência dessas por meio da neurociência materialista. Eles não estavam vendo nada com seus olhos locais, com sinais locais, e isso está claro. Na verdade, até cegos relataram visões autoscópicas durante comas de quase morte (Ring & Cooper, 1995), e, por isso, não há dúvida de que sinais locais e olhos locais não estão envolvidos. Esses sobreviventes estavam vendo graças à capacidade de visão remota não local, valendo-se dos olhos dos médicos, enfermeiros e outros envolvidos na cirurgia (Goswami, 1993).

Até essa explicação tem seus problemas. Como se pode ver, mesmo de modo não local, se estão em morte cerebral, inconscientes e incapazes de causar o colapso de ondas de possibilidades? A resposta, naturalmente, é o processamento inconsciente. Uma cadeia de possibilidades que não sofreram colapso pode sofrê-lo retrocedendo no tempo, conforme verificado no experimento da escolha retardada (ver Capítulo 6). Para o sobrevivente de uma quase morte, o colapso "retardado" ocorre no momento em que a função cerebral volta, como indicado pelo EEG; o retorno da função cerebral precipita toda a cadeia de colapsos que recuam no tempo.

Muitas experiências de quase morte incluem outro aspecto que ilustra o principal tópico desta discussão. Relatos de sobreviventes incluem não apenas as visões autoscópicas, como também experiências fora do corpo, como atravessarem um túnel para encontrar parentes mortos ou até seres de luz. De onde vem a nítida sensação de se estar fora do corpo? Como esses pacientes sofreram morte cerebral, não tinham mais nenhuma identificação com seu corpo físico, mas se identificaram com seus corpos mental e vital, com sua "alma". Essas experiências fora do corpo são prova direta (que passa pelo critério de objetividade fraca) da continuidade do "eu" após a morte. O "eu" permanece nos corpos mentais (e também nos vitais).

Há, ainda, outros dados diretos da sobrevivência de um "eu", mas são mais controvertidos, como dados sobre canalização mediúnica ou psíquica, por exemplo, um fenômeno no qual um médium "canaliza" ou transmite mensagens de uma "alma" desencarnada.

Uma teoria da individualidade sobrevivente

No Capítulo 2, mencionou-se o problema da identificação do ego individual e afirmou-se que ele deriva de condicionamentos passados. Serão aprofundados alguns detalhes sobre como se chega a essa conclusão.

O físico Mark Mitchell e eu (Mitchell & Goswami, 1992) estudamos a mecânica quântica da mensuração repetida da posição de um elétron e descobrimos que, como qualquer mensuração envolve a memória, as mensurações subsequentes envolvem não apenas o processamento da atual mensuração, como também da memória passada. O *feedback* da memória passada dá origem a uma não linearidade na equação quântica de movimento do elétron (a equação de Schrödinger), que, de outro modo, seria linear. Essa não linearidade leva à modificação da probabilidade da resposta do elétron à nova mensuração, favorecendo suas mensurações passadas. Deste modo, o elétron fica "condicionado" a mostrar-se na mesma posição onde apareceu antes; isto é, ele passa a se comportar cada vez mais como um objeto newtoniano clássico, esquecendo-se de sua liberdade quântica.

Quando esse resultado é generalizado no cérebro e em sua criação de representações de significado mental, deve-se concluir que o reflexo no espelho das memórias passadas do indivíduo tem o efeito de produzir um condicionamento: tende-se a responder a um estímulo previamente experimentado ("aprendido") como se respondeu antes. Esta tendência produz um padrão de hábitos de resposta mental. Mesmo os arquétipos que originalmente estabeleceram os contextos do pensamento mental do ser humano se personalizam, um aspecto individual que é chamado caráter. Este padrão de hábitos mentais, somado ao nosso caráter, bem como à nossa história, é nosso ego.

A mente, como Descartes sabia, não tem divisão micro-macro, não tem estrutura. Assim, puramente em termos de estrutura, não existe isso de mente individual. Contudo, o padrão condicionado de respostas do caráter com o qual cada um se identifica proporciona, em termos funcionais, uma mente individual.

Agora, pode-se tratar da questão crucial da sobrevivência após a morte. Quando se morre, o cérebro morre, bem como sua memória de história pessoal. Mas a memória representada pelos padrões de hábito do caráter permanece segura e fechada na equação quântica de movimento não linear que entra em cena sempre que esses padrões de hábito são usados. Chama-se este tipo de memória de memória quântica (Goswami, 2001).

Obviamente, então, a memória quântica sobrevive à morte do corpo físico. A memória quântica sobrevivente do corpo mental (e, de modo similar, do vital) pode ser reconhecida naquilo que as tradições espirituais chamam alma. Pelo menos, esta é uma conotação da palavra *alma*.

O fenômeno da canalização mencionado antes proporciona uma prova direta de que a alma desencarnada consiste, principalmente, do caráter mental, no sentido que se acaba de descrever. Num projeto que gerou dados muito importantes, os parapsicólogos Gilda Moura e Norman Don (1996) estudaram um médium que canalizava uma entidade chamada dr. Fritz, que tinha sido cirurgião.* O médium não tinha formação cirúrgica, mas, quando canalizava a entidade, ele conseguia realizar complexas operações cirúrgicas, geralmente usando ferramentas primitivas. Para tornar o estudo conclusivo, Don e Moura mediram as ondas cerebrais do médium enquanto este se encontrava no estado de vigília ordinário, e também enquanto estava canalizando. Durante a canalização, as ondas cerebrais do médium consistiram de ondas beta de frequência muito alta, com mais de 40 HZ. Em seu estado de vigília ordinário, as ondas cerebrais do médium ficavam na frequência beta mais comum, bem abaixo de 40 HZ. Esse tipo de experimento com canalização mostra claramente que o caráter vital e mental próprio do médium exibe mudanças durante a canalização, que só podem ser atribuídas ao caráter "emprestado" da entidade desencarnada sendo canalizada.

Reencarnação

Os biólogos materialistas costumam se preocupar com coisas como "a certeza sobre a próxima vida é simplesmente incompatível com a tolerância nesta", como disse o escritor Sam Harris. Acredita-se

* Trata-se do mesmo dr. Fritz que era canalizado pelo famoso médium brasileiro Zé Arigó (1921-1971). [N. de T.]

que essa preocupação tem sua dose de verdade. Com efeito, uma preocupação excessiva com o outro mundo tem feito com que certas religiões sejam bem negligentes com este mundo. Essa preocupação é indevida, pois os dados falam não só a favor da sobrevivência após a morte, como também do renascimento. Não dá para fugir deste mundo!

Na verdade, existem dados ainda mais espantosos e bem sólidos acerca da sobrevivência de uma "alma", consistente nos corpos funcionais – vital e mental – de uma pessoa, no fenômeno da reencarnação: o renascimento da alma sobrevivente num novo corpo físico. Dados importantes sobre a reencarnação foram reunidos pelo psiquiatra Ian Stevenson, no Centro Médico da Universidade de Virgínia (Stevenson, 1974, 1977, 1987). Os dados consistem, principalmente, de relatos de lembranças de vidas passadas, feitos por crianças de diversas nacionalidades, tanto orientais como ocidentais, que foram cuidadosamente acompanhados e comprovados. Por exemplo, num relato, a criança descreveu algum dinheiro escondido num compartimento secreto de uma casa que ela identificou como sendo sua casa numa vida anterior. O dinheiro foi encontrado exatamente como a criança disse. Também ficou comprovado que a criança nunca tinha estado naquela aldeia, muito menos naquela casa.

Este tipo de dado indica, no mínimo, uma correlação não local entre um ser humano vivo no presente e outro que viveu no passado. Suponha-se que, usando essa correlação não local, um corpo encarnado futuro use o caráter desenvolvido pelo corpo encarnado que viveu no passado. Com isso, esse corpo futuro pode ser chamado apropriadamente de reencarnação da pessoa passada, não pode? Essa transmigração de caráter mental e vital dá um modelo da reencarnação que pode ser comprovado examinando-se se traços de caráter são herdados por pessoas, que não podem ser explicados de outra forma.

De fato, os dados de Stevenson mostram muitos exemplos da herança de tais características adquiridas por meio da reencarnação, exemplos como o de gênios, pessoas com fobias inexplicadas, pessoas com talentos linguísticos incomuns, e assim por diante. Detalhes desses dados foram apresentados em outro trabalho (Goswami, 2001).

Um comentário final sobre este tópico: a reencarnação costuma ser vista como um conceito de religiões orientais, mas esta opinião é equivocada. A reencarnação fazia parte do cristianismo até o século 5, quando a ideia foi eliminada dos ensinamentos cristãos oficiais por motivos políticos. Mesmo assim, como o filósofo Geddes MacGregor (1978) expôs de forma imperiosa, o cristianismo manteve indiretamente a ideia de reencarnação em ideias como o purgatório, um lugar onde a pessoa aguarda após a morte e aprende coisas.

A integração entre ciência e espiritualidade

Um dos personagens de Nietzsche fez uma declaração famosa: "Deus está morto". Nietzsche foi um pouco precipitado. Mas é justo dizer que um assassino tentou seriamente matar a ideia de Deus, sem conseguir. Naturalmente, esse assassino não era uma pessoa, mas outra ideia. Esta ideia pode ser identificada facilmente como o darwinismo. Desde Darwin, ciência e espiritualidade têm sido antagônicos. Será que esse antagonismo pode dar lugar a uma integração, tão necessária hoje?

Um filme de 1960, *Inherit the wind* [no Brasil, *O vento será tua herança*], tratava do conflito entre criacionismo e darwinismo, pois falava do ensino do darwinismo como parte da biologia nas escolas. Na cena final do filme, um advogado levanta um exemplar do livro de Darwin em uma das mãos e uma Bíblia na outra. Então, ele parece ponderá-los, vendo qual seria mais pesado. Esse advogado tinha defendido um professor pelo crime de ensinar o darwinismo a seus alunos. A parte mais interessante do filme, porém, foi a mensagem final: o advogado contempla os dois livros, sorri, coloca-os lado a lado sobre a mesa, e sai do tribunal. A mensagem foi a seguinte: sim, ciência e espiritualidade podem coexistir.

Com a biologia dentro da consciência, pode-se fazer ainda melhor. Pode-se integrar ciência e espiritualidade; pode-se integrar a dicotomia na qual se vive desde Darwin. Com os cientistas investigando e incorporando à ciência ideias como a sobrevivência após a morte e a reencarnação, até o último vestígio de resistência contra a integração das duas grandes tradições deve desaparecer.

capítulo 19

uma nova bioética e a ecologia profunda

O conceito de ética foi descoberto pelos grandes místicos no início da era da mente racional, místicos cujos ensinamentos sobre ética passaram a fazer parte de todas as religiões. Fala-se, aqui, da ética religiosa: "seja bom", "faça o bem", "faça aos outros o que deseja que lhe façam"; "ame a todos".

As religiões alegam que, como as leis da física, a ética é obrigatória. Se uma pessoa não seguir a ética, ela sofrerá. Se não for agora, será mais tarde, quem sabe depois da morte. Segundo as religiões populares, esta conclusão deu origem ao conceito de inferno.

Poucos filósofos levam a sério a ideia do inferno, mas percebem a utilidade da ética na sociedade em geral. Quando o materialismo científico entrou em cena e a religião não pareceu mais viável, o filósofo Immanuel Kant tentou estabelecer que a ética é um imperativo categórico. Contudo, geralmente se diz que Kant não conseguiu mostrar que a ética é compulsória, assim como as leis da física também o são. Aparentemente, alguns conseguem driblar a ética (como os políticos), mas nunca se pode driblar a lei da gravidade. Já foi mostrado em outro trabalho (Goswami, 2008) que invocar a reencarnação resolve esse problema da natureza compulsória da ética. Uma pessoa pode se livrar das consequências de ter violado a ética hoje, mas o Capitão Karma vai acabar pegando-a. O indivíduo precisa aprender a ser ético, ou vai ficar sempre preso no ciclo nascimento-morte-renascimento.

Os biólogos – ou seja, os darwinistas – inventaram uma forma de ética científica baseada na biologia, especificamente no princípio do determinismo genético. A ideia é que o comportamento humano é totalmente determinado pelos genes de cada um – os seres humanos são máquinas genéticas. A mente, a consciência e o comportamento do indivíduo no nível macro têm uma finalidade suprema, que é a perpetuação de seus genes para garantir sua sobrevivência. Segue-se disso que se deve ter algum interesse além do egoísmo, algumas tendências naturais de comportamento altruísta e desprendido. Por exemplo, se uma pessoa tem alguns genes em comum com outra, seus genes naturalmente ganham propagação e vantagens de sobrevivência, fazendo-a cuidar dessa outra pessoa. Logo, ela se comporta de forma altruísta com a outra pessoa graças a quanto seus genes têm em comum.

Esta teoria é boa porque pode ser testada. Se a teoria estivesse correta, esse tipo de bioética seria compulsório – os genes se encarregariam disso. Infelizmente, os dados empíricos sobre altruísmo não se ajustam a essa teoria. Empiricamente, o altruísmo vai além de conexões genéticas.

Ainda existe outra forma de ver a ética: evolução. Resta um problema em todas as filosofias éticas discutidas acima: por que algumas pessoas seguem a ética e outras, não? No passado, o medo do inferno ou a vontade de ir para o Céu eram incentivos. Atualmente, quem leva o Céu ou o inferno tão a sério que sacrifica o egoísmo em nome deles? Contudo, muitos indivíduos, ainda hoje, tentam ser "bons" na vida cotidiana, mesmo diante da explosão de comportamentos nada éticos nas sociedades. Por quê? Considera-se que a razão é a evolução. Há uma pressão evolucionária presente, e algumas pessoas a sentem como um chamado, e respondem.

Segue que a ética não precisa ser vista como um conceito religioso ou espiritual, tampouco precisa ser temperada com a adoção de uma ética materialista do maior bem para o maior número, ou de uma bioética movida pelos genes. Pode-se basear solidamente a ética na noção bastante científica da evolução.

Parte-se, então, para uma definição de ética evolucionária: *as ações éticas devem maximizar o potencial evolucionário de todo ser humano.*

Depois de se estabelecer um relacionamento evolucionariamente ético com todos os outros seres humanos, será a vez de pensar na responsabilidade ética de cada um para com todas as criaturas, grandes e pequenas, inclusive com a responsabilidade para com o ambiente não vivo. Em suma, importa perguntar: qual a responsabilidade de cada um para com o planeta Terra, para com Gaia?

A expressão ecologia profunda foi inventada pelo filósofo Erne Ness, e, desde então, tem influenciado o pensamento da Nova Era (leia-se Devall & Sessions, 1985). A ideia é substituir a rasa ecologia cartesiana do "homem sobre a natureza" por uma ecologia profunda, na qual seres humanos constituem uma parte da natureza viva e interligam-se com ela. Se os indivíduos reconhecerem sua conexão com a natureza e aprenderem a respeitá-la e a conviver com ela, não irão mais poluí-la nem destruí-la em sua busca vã pela felicidade. Em outras palavras, está-se dando à preservação da natureza um valor intrínseco.

Mas, e se for abandonada a ideia do livre-arbítrio em nome do materialismo e das leis da física, de onde virá o valor intrínseco para a preservação da natureza? Os ecologistas profundos dependem da filosofia do holismo. O todo interativo é maior do que as partes; num valor intrínseco tão íntegro, mesmo uma espiritualidade natural pode emergir – pelo menos, é o que os ecologistas profundos esperam.

Porém, é fácil compreender que não basta uma ecologia profunda baseada no holismo. Nessa ecologia profunda baseada no holismo, pode muito bem haver uma qualidade emergente da interconexão capaz de ser identificada como o espírito da natureza (Capra, 1982), mas será que é possível viver em harmonia com ele? O ser humano pode deixar de ser egoísta, abrir mão de seu condicionamento genético e ambiental? Mesmo no holismo emergente, não se tem o poder da causação descendente, só a aparência de livre-arbítrio, pois as forças causais da causação ascendente estão ocultas de todos. Se as intenções das pessoas não tiverem eficácia causal, como poderão produzir uma transformação para viverem integralmente com a comunidade ecológica?

Por exemplo, num modelo de holismo emergente, a interconexão é vista como uma ordem dentro do caos (Prigogine & Stengers, 1984). A interconexão do holismo emergente é rasa, pois é uma interconexão proposta com base em interações locais (que morrem com a distância) entre as partes interativas do sistema como um todo.

Por seu lado, o físico David Bohm (1980) deu um passo a mais e propôs uma interconexão não local baseada na não localidade quântica. Na interpretação "causal" feita por Bohm sobre a física quântica, a relação entre onda e partícula é vista de um modo um pouco diferente. Nessa reformulação aproximada da física quântica que a torna determinista (e, por isso, causal), vê-se que a onda guia a partícula por meio de um "potencial quântico" não local. O potencial quântico não se esvai com a distância; por isso, a partícula pode exibir um comportamento bizarro, não newtoniano e não local. Uma rede de sistemas quânticos interativos, no modelo de Bohm, teria uma poderosa interconexão, graças à ordem oculta das ondas subjacentes. Na terminologia de Bohm, essa interconexão é chamada *ordem implicada*, enquanto a ordem de partículas dos seres manifestados é chamada *ordem explicada*. A ordem explicada pode parecer desconexa, exceto ocasionalmente (como nos experimentos com a correlação quântica, que revelam o segredo da não localidade quântica). Sob ela, persiste aquela profunda interconexão por meio da ordem implicada. Sendo não local, essa interconexão é mais profunda do que a proposta pelos holistas emergentes.

Um exemplo estático de interconexão, segundo Bohm, é um holograma. Sem dúvida, o leitor já deve ter visto um holograma, talvez em seu cartão de crédito. O holograma é feito capturando-se padrões de interferência de onda de um objeto iluminado, e cada pequena parte capturada do padrão de interferência de onda armazena toda a informação do objeto inteiro, embora em baixa resolução. De modo análogo, os objetos da ordem explicada podem parecer elementos isolados, mas preservam o poder não local da totalidade interconectada da ordem implicada. O neurofisiologista Karl Pribram, o teórico de sistemas Ervin Laszlo (2004) e o ex-astronauta Edgar Mitchell endossaram esse tipo de ecologia profunda. Mas, repete-se, será suficientemente profunda?

A resposta ainda será não, porque essas teorias são determinísticas. Elas não possuem mecanismos para transformação, com os quais os seres humanos – criaturas newtonianas, sociobiológicas, determinadas comportamentalmente e ecologicamente destrutivas que são – poderiam mudar seu modo de agir. Uma ecologia profunda que preencha a visão de Ness descreverá não apenas a interconexão, como também o potencial causal de transformação.

Esse potencial causal de transformação é humano, assim que for reclamada a capacidade do indivíduo de operar no estado não ordinário de consciência quântica. A tendência destrutiva do homem provém de seu condicionamento genético, instintivo e psicossocial. Quando ele se eleva acima de seu condicionamento, mesmo que de forma temporária, pode mudar: é possível ser harmonioso com o ecossistema, com o planeta todo, com Gaia. E o ser humano o faz, não como desejo, nem por filosofia, mas apenas com a intenção e o processo criativo, ou seja, dando um salto quântico descontínuo. Este salto é o elemento que falta no movimento da ecologia profunda. A ecologia profunda exige não apenas o respeito por algumas regras para a preservação do ecossistema ou a promulgação de algumas leis governamentais prevenindo a poluição ambiental, mas também ações em situações ambíguas, que demandam um salto quântico criativo.

Quando alguém dá tal salto quântico, percebe algo espantoso: *escolho, logo, existe, e meu mundo existe*. O mundo não é algo separado da pessoa. Quando se faz isso em massa, dá-se um salto na direção de uma autêntica consciência Gaia.

capítulo 20

lamarckismo e o mistério dos instintos

Mostrou-se, ao longo deste livro, que os mecanismos darwinianos de evolução são limitadores demais, e que a biologia deve adotar uma compreensão bem mais ampla da herança. Para fazer essa mudança, deve-se reviver o lamarckismo, reinterpretando-o à luz da criatividade quântica. Logo adiante, será visto como esse neolamarckismo pode explicar outro mistério da biologia: o desenvolvimento dos instintos. Além disso, como vai ficar claro no próximo capítulo, esse novo modo de compreender os instintos poderia, por sua vez, ser essencial para tirar a humanidade de seus atuais círculos viciosos evolucionários.

Segundo Lamarck, as novas espécies evoluem das ancestrais, herdando características adquiridas. Contudo, "a história tratou Lamarck com pouca gentileza", como observou Francis Hitching (1982). O motivo está em uma interpretação errônea daquilo que Lamarck quis dizer com características adquiridas. A objeção usual é que o filho de um halterofilista, por exemplo, não terá necessariamente músculos avantajados, e, se um gato perder uma perna traseira num acidente, seus filhotes não nascerão sem a mesma perna traseira.

Entretanto, estes não são bons exemplos daquilo que interessava a Lamarck. Ele acreditava que o uso e a falta de uso de um órgão, pela influência do ambiente, poderiam afetar a evolução. "A toupeira, cujos hábitos exigem um uso muito limitado da visão, tem olhos diminutos, que mal são visíveis", escreveu ele – isso é o resultado da falta permanente de uso dos olhos. Vale lembrar que uma pessoa ficará com a pele grossa na sola dos pés se andar sempre descalça; o avestruz ficará com calos nos joelhos, pois se ajoelha sempre. Esse tipo de mudança, como resposta ao ambiente, é o ponto do lamarckismo.

Mais um lembrete: a principal objeção ao lamarckismo é que a informação se move na direção "errada", ou seja, das proteínas para os genes, violando o "dogma central". Vai-se analisar um argumento híbrido, lamarckista-darwinista, que procura evitar este problema, descrevendo como uma característica influenciada pelo ambiente pode se espalhar por uma população sem envolver (inicialmente) os genes. Hitching (1982) mencionou um processo de três estágios, proposto pelo biólogo John Maynard Smith e resumido aqui.

- Primeiro estágio: adaptação a estímulos ambientais durante o desenvolvimento. Calos nos joelhos dos avestruzes, por exemplo, surgem durante o estágio juvenil por causa dos novos estímulos ambientais, como a seca, que torna o solo sobre o qual o avestruz se ajoelha muito árido. (No caso de outras características, a adaptação pode começar mais cedo ainda, durante o desenvolvimento do embrião.)
- Segundo estágio: canalização do desenvolvimento. Se a seca continuar por várias gerações, a resposta ambiental dos joelhos calejados se aprofunda e se estabelece no grosso da população. Este efeito é chamado *canalização*.
- Terceiro estágio: assimilação genética. Após algumas gerações, a pressão evolucionária do próprio ambiente vai provocar a seleção de mutações genéticas que (talvez de forma gradual) levará ao mesmo desenvolvimento canalizado. Nesse estágio, a resposta acontece sem o estresse ambiental; pode-se dizer que a assimilação genética está ocorrendo.

Afirma-se que o cenário de Maynard não é digno de crédito. Ele presume a canalização das características adquiridas sobre praticamente toda a espécie. Este efeito exigiria prolongado estresse ambiental ao longo de muitas gerações, um cenário altamente improvável. Ademais, a ideia de assimilação genética por meio do gradualismo darwiniano, etapa por etapa, não parece crível. O tempo para isso seria curto demais. Existe uma alternativa? Sim.

Já se conhece um mecanismo crível para assimilação genética: a evolução criativa. Quando toda a *gestalt* de variações genéticas estiver disponível em possibilidade, de um modo que se sincronize com a criação de formas canalizada, a consciência escolhe toda a *gestalt* simultaneamente.

Quanto à questão da canalização de uma característica adquirida em toda uma população, pode-se encontrar uma causa mais plausível do que um longo estresse ambiental? A resposta é afirmativa, desde que seja superado um preconceito implícito da biologia: que os genes são o único sistema hereditário!

E se os genes não forem o único mecanismo hereditário?

Alguns materialistas biológicos estão aceitando, com relutância, novos resultados experimentais que mostram a existência de sistemas de herança não genética (Jablonka & Lamb, 2005).

Um dos primeiros desses experimentos foi realizado pelos imunologistas Edward Steele e Reg Gorczynsky (Steele, 1980). Nesses experimentos, a tolerância do sistema imunológico de camundongos foi alterada por uma técnica especial. Surpreendentemente, esses autores descobriram que a tolerância é adquirida por gerações subsequentes de camundongos.

Se jovens camundongos, logo após o nascimento, forem injetados com uma grande quantidade de células de outros camundongos (diga-se, 10 milhões de células), seus sistemas imunológicos, ainda não desenvolvidos plenamente, não rejeitarão o tecido estranho. Aparentemente, os genes das células somáticas dos camundongos injetados são alteradas para que não reajam às células estranhas, uma condição que eles retêm ao longo de todas as suas regenerações em meio aos camundongos injetados. Espantosamente, essa tolerância imunológica é transmitida a gerações subsequentes, demonstrando claramente a validade do princípio da herança lamarckista das características adquiridas.

Não restava dúvida de que havia o envolvimento de uma mudança nos genes. "Quando se examinam os filhos e netos do camundongo, encontra-se a tolerância a células estranhas, transmitida na medida exata prevista pela teoria mendeliana tradicional – ou seja, metade dos filhos, um quarto nos netos", disse Steele.

Qual o mistério que permite que informações contidas em células somáticas sejam passadas para células da linha germinal? Steele sugeriu que, numa situação caótica como a dos primeiros estágios de formação do sistema imunológico, os vírus podem tomar cópias do RNA modificado e levá-los à linha germinal. Segundo o dogma central, a sequência de aminoácidos numa proteína nunca pode ser transferida para um DNA, mas, na explicação do vírus, a modificação ocorre porque o DNA é duplicado segundo o "gabarito" do RNA modificado. Esse tipo de experimento acaba dando origem à ideia de "sistemas de herança epigenética" (Jablonka & Lamb, 2005). A ideia ainda é controvertida, pois não há evidências de informações epigenéticas hereditárias que sejam adaptáveis em termos evolucionários. Mesmo assim, este trabalho sugere um mecanismo para contornar o dogma central.

No entanto, em virtude de seu preconceito materialista, os biólogos têm deixado de perceber outra fonte, além dos genes e muito mais versátil, de transferência de informação hereditária – os campos morfogenéticos.

Transferência de informação hereditária por meio de campos morfogenéticos

Mudanças no ambiente afetam as células e até conglomerados de células (ou seja, os órgãos). Afetando células e órgãos, mudanças ambientais afetam também os campos morfogenéticos correlacionados com essas células e esses órgãos, pois os campos precisam se ajustar a mudanças em suas representações no corpo físico.

Ao fazer tais ajustes, a consciência tem três opções para alterar o corpo vital. Se o ajuste ao ambiente exigir uma mudança moderada, poderá ser encontrada uma solução no repertório existente de campos morfogenéticos do corpo vital do organismo. Em outras palavras, a criatividade situacional (*vayu*) é suficiente. Se, no entanto, fizer-se necessária uma mudança importante, a criatividade fundamental (*tejas*) deverá entrar em cena. Se o ajuste requerido for tão pequeno que o organismo consiga suportar bem sem fazer mudanças, então prevalecerá o condicionamento (inércia, ou *ojas*).

Desse modo, mudanças ambientais persistentes sobre o soma de um organismo produzem mudanças em seus campos morfogenéticos, que se tornam fixos como parte do repertório desses campos. No início, o repertório é individual, mas a não localidade da consciência no cenário vital pode assegurar a canalização para toda a espécie, talvez sujeita a um efeito-limite (ver a seguir). Depois, quando variações genéticas apropriadas estiverem disponíveis, coincidindo com a pressão ambiental apropriada, a consciência, mediante a criatividade biológica, pode causar seu colapso e torná-las operacionais, atingindo sincronismo de forma com os campos morfogenéticos previamente modificados. Nesse ponto, deu-se a assimilação.

Transferência de informação hereditária pela reencarnação: alma-grupo

O leitor sensível perceberá aqui a analogia com a reencarnação (ver Capítulo 18). Entretanto, há uma leve diferença. Na reencarnação humana ordinária, sobre a qual se tem amplos dados favoráveis, as propensões mentais e vitais de um indivíduo (tecnicamente chamadas *mônada quântica* e popularmente alma) sobrevivem à morte e são reutilizadas por um corpo encarnado, no futuro, graças a uma correlação não local especial. No entanto, só seres vivendo no nível da mente racional (ver Capítulo 17) passam por esse tipo de reencarnação.

Para seres que vivem no nível da mente vital, a estrutura mental do ego individual ainda não se desenvolveu. Logo, a consciência não local domina a consciência individual fraca. Isso é especialmente válido em animais, mas aplica-se até os primeiros seres humanos, antes do estágio evolucionário da mente racional. Nas tradições espirituais que ensinam a crença na reencarnação, essa ideia é expressa pelo conceito de que os animais têm almas-grupo, um conceito similar ao de consciência da espécie (ver Capítulo 12).

Em termos práticos, essa não localidade significa que as propensões da mônada quântica de um indivíduo podem reencarnar em diversos indivíduos ao mesmo tempo; ou seja, muitos indivíduos posteriores podem ter a correlação não local que lhes permite valer-se das características de uma determinada mônada quântica prévia. Logo, propensões vitais aprendidas individualmente, segundo refletido pela modificação dos campos morfogenéticos, podem se propagar rapidamente por toda uma espécie. Finalmente, chega-se a um limite quando se atinge a canalização de toda a espécie.

O leitor informado deve ter percebido que a teoria neolamarckista aqui proposta está bem sintonizada com as ideias do biólogo Rupert Sheldrake (1981). Isso não é uma coincidência. A teoria atual incorpora as ideias anteriores de Sheldrake.

Esse tipo de evolução plenamente lamarckista pode explicar características como os joelhos couraçados do avestruz e as solas espessas dos pés humanos. Além disso, e mais importante ainda, esse mecanismo vital neolamarckista contorna o dogma central e abre a porta para a explicação de um fenômeno muito enigmático: o instinto.

Neolamarckismo e a explicação dos instintos

Abraham Maslow disse que "se a única ferramenta de que uma pessoa dispõe é um martelo, é provável que ela enxergue todo problema como se fosse um prego". Para os biólogos, essa tendência fica mais aparente em seu hábito de pensar em comportamento em termos de determinismo genético. "Toda estrutura e função corporal, sem exceção, é produto da hereditariedade [genética] realizada em alguma sequência de ambientes. Assim são todas as formas de comportamento, sem exceção", disse o biólogo Theodore Dobzhansky. Alguns comportamentos, sim; genes afetando o comportamento graças à produção de hormônios, sim. Mas *todos* os comportamentos? Um retumbante *não*. Basicamente, os genes são instruções para a formação de proteínas, e a relação entre o genótipo e o fenótipo é tão complexa que, exceto por uns poucos casos de correspondência unitária, é difícil afirmar que exista uma explicação genética para as funções e o comportamento de uma característica.

Entre os comportamentos para os quais é impossível imaginar uma explicação exclusivamente genética está o comportamento instintivo. Entretanto, a própria definição de instinto é um comportamento presente sem ter sido aprendido. De que outro modo poderia estar presente, portanto, se não por uma herança através dos genes? Esse é o mistério dos instintos.

Para deixar claro o ponto, apresentam-se alguns exemplos. Um pinto, ainda dentro da casca do ovo, tenta escapar dando bicadas. Não só isso, ele sabe que não deve bicar aleatoriamente, mas só na parte onde há um espaço aberto. Não se pode dizer que isso seja comportamento adquirido, pois o comportamento aparece antes mesmo que o pintinho veja a luz do dia. Ou, então, pode-se pensar nesta história sobre instinto, contada pelo geneticista Henry Fabre. Certo tipo de besouro põe ovos dentro do tronco de uma árvore. Quando os ovos abrem, as lentas larvas passam três anos inteiros dentro da árvore, fazendo túneis através da madeira. Quando, finalmente, emergem da árvore, constroem um ninho. A complexa natureza do ninho não deixa dúvidas de que as instruções não poderiam ter saído de genes.

Qual a explicação para os instintos? Os darwinistas não desistem facilmente. Veja-se a história contada pelo biólogo Douglas Spalding, contemporâneo de Darwin, e recontada pelos biólogos Eva Jablonka e Marion Lamb (2005, p. 286-287), sobre a explicação darwinista da evolução dos instintos:

> Imagine que um Robinson Crusoé adote, logo após chegar à ilha, um casal de papagaios, e os ensine a dizer "Como vai, senhor?"; e que os filhotes dessas aves também aprendam com o sr. Crusoé e com seus pais a dizer "Como vai, senhor?"; e que o sr. Crusoé, tendo pouco mais a fazer, tente provar a doutrina da associação herdada mediante experimentos diretos. Ele continua com esse ensino, e todo ano cria ninhadas de aves do ano anterior e dos anteriores que falam "Como vai, senhor?" com mais frequência e melhor sotaque. Após um número suficiente de gerações, seus jovens papagaios, ouvindo continuamente seus pais e centenas de outras aves dizendo "Como vai, senhor?", começam a repetir essas palavras tão cedo que será necessário decidir se o fazem por instinto ou por imitação; talvez, seja parte de ambos. Com o tempo, porém, estabelece-se o instinto. E, embora o sr. Crusoé tenha morrido, e não registre mais seu trabalho, o instinto não desaparecerá, pelos menos durante um bom tempo; e, se as próprias aves tiverem adquirido o gosto por uma frase bem pronunciada, os melhores oradores serão selecionados sexualmente, e o instinto certamente durará para causar espanto à perplexa humanidade, embora, na verdade, possamos também nos questionar sobre o canto do galo ou o trinado da cotovia.

Jablonka & Lamb (2005, p. 288) ainda comentaram:

> No experimento imaginado por Spalding, inicialmente a seleção dos papagaios do sr. Crusoé foi artificial. No entanto, não é difícil ver que, mesmo sem o envolvimento humano, um comportamento que antes era aprendido poderia tornar-se inato, graças à seleção natural ou sexual.

Segundo Jablonka & Lamb, animais poderão aprender um novo comportamento de risco, como evitar um novo predador, sempre que existir a necessidade urgente de aprender, ou, em outras palavras, quando o aprendizado tiver vantagens seletivas ou para a sobrevivência. Lentamente, a capacidade de aprendizado aumentará e o comportamento tornar-se-á canalizado. Após muitas gerações, a resposta adquirida tornar-se-á instintiva, para todos os fins práticos. Finalmente, ocorrerá a assimilação genética.

Esta teoria, como se pode ver, não é diferente daquela citada por Maynard Smith sobre a explicação darwinista para a herança de características adquiridas. No entanto, as críticas anteriores permanecem, a saber: (1) a disponibilidade de estresse ambiental prolongado para produzir canalização para toda a população de uma espécie é pouco provável; e (2) é questionável a viabilidade de se produzir assimilação genética por meio de um processo darwiniano, passo a passo, num espaço de tempo relativamente curto. Como antes, diz-se que o aprendizado torna-se canalizado porque os campos morfogenéticos modificados são não locais, e, por isso, podem ter efeitos na criação de formas além do indivíduo originalmente alterado. A herança reencarnatória dos campos morfogenéticos modificados (e as formas modificadas resultantes) de todo um grupo facilita o aprendizado de um comportamento nas gerações futuras e espalha o aprendizado no grosso da população. Mais cedo ou mais tarde, esse aprendizado torna-se tão rápido que é virtualmente instintivo. Finalmente, a assimilação genética por meio da criatividade biológica torna o comportamento plenamente instintivo.

capítulo 21

evolução: o próximo passo

O futuro da evolução, o ponto ômega, é que os humanos desenvolverão a capacidade de representar o supramental em seus corpos físicos. Naturalmente, quer-se saber como e quando isso vai acontecer. No entanto, será um pouco prematuro lidar com essa questão. Uma pergunta mais pertinente seria a seguinte: qual o futuro imediato da evolução? No Capítulo 17, foi dito que se está na era mental da evolução, com mais um estágio a percorrer: o estágio da mente intuitiva. Também se disse que, em termos evolucionários, o ser humano está travado. Como se sai dessa situação? É preciso integrar a mente sensível (vital) e a mente racional. Como se segue essa direção? Será possível fazê-lo? Essas perguntas constituem o tema deste último capítulo.

Certa vez, alguém disse que "o homem aprendeu a voar como uma ave no céu; o homem também aprendeu a nadar como um peixe no oceano; mas o homem ainda precisa aprender a caminhar como um ser humano nesta terra". O que significa ser plenamente racional, para não falar em ser plenamente humano? Os seres humanos começaram dando um tremendo salto na capacidade de fazer representações com a mente. Um grande privilégio do fato de o indivíduo ser humano consiste em desenvolver plenamente sua capacidade racional.

Como enfatizou o filósofo Ken Wilber, porém, em cada nível da grande cadeia do ser, é preciso integrar o nível anterior. Só quando os humanos tiverem integrado a mente vital é que poderão dizer que realizaram seu pleno potencial de racionalidade.

Será que o homem integrou plenamente seu corpo vital ao seu ser mental? Em vista do atual estado de doenças do corpo e da mente, bem como da cura (ver Capítulo 15), ele está longe disso. Expressam-se emoções e reprimem-se emoções, mas não se aprendeu a meditar sobre elas. Compartilham-se as emoções instintivas e básicas com os animais. As pessoas são tão inseguras, tão propensas a sucumbir a esses instintos básicos, que, às vezes, reprimem até as mais nobres emoções associadas com seus chakras mais superiores, começando pelo coração.

Inteligência emocional e instintos

Ultimamente, as pessoas têm falado muito sobre "inteligência emocional" e "maturidade emocional" (Goleman, 1995), mas a maior parte da discussão começa com um ponto de vista behaviorista e materialista, e, por isso, ela é muito incompleta. Sem se incluir o corpo vital, não se pode sequer definir emoção ou sentimentos adequadamente, muito menos compreender que as emoções consistem no efeito dos sentimentos sobre a mente e sobre o corpo físico.

Quais os sinais de maturidade emocional? Um sinal importante é a capacidade de lidar frequentemente com emoções positivas, como o amor e o humor. Outro sinal é a capacidade do indivíduo de não se deixar perturbar por um ambiente emocional negativo (como, por exemplo, uma multidão enfurecida). Como disse a psicóloga Uma Krishnamurthy (2008), emoções são contagiosas, mais contagiosas do que bactérias e vírus. Isso é especialmente verdadeiro quando se trata de emoções básicas ou negativas. Logo, uma pessoa emocionalmente madura desenvolveu uma espécie de imunidade contra o contágio das emoções básicas.

Há muito, Freud reconheceu que duas das emoções humanas básicas, a sexualidade e o ego (emocional), são instintos. Embora mais tarde fossem chamados impulsos, acredita-se que a sexualidade e o ego são, de fato, instintos. Eles estão conectados com o cérebro límbico e, assim, sempre que estimulados, decorrem ações sobre as quais não se tem controle. A difusão de emoções negativas é facilitada por ações automáticas, descontroladas; assim, a individualidade cede facilmente lugar a uma consciência de grupo. Crê-se que outras emoções negativas, como medo, insegurança, cobiça, competitividade e ciúmes, tornaram-se instintos, pois a consciência de grupo que eles induzem facilita a herança lamarckista.

As emoções humanas positivas não são instintivas – pelo menos, ainda não. Não estão embutidas no indivíduo, como suas emoções instintivas básicas; não dão origem a respostas automáticas. Ah, seria bom se o fizessem! Percebeu-se que o próximo passo evolutivo consiste em fazer com que as emoções positivas tornem-se instintivas. Como isso seria feito?

Desenvolvendo emoções positivas

É importante lembrar que emoções constituem o efeito fisiológico e psicológico dos sentimentos. Consistem nos pensamentos, julgamentos e efeitos psicológicos, como expressões faciais, que surgem num determinado estado de sentimentos. O ser humano não pode controlar seus sentimentos ou sua fisiologia com facilidade, e, por isso, os místicos de todas as eras têm falado muito em controlar os pensamentos associados aos sentimentos. Nas tradições espirituais, diz-se que isso significa desenvolver virtudes.

Suponha-se que o leitor esteja experimentando o sentimento da raiva como resposta a uma pessoa inconveniente. Seu corpo fica tenso e surgem pensamentos furiosos: "Quem ele pensa que é?", "Vou darlhe uma lição!", e assim por diante. Os místicos dizem "Fique tranquilo! Acalme sua raiva, refresque os pensamentos e substitua a indignação por amor". Jesus disse "Ame seu inimigo". Ao ver seu inimigo, surgem no indivíduo sentimentos violentos e furiosos, bem como pensamentos de ódio, associados a esses sentimentos. Se, em vez de pensar no ódio, ele pensar no amor, os sentimentos negativos também vão se acalmar. A psicóloga Uma Krishnamurthy ensinou que essa abordagem é bem geral: sempre que surgir uma emoção negativa, ela deve ser tratada com uma dose de emoção positiva.

Ocorre que essa abordagem tem seus problemas. Primeiro, não é fácil pensar em amor quando uma pessoa está diante de um inimigo. O comportamento instintivo sempre tem um elemento inevitável. Quando alguém é ameaçado por um inimigo, não consegue deixar de pensar com ódio. Segundo, mesmo que a pessoa tenha certo controle sobre seus pensamentos, antes de tomar alguma atitude com base neles, ela deve (especialmente se for do sexo masculino) ter a garantia de que seus pensamentos amáveis são correspondidos pelo inimigo. E se o seu inimigo interpretar sua não violência como um sinal de fraqueza? Não vai piorar a situação?

Os místicos dizem que as pessoas deveriam abdicar dessa barganha e praticar o amor "incondicional". Se for mantida essa atitude de maneira descontraída, mais cedo ou mais tarde pode-se dar um salto quântico até a inteligência supramental. Depois, o indivíduo *saberá* por si mesmo, com completa certeza, que o pensamento amável é a abordagem correta para lidar com sentimentos negativos que surgem em resposta aos sentimentos negativos dos outros.

Infelizmente, mesmo com esse salto quântico, a mudança de comportamento só é garantida no contexto no qual o salto quântico ocorreu. Num contexto suficientemente diferente, os pensamentos vão, mais uma vez, mostrar sinais de negatividade, e será preciso mais prática para transcender pensamentos negativos com positivos, e mais saltos quânticos. Em sua vida toda, talvez o leitor só consiga dar um punhado desses saltos quânticos – se tiver sorte.

Há, ainda, um tipo de mudança diferente, uma jornada de transformação, e, no apogeu dessa jornada, a emoção positiva vai emergir sem esforço. Uma Krishnamurthy disse que, depois dessa transformação, em vez de a mente avaliar sentimentos, a avaliação será referida instantaneamente à inteligência supramental, com resultados bem diferentes.

Infelizmente, as técnicas que levam a tal transformação são extenuantes demais para ser aplicadas em caráter universal (ver Capítulo 17). A capacidade de responder emocionalmente apenas a partir do nível supramental é extremamente rara na história humana. Talvez Buda o tenha conseguido, e Jesus também, mas pouquíssimas outras pessoas.

O problema é que o supramental não é representado fisicamente no ser humano; por isso, não é possível viver completamente a partir desse nível. Assim, vive-se na mente que é representada no cérebro. Quando afloram sentimentos negativos, as associações da memória cerebral produzem na mente pensamentos negativos condicionados, dando origem a emoções negativas. Não existe maneira permanente de mudar o padrão sob quaisquer situações, algo equivalente a desenvolver a capacidade de dar saltos quânticos sem esforço algum até o supramental para todas as respostas emocionais. Tal desenvolvimento é uma meta digna, mas, infelizmente, não é muito realista para a maioria das pessoas.

Algumas tradições espirituais, como o tantra, por exemplo, sugerem outra abordagem: transformar os sentimentos diretamente, ou seja, afetando os movimentos vitais associados aos sentimentos. Este é o tema da ativação do *kundalini*, ou do aporte de novas energias criativas vitais – o positivo transcendendo o negativo – sobre o que se falou em outro trabalho (Goswami, 2001). Esta técnica também é rarefeita demais para se cogitar de seu uso a fim de provocar mudanças junto à massa da humanidade.

Mesmo que alguns seres humanos consigam uma transformação permanente graças a essas técnicas, haverá um ganho duradouro para a humanidade? É claro que esses que se transformam dessa maneira são os mestres espirituais que dão origem às tradições espirituais, como as grandes religiões, por exemplo, mas o papel das religiões na transformação do mundo tem sido duvidoso, na melhor das hipóteses. Haverá outras maneiras de se dar o próximo passo evolutivo?

Transformando emoções positivas em instintos

Para compreender o caminho que o indivíduo deve trilhar, a fim de fazer com que as emoções evoluam, é preciso voltar ao ponto crucial do corpo vital e seus campos morfogenéticos. Mencionaram-se as ligações no cérebro límbico que transformam uma emoção negativa em instinto. O que cria essa ligação? A consciência, com a ajuda crucial de modificações nos campos morfogenéticos vitais associados ao cérebro límbico.

Cada vez que um membro de uma espécie tem um sentimento num de seus três primeiros chakras, o condicionamento do campo morfogenético vital correlacionado nesse chakra é reforçado, e os órgãos associados são afetados. Os órgãos estão conectados ao cérebro por conexões "psiconeuroimunológicas", de dois sentidos. Assim, quando se sente um movimento vital em um chakra inferior, graças à conexão psiconeuroimunológica do órgão associado com o centro límbico, o sentimento afeta e condiciona os campos morfogenéticos vitais, não só do chakra como também do cérebro límbico. Este condicionamento é depois mapeado como um circuito do cérebro límbico.

Nos animais (e também em seres humanos primitivos, antes do desenvolvimento da linguagem), a consciência individual era secundária à consciência da espécie. Para o corpo vital, e até certo ponto, este relacionamento permanece verdadeiro até nos humanos, pelo menos no seu atual estado de evolução, explicando como são captadas tão prontamente as emoções negativas de outra pessoa. Por meio dessa consciência da espécie, o condicionamento vital fica disponível à espécie toda para uso via a reencarnação. A cada geração, é maior a probabilidade de que o condicionamento dos sentimentos negativos do campo morfogenético vital do cérebro límbico será usado para ligar o cérebro límbico de um número cada vez maior de membros da espécie. Com o tempo, graças a esse processo, as emoções negativas tornam-se instintos (ver o Capítulo 20 para compreender melhor a criação dos instintos).

Esse, propõe-se, é o modo como os indivíduos se tornam seres mergulhados em emoções negativas. Por onde se começa a mudar essa situação? Sugere-se começar pelo indivíduo. Toda vez que se transforma uma emoção negativa em positiva por meio de um salto quântico, os campos morfogenéticos que operam no centro límbico do cérebro mudam novamente – em termos probabilísticos, é claro. Quanto mais saltos quânticos uma pessoa der, mais as mudanças vitais ganharão raízes, e o campo morfogenético torna-se condicionado a responder da nova maneira. Com o tempo, seu cérebro límbico desenvolveria novos circuitos cerebrais, correspondendo aos seus sentimentos positivos.

Perceba-se que se está falando de um determinado corpo vital pessoal, não de um outro qualquer, e certamente não do corpo vital da humanidade. Contudo, como já se disse, a individualidade vital é fraca, sem limites rígidos entre o término do corpo vital de uma pessoa e o início do corpo vital de outra. Em outras palavras, ainda pode haver um papel residual para a consciência da espécie. Além disso, no caso das emoções, é melhor lidar com elas num relacionamento do que sozinho. Logo, qualquer experiência de transformação ressoa em duas pessoas, no mínimo. Ademais, pode-se desejar ativamente que uma experiência de transformação individual seja compartilhada por todas as pessoas, que os benefícios dos saltos quânticos se acumulem para todas as pessoas.

Dá para perceber como essas ideias podem se aplicar à evolução dos padrões instintivos da espécie humana para incluir emoções positivas? Primeiro, evoca-se a consciência da espécie em jornadas pessoais de transformação. Depois, participa-se de trabalhos de transformação das emoções em grupos cada vez maiores. Faz-se isto primeiro em relações recíprocas, em relacionamentos íntimos – duas pessoas enamoradas, terapeuta e cliente, progenitor e filho. Depois, trabalha-se na família. Finalmente, trabalha-se em grupos, como num ambiente de trabalho ou num contexto educacional. Terceiro, usa-se o poder da intenção para propagar o efeito. Em questão de poucas gerações, centros cerebrais límbicos, sintonizados em sentimentos positivos, podem ser herdados pelo grosso da população, graças à transferência reencarnatória dos campos morfogenéticos modificados. A assimilação genética, por meio da criatividade biológica, completa a tarefa de tornar instintivos os sentimentos positivos.

Este cenário é um importante distanciamento do modo como se costuma pensar no trabalho e nas práticas espirituais. Antes de mais nada, assim que se murmura a palavra *espiritualidade*, a maioria das pessoas pensa em meditação – a observação solitária dos próprios pensamentos. A meditação é excelente para a transformação individual, pois o desafio consiste em transcender o forte ego mental e abrir caminho para a consciência-Deus. Mas, mesmo que se façam programas cerebrais da sabedoria mental conquistada com saltos quânticos mentais até o supramental, esses programas nunca chegarão até o *pool* genético, pois a consciência da espécie não existe no nível mental. Assim, segundo o trabalho espiritual habitual que se faz, a espécie nunca irá mudar.

É preciso enfrentar o fato de que se ignora demasiadamente o corpo vital. As consequências estão aparecendo de maneira clara na forma de doenças da mente e do corpo (ver Goswami, 2004). Claro que, como sociedade, os seres humanos estão optando por um relativo isolamento emocional, pois simplesmente não conseguem mais lidar com as emoções. É muito mais fácil serem mantidos relacionamentos puramente mentais via internet. As únicas exceções permitidas dizem respeito ao sexo e às reações emocionais negativas dos outros, por causa de seu forte caráter instintivo. Isso precisa mudar.

Os psicólogos transpessoais estão certos ao enfatizar o amor sobre o medo, as emoções positivas sobre as negativas. Mas os primeiros conceitos eram otimistas demais: o amor é existência natural do homem; os indivíduos chegarão ao amor simplesmente afastando o medo de suas vidas (Jampolsky, 2004). É mais complicado do que isso. Mas não é impossível, nem um pouco.

O leitor consegue imaginar um mundo no qual os seres humanos se relacionam de maneira natural e instintiva, com cooperação e amor, e não com inveja e competição? Agora, é possível. Há algumas evidências de que já existem alguns instintos emocionais positivos na forma de circuitos universais do cérebro límbico. Primeiro, os cientistas relataram que, se determinado centro do cérebro límbico for excitado (com determinados rituais), a pessoa tem uma experiência de Deus (ver Newberg, D'Acquili & Rause, 2001, para uma análise dos dados). A tendência materialista é dizer que esse estudo mostra que a experiência de Deus que a humanidade pode ter é completamente mecânica, devido a um circuito cerebral desenvolvido no indivíduo por meio da evolução darwinista. (A réplica é que esse argumento não faz sentido, pois os instintos não podem ser explicados pelo darwinismo; ver Capítulo 20.) Por causa dessa negação materialista de Deus, às vezes chama-se esse circuito "Deus-no-cérebro" de novo ponto G! Mas, brincadeiras à parte, os dados devem ser reinterpretados como evidência de que certo tipo de emoção positiva do sagrado tornou-se um instinto para toda a humanidade, e que é por isso que Deus não vai embora. Os cérebros humanos já sabem de Deus.

Em segundo lugar, pesquisas mais recentes descobriram no cérebro límbico um circuito similar, ligado a certos tipos de altruísmo (Harbaugh, Mayr & Barghart, 2007). A presença deste circuito ajuda a explicar por que o altruísmo, ao menos em sua forma simples, é tão universal, um instinto humano.

Se já foi feito antes, pode-se fazê-lo novamente. O movimento evolucionário da consciência vai levar os seres humanos naquela direção de qualquer maneira, mas eles podem optar por acelerar esse movimento.

Tirando a humanidade da imobilidade

Em suma, a etapa seguinte da evolução está aguardando pelo próprio indivíduo, pois o cérebro límbico desenvolveu os circuitos instintivos das emoções negativas, e o homem precisa aprender a lidar com isso. É preciso mudar novamente os campos vitais correlacionados com o cérebro límbico, a fim de desenvolver instintos adicionais de emoção positiva, instintos que vão orientar o comportamento da humanidade como um todo. Eis a chave para tirar a humanidade da imobilidade: cada um deve procurar dar saltos quânticos como resposta supramental à emoção, e usar a ocasião dos saltos não apenas na jornada de transformação pessoal, como também na jornada da evolução pela humanidade.

Já se percorreu essa rota antes, tentando desenvolver emoções positivas em massa, embora nunca na forma de instintos. Buda tentou fazer isso, com grande sucesso, durante sua existência. Assim que ele se foi, porém, cessou o movimento de não violência, e a violência voltou rapidamente. Do mesmo modo, seguindo os ensinamentos de Jesus, os primeiros cristãos tentaram estabelecer o amor como a emoção dominante nas massas. Como religião, não chegaram a lugar algum enquanto não adotaram as maneiras violentas do Império Romano para espalhar seus ensinamentos.

Na espiritualidade, os meios e o fim não podem ser contraditórios, e o cristianismo nunca se recuperou dessa desafortunada aliança com o Império.

Podem ser respeitadas as lições de um novo paradigma evolucionário da ciência, se não respeitam as lições de Buda e de Jesus? Haverá uma vantagem se o indivíduo fizer isso de maneira científica: ele compreenderá melhor a dinâmica subjacente.

Não é preciso instituir uma religião; o papel de qualquer religião, mesmo uma científica, é limitado nestes tempos e nesta era. Tampouco é preciso cooptar um governo para difundir essa ciência. O movimento evolucionário da consciência vai se espalhar entre participantes ativos, mas fora do alcance dos poderes dominantes – de forma invisível, quase despercebida.

Eis a visão que se tem para o futuro evolucionário. Aqueles que puderem vejam o ponto da nova ciência. Aqueles que puderem deem saltos quânticos das emoções negativas para as positivas, com intenções evolucionárias. Aqueles que puderem vivam cada vez mais segundo emoções positivas, criando novos circuitos cerebrais e mudando os campos morfogenéticos associados. Aqueles que puderem espalhem emoções positivas por meio de seus relacionamentos. Serão poucos, no começo, mas o número vai crescer, especialmente quando se criarem novas instituições que facilitem essa jornada para os demais.

À volta do ser humano, o mundo prosseguirá mais um pouco com suas maneiras violentas: terrorismo, reações violentas ao terrorismo, uma retenção oportunista da democracia, economia cobiçosa, proselitismo em nome da religião, destruição do ecossistema. Enquanto isso, os campos morfogenéticos modificados que tiverem sido criados graças a jornadas pessoais estarão disponíveis para que as gerações futuras se valham deles mediante a reencarnação. Mais e mais bebês, embora nascidos de pais violentos, terão circuitos cerebrais emocionais positivos. Um dia, a criação de circuitos cerebrais emocionais positivos será canalizada. Com o tempo, ocorrerá a assimilação genética.

Quanto tempo isso levará? Não muito. Está-se tocando em processos poderosos: o movimento evolucionário da consciência, sincronicidade, arquétipos vivos. Mais importante ainda, os indivíduos, hoje, estão se valendo das vidas de seus incontáveis ancestrais, que já prepararam os campos morfogenéticos para as mudanças que só os seres humanos, que os estão reencarnando agora, podem fazer.

bibliografia

ASPECT, A., DALIBAR, J. & ROGER, G.. Experimental test of Bell's inequalities with time varying analyzers. *Physical Review Letters*, v. 49, p. 1804-6, 1982.

AUGROS, R. & STANCIU, G. *The new biology:* discovering the wisdom in nature. Boston: Shambhala: New Science Library, 1988.

AUROBINDO, S. *The life divine*. Pondicherry, Índia: Sri Aurobindo Ashram, 1996. [La vida divina. Buenos Aires: Kier, 1980. 3 v.]

BARROW, J. D. & TIPLER, F. G. *The anthropic cosmological principle*. Nova York: Oxford University Press, 1986.

BASS, L. The mind of Wigner's friend. *Harmathena*, n. 112. Dublin: Dublin University Press, 1971.

BATESON, G. *Mind and nature*. Nova York: Bantam, 1980. [*Mente e natureza*. Rio de Janeiro: Francisco Alves, 1986].

BEHE, M. J. *Darwin's black box*. Nova York: Simon & Schuster, 1996. [A caixa preta de Darwin. Rio de Janeiro: Zahar, 1997.]

BERGSON, H. *Introduction to metaphysics*. Nova York: Harper, 1949. [Introdução à metafísica. In: *Os Pensadores*: Bergson e Bachelard. São Paulo: Abril Cultural, 1989.]

BIRCH, C. *Biology and the riddle of life*. Sidney, Austrália: University of New South Wales Press, 1999.

BLOOD, C. *On the relation of the mathematics of quantum mechanics to the perceived physical universe e free will*. Rutgers University, 1993. (Preprint).

______. *Science, sense, and soul*. Los Angeles: Renaissance Books, 2001.

BODEN, M. *The creative mind*. Nova York: Basic Books, 1990. [La mente criativa. Barcelona: Edisa, 1994.]

BOHM, D. *Wholeness and implicate order*. Londres: Rutledge & Kegan Paul, 1980. [*Totalidade e a ordem implicada*. São Paulo: Madras, 2008.]

BROUGH, J. Time and evolution. In: WESTOLL, T. S. (Ed.). *Studies in fossil vertebrates*. Londres: University of London; Athlone Press, 1958.

BROWN, G. S. *Laws of form*. Nova York: Dutton, 1977.

BUSH, G. L. Modes of animal speciation. *Annual Review of Ecology*, v. 6, p. 339-64, 1975.

CAIRNS, J., OVERBAUGH, J. & MILLER, J. H. The origin of mutants. *Nature*, n. 335, p. 142-45, 8 set. 1988.

CAPRA, F. *The turning point*. Nova York: Simon & Schuster, 1982. [O ponto de mutação. São Paulo: Cultrix, 2006.]

______. *The web of life:* a new scientific understanding of living systems. Nova York: Doubleday, 1996. [A teia da vida: uma nova compreensão científica dos sistemas vivos. São Paulo: Cultrix, 1997.]

CARROLL, S. B. *Endless forms most beautiful*. Nova York: Norton, 2005. [Infinitas formas de grande beleza. Rio de Janeiro: J. Zahar, 2006.]

CASTI, J. L. *Paradigms lost:* images of man in the mirror of science. Nova York: Avon, 1989.

CHALMERS, D. *Toward a theory of consciousness*. Cambridge, MA: MIT Press, 1995.

CHOPRA, D. *Quantum healing*. Nova York: Bantam-Doubleday, 1990. [*A cura quântica*. Rio de Janeiro: Best-seller, 2006.]

DARWIN, C. *On the origin of species by means of natural selection or the preservation of favored races in the struggle for life*. Londres: Murray, 1859. [*A origem das espécies*. São Paulo: Martin Claret, 2005].

DAVIES, P. *The cosmic blueprint:* new discoveries in nature's creative ability to order the universe. Nova York: Simon & Schuster, 1988.

______. *The fifth miracle:* the search for the origin e meaning of life. Nova York: Simon & Schuster, 1999. [O quinto milagre: em busca da origem da vida. São Paulo: Companhia das Letras, 2000.]

DAWKINS, R. *The selfish gene*. Nova York: Oxford University Press, 1976. [*O gene egoísta*. São Paulo: Companhia das Letras, 2007.]

DEMBSKI, W. A. *No free lunch:* why specified complexity cannot be purchased without intelligence. Nova York: Rowman & Littlefield, 2002.

DENNETT, D. C. *Darwin's dangerous idea*. Nova York: Simon & Schuster, 1995. [A perigosa ideia de Darwin. Rio de Janeiro : Rocco, 1998.]

DEVALL, W. & SESSIONS, G. *Deep ecology*. Salt Lake City, UT: G. M. Smith, 1985. [Ecologia profunda. Águas Santas: Edições Sempre-em-Pé, 2004.]

DOSSEY, L. *Meaning and medicine*. Nova York: Bantam, 1992.

DURR, H. P. & GOTTWALD, F. T. (Eds). *Rupert Sheldrake in der Diskussion. Das Wagnis einer neuen Wissenschaft des Lebens (Gebundene Ausgabe)* [*Cientistas discutem a teoria de Sheldrake sobre campos morfogenéticos*]. Munique: Scherz, 1997.

EDEN, D. *Energy medicine*. Nova York: Tarcher/Putnam, 1999. [Medicina energética. 3 ed. Barcelona: Obelisco, 2011.]

EFRON, R. Biology without consciousness – and its consequences. In: COLODNY, R. G. (Ed.). *Logic, laws e life:* some philosophical complications. Pittsburgh: Pittsburgh University Press, 1977. p. 209-233.

EIGEN, M. & SCHUSTER, P. *The hypercycle:* a principle of natural self-organization. Nova York: Springer-Verlag, 1979.

EIGEN, M., GARDINER, W., SCHUSTER, P. & WINKLER-OSWATITSCH, R. The origin of genetic information. *Scientific American,* n. 244, p. 88-118, 1981.

ELDREDGE, N. *Time frames*. Nova York: Simon & Schuster, 1985.

ELDREDGE, N. & GOULD, S. J. Punctuated equilibria: an alternative to phyletic gradualism. In: SCHOPF, T. J. M. (Ed.). *Models of paleobiology*. São Francisco: Freeman, 1972. p. 82-115.

ELSASSER, W. M. Principles of a new biological theory: a summary. *Journal of Theoretical Biology,* n. 89, p. 131-50, 1981.

______. The other side of molecular biology. *Journal of Theoretical Biology,* n. 96, p. 67-76, 1982.

GISH, D. T. *The fossils say no*. San Diego, CA: Creation-Life Publishers, 1978.

GOLDSCHMIDT, R. Evolution as viewed by one geneticist. *American Scientist,* n. 40, p. 84-123, 1952.

GOLEMAN, D. *Emotional intelligence*. Nova York: Bantam, 1995. [*Inteligência emocional*. Rio de Janeiro: Objetiva, 2007]

GOODWIN, B. *How the leopard got its spots:* the evolution of complexity. Nova York: Charles Scribner's Sons, 1994. [Las manchas del leopardo: la evolución de la complejidad. Barcelona: Tusquets, 1998.]

GOSWAMI, A. The idealist interpretation of quantum mechanics. *Physics Essays,* n. 2, p. 385-400, 1989.

______. *Quantum mechanics*. Dubuque, IA: Wm. C. Brown, 1991.

______. *The self-aware universe:* how consciousness creates the material world. Nova York: Tarcher/Putnam, 1993. [*O universo autoconsciente:* como a consciência cria o mundo material. 2.ed. São Paulo: Aleph, 2008.]

______. *Science within consciousness:* developing a science based on the primacy of consciousness, IONS Research Report CP-7. Sausalito, CA: Institute of Noetic Sciences, 1994.

______. Consciousness and biological order: toward a quantum theory of life and evolution. *Integrative Physiological and Behavioral Science,* n. 32, p. 75-89, 1997a.

______. A quantum explanation of Sheldrake's morphic resonance. In: DURR, H. P. & GOTTWALD, F. T. (Eds.). *Rupert Sheldrake in der Diskussion. Das Wagnis einer neuen Wissenschaft des Lebens (Gebundene Ausgabe)*. Munique: Scherz, 1997b.

______. *Quantum creativity*. Cresskill, NJ: Hampton Press, 1999. [Criatividade para o século 21. 2. ed. São Paulo: Goya, 2015.]

______. *The visionary window:* a quantum physicist's guide to inlightenment. Wheaton, IL: Quest Books, 2000. [*A janela visionária:* um guia para a iluminação por um físico quântico. São Paulo: Cultrix, 2006.]

______. *Physics of the soul*. Charlottesville, VA: Hampton Roads, 2001. [*A física da alma*. 2.ed. São Paulo: Aleph, 2008.]

______. *The physicists' view of nature, Part 2:* the quantum revolution. Nova York: Kluwer; Plenum, 2002.

______. *The quantum doctor*. Charlottesville, VA: Hampton Roads, 2004. [*O médico quântico*. São Paulo: Cultrix, 2006.]

______. *God is not dead*. Charlottesville, VA: Hampton Roads, 2008. [*Deus não está morto*. 2 ed. São Paulo: Goya, 2015.]

GOSWAMI, A. & SIMPKINSON, L. M. *A new science of dreams*. Sausalito, CA: Institute of Noetic Sciences, 1999.

GOSWAMI, A. & TODD, D. Is there conscious choice in directed mutation, phenocopies e related phenomena? An answer based on quantum measurement theory. *Integrative Physiological e Behavioral Science*, n. 32, p. 132-42, 1997.

GOULD, S. Is a new e general theory of evolution emerging? *Paleobiology*, n. 6, p. 119-30, 1980.

GOULD, S. J. & ELDREDGE, N. Punctuated equilibria; the tempo and mode of evolution reconsidered. *Paleobiology*, n. 3, p. 115-151, 1977.

GOULD, S. J. & LEWONTIN, R. C. The spandrels of San Marco and the Panglossian paradigm. *Proceedings of the Royal Society of London, B*, n. 205, p. 581-98, 1979.

GRAD, B. A telekinetic effect on plant growth. *International Journal of Parapsychology*, n. 6, p. 472-98, 1964.

______. Some biological effects of "laying-on of hands": A review of experiments with animals e plants. *Journal of the American Society for Psychical Research*, n. 59, p. 95-127, 1965.

GRAD, B., CADORET, R. G. & PAUL, G. I. The influence of unorthodox methods of treatment on wound healing in mice. *International Journal of Parapsychology*, n. 3, p. 5-24, 1961.

GRANT, V. *Organismic evolution*. São Francisco: Freeman, 1977.

GREGORY, R. L. *Mind in science*. Londres: Weidenfeld e Nicholson, 1981.

GRINBERG-ZYLBERBAUM, J., DELAFLOR, M., ATTIE, L. & GOSWAMI, A. Einstein Podolsky Rosen paradox in the human brain: the transferred potential. *Physics Essays*, n. 7, p. 422-8, 1994.

GRUBER, H. *Darwin on man*. 2. ed. Chicago: University of Chicago Press, 1981. [Darwin sobre el hombre. Madrid: Alianza Editorial, 1984.]

HAMILTON, W. D. The genetical theory of social behavior. Ptes. 1 e 2. *Journal of Theoretical Biology*, n. 7, p. 1-16; 17-32, 1964.

HARBAUGH, W. T., MAYR, U. & BARGHART, D. R. Neural responses to taxation e voluntary giving reveal motives for charitable donations. *Science*, n. 316, p. 1622-5, 15 jun. 2007.

HARMAN, W. & REINGOLD, H. *Higher creativity*. Los Angeles: Tarcher, 1984. [Máxima creatividad. Buenos Aires: Aletheia, 1986.]

HARMAN, W. & SAHTOURIS, E. *Biology revisioned*. Berkeley, CA: North Atlantic Books, 1998. [Biologia revisada. São Paulo: Cultrix, 2003.]

HARRISON, J. How Ludwig became a homunculus. *Philosophy*, v. 71, n. 277, p. 439-44, 1996.

HELLMUTH, T., ZAJONC, A. G. & WALTHER, H. Realization of "delayed-choice" experiments. In: GREENBERGER, D. M. (Ed.). *New techniques and ideas in quantum measurement theory*. Nova York: New York Academy of Science, 1986. p. 108-114.

HITCHING, F. *The neck of theg giraffe*. Nova York: New American Library, 1982.

HO, M. W. *The rainbow and the worm*. Singapore: World Scientific, 1993.

HO, M. W. & SAUNDERS, P. (Eds.). *Beyond neo-darwinism:* an introduction to the new evolutionary paradigm. Londres: Academic Press, 1984.

HOBSON, J. A. Dreams and the brain. In: KRIPPNER, S. (Ed.). *Dreamtime and dreamwork*. Nova York: Tarcher; Perigee, 1990. [Decifrando a linguagem dos sonhos: o tempo do sonho e o trabalho com os sonhos. São Paulo: Cultrix, 1998.]

HOFSTADTER, D. R. *Gödel, Escher, Bach:* an eternal golden braid. Nova York: Vintage Books, 1980. [Gödel, Escher, Bach: um entrelaçamento de gênios brilhantes. Brasília: Ed. UnB, 2001.]

HUXLEY, J. The evolutionary vision. In: TAX, S. & CALLENDAR, C. (Eds.). *Issues in evolution*, v. 3 de *Evolution after Darwin* (The University of Chicago Centennial Discussions). Chicago, IL: University of Chicago Press, 1960. p. 249-61.

JABLONKA, E. & LAMB, M. J. *Evolution in four dimensions*. Cambridge, MA: MIT Press, 2005. [Evolução em quatro dimensões. São Paulo: Companhia das Letras, 2010.]

JAMPOLSKY, G. G. *Love is letting go of fear*. Berkeley, CA: Celestial Arts, 2004.

JUNG, C. G. *The portable Jung*. Nova York: Viking, 1971. J. Campbell (Ed).

KAUFMAN, S. *Unified reality theory:* the evolution of existence into experience. Milwaukee, WI: Destiny Toad Press, 2002.

KIMURA, M. *The neutral theory of molecular evolution*. Cambridge, MA: Cambridge University Press, 1983.

KIRSCHNER, M. W. & GERHART, J. C. *The plausibility of life*. New Haven, CT: Yale University Press, 2005.

KOESTLER, A. *The case of the midwife toad*. n/p: Hutchinson, 1978.

KRISHNAMURTHY, U. *Yoga psychology*, 2008. (No prelo).

LAD, V. *Ayurveda:* the science of self-healing. Santa Fe, NM: Lotus Press, 1984.

LASZLO, E. *Science and the akashic field*. Rochester, VT: Inner Traditions, 2004. [*A ciência e o campo akáshico*. São Paulo: Cultrix, 2008.]

LEWIS, C. S. *Poems*. Nova York: Harcourt Trade Publishers; Harvest Books, 2002.

LEWONTIN, R. *The triple helix*. Cambridge, MA: Harvard University Press, 2000.

LIBET, B., WRIGHT, E., FEINSTEIN, B. & PEARL, D. Subjective referral of the timing of a cognitive sensory experience. *Brain*, n. 102, p. 193, 1979.

LIPTON, B. *The biology of belief*. Santa Rosa, CA: Mountain of Love/Elite Books, 2005. [A biologia da crença. São Paulo: Butterfly, 2007.]

LOVELOCK, J. *Gaia:* a new look at life on Earth. Oxford: Oxford University Press, 1982. [Gaia: um novo olhar sobre a vida na Terra. Lisboa: Edições 70, 1989.]

MACGREGGOR, G. *Reincarnation in christianity*. Wheaton, IL: Theosophical Publishing House, 1978.

MAHADEVON, T. M. P. *Upanishads*. Nova Delhi: Motilal Banarsidass, 2000.

MARCEL, A. Conscious and preconscious recognition of polysemous words: locating the selective effect of prior verbal contexts. In: NICKERSON, R. S. (Ed.). *Attention and performance VIII*. Hillsdale, NJ: Lawrence Erlbaum, 1980. p. 435-57.

MARGULIS, L. *Symbiosis in cell evolution:* microbial communities in the archean and proterozoic eons. Nova York: Freeman, 1993.

MARGULIS, L. & SAGAN, D. *Microcosmos:* four billion years of evolution from our microbial ancestors. Nova York: Simon & Schuster, 1986. [*Microcosmos:* quatro bilhões de anos de evolução microbiana. São Paulo: Cultrix, 2004.]

MASLOW, A. H. *The further reaches of human nature*. Nova York: Viking, 1971. [La amplitud potencial de la naturaleza humana. 2. ed. Mexico: Trilhas, 1990.]

MATURANA, H. Biology of cognition. 1970. Republicado em: MATURANA, H. & VARELA, F. (Eds.). *Autopoiesis and cognition*. Dordrecht, Holanda: D. Reidel, 1980.

MATURANA, H. & VARELA, F. *Autopoiesis and cognition*. Dordrecht, Holanda: D. Reidel, 1980.

MAYR, E. *Systematics and the origin of species*. Nova York: Columbia University Press, 1942.

______. *Animal species and evolution*. Cambridge, MA: Belknap Press of Harvard University Press, 1963.

______. The evolution of Darwin's thought. *Guardian* (Londres), 22 jul. 1980.

______. *The growth of biological thought*. Cambridge, MA: Harvard University Press, 1982.

McCARTHY, K. & GOSWAMI, A. CPU or self-reference? Can we discern between cognitive science and quantum functionalist models of mentation? *Journal of Mind and Behavior*, n. 14, p. 13-26, 1993.

MILLER, K. R.. *Finding Darwin's God*. Nova York: HarperCollins, 1999.

MILLER, S. The first laboratory synthesis of organic compounds under primitive conditions. In: NEYMAN, J. (Ed.). *The heritage of Copernicus:* theories "pleasing to the mind". Cambridge, MA: MIT Press, 1974. p. 228-42.

MINKOFF, E. G. & BAKER, P. G. *Biology today:* an issues approach. Nova York: Garland Publishers, 2004.

MITCHELL, M. & GOSWAMI, A. Quantum mechanics for observer systems. *Physics Essays*, n. 5, p. 525-9, 1992.

MOURA, G. & DON, N. Spirit possession, Ayahuasca users and UFO experiencers: three different patterns of states of consciousness in Brazil. Sinopse de palestra apresentada na 15ª Conferência da Associação Transpessoal Internacional, 16-21 de maio de 1996, em Manaus, Brasil. Mill Valley, CA: International Transpersonal Association, 1996.

NEWBERG, A., D'ACQUILI, E. & RAUSE, V. *Why God won't go away*. Nova York: Ballantine, 2001.

PAGE, C. *Frontiers of health*. Saffron Walden, GB: C. W. Daniel, 1992.

PELLETIER, K. *Mind as healer, mind as slayer*. Nova York: Delta, 1992.

PENFIELD, W. *The mystery of the mind*. Princeton, NJ: Princeton University Press, 1976. [O mistério da mente. São Paulo: Atheneu; Edusp, 1983.]

PENROSE, R. *The emperor's new mind*. Oxford: Oxford University Press, 1989. [A nova mente do rei. Rio de Janeiro: Campus, 1995.]

PERT, C. *Molecules of emotion*. Nova York: Scribner, 1997.

PRIGOGINE, I. *From being to becoming*. São Francisco: Freeman, 1980.

PRIGOGINE, I. & STENGERS, I. *Order out of chaos*. Nova York: Bantam, 1984.

RIDLEY, M. *The origins of virtue*. Nova York: Penguin, 1996. [As origens da virtude. Rio de Janeiro: Record, 2000.]

RING, K. & COOPER, S. *Can the blind ever see? A study of apparent vision during near-death e out-of-body experiences*. Connecticut: University of Connecticut, 1995. (Preprint).

ROBINSON, H. J. A theorist's philosophy of science. *Physics Today*, n. 37, p. 24-32, 1984.

RUSSELL, E. S. *The interpretation of development e heredity*. Oxford: Clarendon Press, 1930.

SABEL, A., CLARKE, C. & FENWICK, P. Intersubject EEG correlations at a distance – The transferred potential. In: ALVARADO, C. S. (Ed.). *The 44th Convention of the Parapsychological Association:* proceedings of presented papers. Raleigh, NC: Parapsychological Association, 2001. p. 419–22.

SABOM, M. *Recollections of death:* a medical investigation. Nova York: Harper & Row, 1981.

SANCIER, K. M. Medical applications of Qigong e emitted qi on humans, animals, cell cultures, and plants. *American Journal of Acupuncture.* n. 19, p. 367-77, 1991.

SAUNDERS, P. *An introduction to catastrophe theory.* Nova York: Cambridge University Press, 1980. [Una introducción a la teoría de catástrofes. Madrid: Siglo XXI, 1983.]

SCHMIDT, H. Observation of a psychokinetic effect under highly controlled conditions. *Journal of Parapsychology,* n. 57, p. 351-72, 1993.

SCHROEDER, G. L. *The science of god.* Nova York: Broadway Books, 1997.

SCHRÖDINGER, E. *What is life?* Cambridge: Cambridge University Press, 1944. [*O que é vida?* São Paulo: Unesp, 1997.]

SEARLE, J. R. Minds e brains without programs. In: BLAKEMORE, C. & GREENFIELD, S. (Eds). *Mindwaves:* thoughts on intelligence, identity e consciousness. Oxford: Basil Blackwell, 1987.

______. *The rediscovery of the mind.* Cambridge, MA: MIT Press, 1994. [A redescoberta da mente. São Paulo: Martins Fontes, 2006.]

SHAPIRO, R. *Origins:* a skeptic's guide to the creation of life on Earth. Nova York: Summit Books, 1987. [Origens. Lisboa: Gradiva, 1986.]

SHELDRAKE, R. *A new science of life.* Los Angeles: Tarcher, 1981. [Uma nova ciência da vida. São Paulo: Cultrix, 2014.]

______. *Dogs that know when their owners are coming home.* Nova York: Three Rivers Press, 1999. [*Cães sabem quando seus donos estão chegando.* 3.ed. Rio de Janeiro: Objetiva, 2000.]

SIMPSON, G. *The tempo and mode of evolution.* Nova York: Columbia University Press, 1944.

SMYTHIES, J. R. *The walls of Plato's cave:* the science e philosophy of brain, consciousness e perception. Aldershot, UK: Avebury, 1994.

SPIEGELMAN, S. An in vitro analysis of a replicating molecule. *American Scientist,* n. 55, p. 3-68, 1967.

STANDISH, L. J., KOZAK, L., JOHNSON, L. C. & RICHARDS, T. Electroencephalographic evidence of correlated event-related signals between the brains of spatially and sensory isolated human subjects. *The Journal of Alternative and Complementary Medicine,* n. 10, p. 307-14, 2004.

STAPP, H. P. *Mind, matter, and quantum mechanics.* Nova York: Springer, 1993.

STEELE, E. *Somatic selection and adaptive evolution.* Nova York: State Mutual Book, 1980.

STEVENSON, I. *Twenty cases suggestive of reincarnation*. Charlottesville: University Press of Virginia, 1974. [Reencarnação: vinte casos. São Paulo: Vida e Consciência, 2010.]

______. Research into the evidence of man's survival after death. *Journal of Nervous e Mental Disease*, n. 165, 153-83.

______. *Children who remember previous lives:* a question of reincarnation. Charlottesville: University Press of Virginia, 1987.

STROHMAN, R. *The forces of life*. University of California: Berkeley, 1992. (Preprint).

TAYLOR, G. R. *The great evolution mystery*. Nova York: Harper & Row, 1983. [El gran misterio de la evolución. Barcelona: Planeta, 1983.]

TEILHARD DE CHARDIN, P. *The phenomenon of man*. Nova York: Harper & Row, 1961. [*O fenômeno humano*. 14.ed. São Paulo: Cultrix, 1995.]

THEWISSEN, J. G. M., HUSSAIN, S. T. & ARIF, M. Fossil evidence for the origin of aquatic locomotion in archaeocete whales. *Science*, n. 263, p. 210-12, 1994.

THOM, R. *Structural stability and morphogenesis*. Reading, MA: Benjamin, 1975.

ULLMAN, D. *Homeopathy:* medicine for the 21st century. Berkeley, CA: North Atlantic Books, 1988. [Homeopatia: medicina para o século XXI. São Paulo: Cultrix, 1989.]

VITHOULKAS, G. *The science of homeopathy*. Nova York: Grove Press, 1980. [Homeopatia: ciência e cura. São Paulo: Cultrix, 1997.]

VON NEUMANN, J. *The conceptual foundations of quantum mechanics*. Princeton: Princeton University Press, 1955.

______. *The theory of self-reproducing automata*. Urbana, IL: University of Illinois Press, 1966.

WACKERMANN, J., SEITER, C., KEIBEL, H. & WALACH, H. Correlation between brain electrical activities of two spatially separated human subjects. *Neuroscience Letters*, n. 336, p. 60-64, 2003.

WADDINGTON, C. *The strategy of the genes*. Londres: Allen & Unwin, 1957.

WALLACE, R. & BENSON, H. The physiology of meditation. *Scientific American*, n. 226, p. 84-90, 1972.

WEIL, A. *Spontaneous healing*. Nova York: Knopf, 1995. [Cura espontânea. Rio de Janeiro: Rocco, 1996.]

WEISMAN, A. *Die Allmacht der Naturzuchtung*. Jena: Gustav Fischer, 1893.

WEISS, R. Evolution debate in Kansas spurs battle over school materials. *Washington Post*, 28 out. 2005.

WESSON, R. *Beyond natural selection*. Cambridge, MA: MIT Press, 1991.

WHEELER, J. The universe as home for man. In: GINGERICH, O. (Ed.). *The nature of scientific discovery:* a symposium commemorating the 500th anniversary of the birth of Nicolaus Copernicus. Washington, DC: Smithsonian Press, 1975. p. 262-95.

______. Genesis and observership. In: BUTTS, R. E. & HINTIKKA, J. (Eds.). *Foundational problems in the special sciences*. Dordrecht: D. Riedel, 1977. p. 3-34.

WILBER, K. *Up from Eden*. Garden City, NY: Anchor/Doubleday, 1981. [Éden: queda ou ascensão? Campinas, SP : Verus, 2010.]

______. *A brief history of everything*. Boston: Shambhala, 1996. [Uma breve história de tudo. Porto: Via Optima, 2004.]

WINIK, L. W. McCain in Defense of Darwin. *Parade*, 30 out. 2005. Disponível em: http://www.parade.com/articles/editions/2005/edition_10-302005/intelligence_report_0. Acesso em: 14 dez. 2007.

WOLF, F. A. *Parallel universes*. Nova York: Simon & Schuster, 1995. [Universos paralelos. Castellón: Ellago, 2010.]

WOLPERT, L. *The triumph of the embryo*. Nova York: Oxford University Press, 1993.

WYLLER, A. *The creating consciousness*. Denver, CO: Divina, 1999.

______. *Beyond Darwin's paradigm:* consciousness driving evolution, 2003. (Manuscrito inédito).

YANCHI, Liu. *The essential book of traditional chinese medicine*. Nova York: Columbia University Press, 1988.

Índice remissivo

D

TIPOLOGIA:	Candida – Roman [texto]
	Ocean Sans MM – Regular [entretítulos]
PAPEL:	Pólen Soft 80 g/m² [miolo]
	Supremo 250 g/m² [capa]
IMPRESSÃO:	Paym Gráfica [março de 2016]
1ª EDIÇÃO:	março de 2009
2ª EDIÇÃO:	setembro de 2015 [1ª reimpressão]